ЗВЕЗДА И СВАСТИКА

БОЛЬШЕВИЗМ И РУССКИЙ ФАШИЗМ

МОСКВА
‹ТЕРРА› — ‹TERRA›
1994

ББК 66.3(2)6
З-43

Редактор-составитель
С. КУЛЕШОВ

Оформление художника
И. САЙКО

З $\frac{0803010200-189}{А30(03)-94}$ Без объявл.

ISBN 5-85255-589-4

Н. Бухарин
Е. Преображенский

АЗБУКА КОММУНИЗМА

ПОПУЛЯРНОЕ
ОБЪЯСНЕНИЕ ПРОГРАММЫ
РОССИЙСКОЙ
КОММУНИСТИЧЕСКОЙ ПАРТИИ
БОЛЬШЕВИКОВ

ПРЕДИСЛОВИЕ

«Азбука коммунизма» должна быть, по нашему замыслу, первоначальным учебником коммунистической грамоты. Повседневный опыт пропагандистов и агитаторов убедил нас, что в таком «учебнике» ощущается громадная потребность. К нам подходят все новые и новые ряды. Лекторских сил крайне мало, а руководств нет даже для таких учреждений, как партийные школы. С т а р а я марксистская литература, вроде «Эрфуртской Программы», явно не годится в значительной части, а ответы на новые вопросы очень трудно найти: все это разбросано по отдельным журналам, книжкам и брошюрам.

Существующий пробел мы и решили восполнить. На нашу «Азбуку» мы смотрим как на элементарный курс, который нужно проходить в партийных школах; но мы старались его написать так, чтобы его мог и самостоятельно прочесть всякий рабочий или крестьянин, желающий познакомиться с программой нашей партии.

Каждый товарищ, взявший в руку книжку, должен прочесть ее до конца, чтобы вынести представление о целях и задачах коммунизма. Ибо книжка написана так, что изложение расположено в том же порядке, как и в самом тексте программы. В конце, для удобства читателей, приложен и этот текст, который разделен на параграфы; каждому параграфу программы соответствуют несколько разъясняющих параграфов книжки, которые тут же обозначены. Для разного рода справок имеется указатель, по которому легко разыскать нужное слово.

Основные сведения напечатаны обычным шрифтом; мелким шрифтом напечатаны более подробные разъяснения, примеры, цифры и т. д. Это преимущественно материал для товарищей-рабочих, которым приходится выступать самим и которым некогда и негде навести быстро справку фактического характера.

Для тех, кто желает идти дальше, указана основная литература к каждой главе.

Авторы отлично знают, что в книге будет много недостатков; она писалась урывками, «между делом». Коммунистам приходится вообще заниматься литературной работой при условиях не совсем обычных, и в этом отношении как раз данная книжка представляет любопытный образец: рукопись едва не погибла (вместе с обоими авторами) при взрыве в Московском Комитете... Но, несмотря на недостатки книги, мы считаем все же необходимым выпустить ее в свет самым спешным порядком. Мы только просили бы товарищей сделать нам свои указания, которые подскажет им практика.

Вся теоретическая (первая) часть, начало второй, а также главы о советской власти, об организации промышленности и здравоохранении написаны Бухариным, остальные главы — Преображенским. Но само собою разумеется, что мы оба несем полную ответственность друг за друга.

Название нашей книжки («Азбука») вытекает из той задачи, которую мы себе ставили. Если наша книжка поможет начинающим товарищам и рабочим-пропагандистам, мы будем считать, что проделали эту работу не зря.

15-го октября 1919 г.

Н. БУХАРИН.
Е. ПРЕОБРАЖЕНСКИЙ.

Введение
НАША ПРОГРАММА

§ 1. Что такое программа? § 2. Какой была наша прежняя программа? § 3. Почему нужно было перейти к новой программе? § 4. Значение нашей программы. § 5. Научный характер нашей программы

§ 1. Что такое программа?

Всякая партия добивается определенных целей. Будь то партия помещиков или капиталистов, будь то партия рабочих или крестьян,— все равно. Любая партия должна иметь свои цели, иначе и нет партии. Если это партия, которая защищает интересы помещиков, у нее будут помещичьи цели: как бы удержать землю в своих руках, как бы надеть намордник на крестьянина, как бы подороже продавать хлеб из своих имений да подешевле нанимать батраков или подороже брать за аренду. Если это партия капиталистов-фабрикантов, у нее тоже свои цели: иметь дешевые рабочие руки, обуздывать фабричных рабочих, находить покупателей, которым можно подороже продавать свой товар, получать побольше прибыли, заставлять для этого рабочих дольше работать, а главное — так вести дело, чтобы у рабочих и мысли не было о новых порядках; пусть рабочие думают, что всегда хозяева были, всегда и останутся. Таковы цели фабрикантов. Само собой разумеется, что у рабочих и крестьян совсем другие цели, потому что у них совсем другие интересы. Раньше говорили: «Что русскому здорово, то немцу смерть». На самом деле вернее сказать: «Что рабочему здорово, то помещику и капиталисту смерть». Значит, у рабочего одни задачи, у капиталиста другие, у помещика третьи. Но не всякий помещик думает до конца, как бы ему самым хорошим способом доехать мужичка: иной пьет без просыпу и не глядит даже, что ему приказчик показывает. То же и с крестьянином, и с рабочим бывает. Есть такие, которые говорят: «ну, мы как-нибудь проживем, наше дело — сторона; как жили наши деды испокон веку, так и мы будем жить». Вот эти люди ни во что не входят и не понимают даже своих собственных интересов. Наоборот, те, кто думают, как бы лучше свои интересы защитить, организуются в п а р т и ю. В партию, стало быть, входит не весь класс целиком, а его самая лучшая, самая энергичная часть: она за собой ведет и остальных. В р а б о ч у ю п а р т и ю (партию коммунистов-большевиков) идут лучшие рабочие и крестьяне-бедняки; в партию п о м е щ и к о в и к а п и- т а л и с т о в («кадеты», «партия народной свободы») — самые энергичные помещики, капиталисты и их слуги: адвокаты, профессора, офицеры и генералы и т. д. Каждая из партий представляет, следовательно, самую сознательную часть своего класса. Поэтому помещик или капиталист, который организован в партию, будет успешнее бороться с крестьянином и рабочим, чем неорганизованный. Точно так же партийный рабочий будет успешнее бороться с капиталистом и помещиком, чем беспартийный; потому что он обдумал хорошо цели и интересы рабочего класса, знает, как к ним идти, и каков самый короткий путь.

Все те цели, к которым стремится пар- т и я, защищая интересы своего класса, и со- ставляют партийную программу. В программе, значит, написано, к чему должен стремиться определенный класс. В программе коммунистической партии сказано, чего должны добиваться рабочие и крестьянская беднота. Программа есть самое важное во всякой партии. По программе всегда можно узнать, чьи интересы эта партия защищает.

§ 2. Какой была прежняя программа?

Наша теперешняя программа была принята на VIII съезде партии в конце марта 1919 года. До этого у нас не было точной программы, записанной на бумаге. Была только старая программа, выработанная на II съезде партии в 1903 году. Когда эта старая программа вырабатывалась, большевики и меньшевики составляли одну партию, и программа у них была общая. Рабочий класс тогда только-только начал организовываться. Фабрик и заводов было гораздо меньше. Тогда еще шли даже споры о том, будет ли у нас расти рабочий класс. «Народники» (отцы теперешних эсеров) доказывали, что рабочему классу не суждено развиваться на Руси, что у нас не будут расти фабрики и заводы. Марксисты [1] — социал-демократы (и будущие большевики, и будущие меньшевики) — полагали, наоборот, что в России, как и в остальных странах, будет увеличиваться рабочий класс и что этот рабочий класс и составит главную революционную силу. Жизнь показала неправильность мнений народников и правильность взгляда социал-демократов. Но когда социал-демократы на II съезде вырабатывали свою программу (в ее выработке принимали участие и Ленин, и Плеханов), тогда силы рабочего класса все же были очень слабы. Вот почему никто не думал тогда, что можно будет непосредственно идти на ниспровержение буржуазии. Тогда добро бы было свернуть шею царизму, добиться свободы союзов для рабочих и крестьян наряду со всеми; осуществить восьмичасовой рабочий день и поприжать помещика. О том, чтобы осуществить р а б о ч у ю в л а с т ь на долгий срок, о том, чтобы поотбирать немедленно фабрики и заводы у буржуазии, еще никто и не думал. Такова была наша прежняя программа 1903 года.

§ 3. Почему нужно было перейти к новой программе?

С тех пор прошло до революции 1917 года много времени, и обстоятельства сильно переменились. В России за это время крупная промышленность сделала большой шаг вперед, а вместе с нею увеличился и рабочий класс. Уже в революцию 1905 года он показал себя крупной силой. А ко времени второй революции (1917 г.) стало ясно, что революция победит лишь тогда, когда победит рабочий класс. Но рабочий класс не мог уже теперь удовлетворяться тем, чем он готов был удовлетвориться в 1905 году. Теперь он настолько вырос, что неизбежно должен был требовать захвата фабрик и заводов, рабочей власти, обуздания класса капиталистов. Значит, со времени составления первой программы коренным образом изменились в н у т р е н н и е отношения в России. Но — что еще важнее — точно так же изменились и в н е ш н и е отношения. В 1905 году во всей Европе была «тишь да гладь». В 1917 году всякий понимающий человек должен был видеть, что на почве мировой войны надвигается всесветная революция. В 1905 го-

---

[1] Марксисты — ученики Карла Маркса, великого ученого и рабочего вождя.

ду за русской революцией последовало лишь небольшое движение австрийских рабочих да революции в отсталых странах Востока: Персии, Турции, Китае. За русской революцией 1917 г. следуют революции не только на Востоке, но и на З а п а д е, где рабочий класс выступает под знаменем свержения капитала. Следовательно, и внутренняя, и внешняя обстановка теперь иная, чем в 1903 году. И было бы смешно, чтобы партия рабочего класса имела одну и ту же программу для 1903 и для 1917—1919 годов в то время, как обстоятельства совершенно переменились. Когда меньшевики упрекают нас в том, что мы «отказались» от нашей прежней программы и, следовательно, отказались от учения Маркса, мы на это отвечаем: учение Маркса состоит в том, чтобы строить программу не из головы, а из жизни. Если жизнь сильно изменилась, то и программа не может оставаться прежней. Зимой человеку нужна шуба. Летом шубу может носить только сумасшедший. То же и в политике. Маркс как раз тому и учил, чтобы каждый раз присматриваться к жизненным условиям и действовать в соответствии с ними. Из этого не следует, что мы должны менять свои убеждения, как барыня меняет свои перчатки. Рабочий класс имеет своей самой важной целью осуществление коммунистического строя. И эта цель — у него п о с т о я н н а я цель. Но само собой разумеется, что в зависимости от того, как далеко он от этой цели стоит, у него будут различны и те требования, которые он выставляет. При самодержавии рабочий класс был загнан в подполье, его партия преследовалась, как партия преступников. Теперь рабочий класс стоит у власти, и его партия — п р а в я щ а я партия. Конечно, только совсем непонимающий человек может настаивать на одной программе для 1903 года и для наших дней.

Итак, изменение внутренних условий русской жизни и изменение всего международного положения вызвали необходимость и в изменении нашей программы.

§ 4. Значение нашей программы

Наша новая, московская, программа есть первая программа партии рабочего класса, который уже много времени стоит у власти. Поэтому здесь нашей партии нужно было учесть весь опыт, который накопился у рабочего класса в деле управления и строительства новой жизни. Это важно не только для нас, для русско-

10

го рабочего класса и русской деревенской бедноты, но и для заграничных товарищей. Ибо на наших успехах и неудачах, на наших ошибках и промахах учимся не только мы сами, но и весь международный пролетариат. У нас в программе есть поэтому не только то, что наша партия хочет осуществить, но также и то, что она частью осуществила. Для каждого члена партии наша программа должна быть известна во всех своих пунктах. Она есть важнейшее руководство в деятельности каждой партийной ячейки и каждого отдельного товарища. Ведь членом партии может быть только тот, кто «разделяет» программу, то есть считает ее правильной. А считать ее правильной можно только тогда, если ее знаешь. Есть, конечно, много людей, которые никакой программы и в глаза не видели, но которые пролезают в коммунисты и божатся коммунизмом, потому что думают, как бы какой лишний кусочек прихватить или тепленькое местечко заполучить. Таких членов партии нам не надо: они приносят только один вред. Без знания программы никто не может быть настоящим коммунистом-большевиком. Каждый сознательный русский рабочий и крестьянин-бедняк должны знать программу нашей партии. Каждый заграничный пролетарий должен присматриваться к ней, чтобы использовать опыт русской революции.

§ 5. Научный характер нашей программы

Мы уже сказали, что программу нельзя выдумывать из головы, а нужно брать ее из жизни. До Маркса люди, которые защищали интересы рабочего класса, часто рисовали сказочные картины про будущий рай, а не спрашивали себя, можно ли его достигнуть, и не видели правильного пути для рабочего класса и бедноты. Маркс учил действовать по-иному. Он брал плохие, несправедливые, варварские порядки, которые и до сих пор еще царят во всем мире, и рассматривал, как эти порядки устроены. Все равно, как если бы мы стали рассматривать какую-нибудь машину или, скажем, часы, так Маркс рассматривал капиталистический строй, в котором царствуют фабриканты и помещики, а рабочие и крестьяне угнетены. Предположим, что мы заметили, как два колесика в часах плохо подогнаны одно к другому, и увидели, что с каждым поворотом они зацепляются все больше и больше. Тогда мы сможем сказать, что часы сломаются и станут. Маркс рассматривал не часы, а капиталистическое общество; он и з у ч а л его, изучал жизнь при господстве капитала. И он ясно увидел на основе этого изучения, что капитал сам роет себе могилу, что эта машина лопнет, и что лопнет она из-за неизбежного восстания рабочих, которые переделают весь мир по-своему.

Всем своим ученикам Маркс завещал прежде всего изучать настоящую жизнь как она есть. Только тогда можно построить и правильную программу. Поэтому немудрено, что в начале нашей программы идет изображение господства капитала.

Теперь господство капитала свергнуто в России. То, что предсказывал Маркс, происходит на наших глазах. Старые порядки терпят крах. Короны слетают с королей и императоров. Рабочие повсеместно идут к революции и к установлению повсюду с о в е т с к о й в л а с т и. Чтобы понять как следует, почему это произошло, нужно хорошо знать, каковы были капиталистические порядки. Тогда мы увидим, что они н е и з б е ж н о должны были лопнуть. А если у нас будет сознание, что к старому нет возврата, что победа рабочих обеспечена, тогда мы с большей силой и уверенностью поведем борьбу за новый трудовой строй.

ЛИТЕРАТУРА

1) Протоколы Апрельской конференции 1917 г.; 2) материалы по пересмотру партийной программы; 3) журнал «Спартак», № 4—9, статьи Б у х а р и н а и С м и р н о в а; 4) статья Н. Л е н и н а в журн. «Просвещение», № 1—2 за 1917 г.; 5) протоколы VIII съезда. По вопросу о научном характере марксистской программы смотри литературу о научном социализме: Г о л у б к о в. «Утопический и научный социализм»; Ф. Э н г е л ь с. «От утопии к научной теории»; М а р к с и Э н г е л ь с. «Коммунистический манифест». Для знакомства с общим характером программы см. брошюру Б у х а р и н а: «Программа коммунистов-большевиков». Из этой литературы популярной является только последняя брошюра да отчасти брошюра Г о л у б к о в а. Остальные работы читаются труднее.

Введение

УСЛОВИЯ СТРОИТЕЛЬСТВА КОММУНИЗМА В РОССИИ

§ 41. Международное положение России. § 42. Крупная промышленность в России. § 43. Тяжелое наследство от империалистской войны. § 44. Гражданская война и борьба с мировым империализмом. § 45. Мелкобуржуазный характер страны, отсутствие крупных организационных навыков у пролетариата и т. д.

§ 41. Международное положение России

Необходимость к о м м у н и с т и ч е с к о г о переворота, как мы отмечали и раньше, прежде всего вызывается тем, что Россия чрезвычайно сильно втиснута в систему мирового хозяйства. Она — только часть этого мирового хозяйства. И когда задается вопрос, каким образом Россия может перейти к коммунистическому строю, раз она отсталая страна, то на этот вопрос нужно прежде всего отвечать указанием на международное значение революции. Революция пролетариата сейчас может быть только м и р о в о й революцией. Она так и развивается: Европа неизбежно перейдет к диктатуре пролетариата, а за ней — к коммунизму. Следовательно, каким образом может остаться Россия капиталистической страной, если Германия, Франция, Англия перейдут к диктатуре пролетариата? Ясное дело, что Россия должна быть в т я н у т а в социализм. Ее отсталость, слабое сравнительно развитие ее промышленности и проч. — все эти недостатки рассосутся, если хозяйственно Россия объединится в международную, или хотя бы только е в р о п е й с к у ю, Советскую республику вместе с передовыми странами. Правда, после военной разрухи и революции вся Европа будет страшно истощена и обескровлена. Но могучий и развитой пролетариат в течение ряда лет сможет восстановить громадную промышленность, которая поможет и отсталой России. А, с другой стороны, Россия — страна

13

с огромными естественными богатствами: лес, уголь, нефть, железная руда, хлеб — всего этого можно было бы иметь вдоволь при хорошей организации, при мирной жизни. Значит, с своей стороны мы могли бы помочь западным товарищам нашим сырьем. При том условии, что вся Европа переходит под власть пролетариата, на всех хватило бы развитой промышленности. А так как переход власти к пролетариату все равно неизбежно будет, то понятно, что задача рабочего класса России состоит в том, чтобы и с своей стороны внести возможно больше в дело перехода к коммунизму. Этим, как мы видели в I части, объясняется то, что наша партия совершенно определенно видит свою задачу в н е м е д л е н н о м строительстве коммунизма.

§ 42. Крупная промышленность в России.

С другой стороны, нужно заметить, что наша промышленность, маленькая (по сравнению с сельским хозяйством), обладала крупной капиталистической организацией. В I части мы видели, что важнейшие отрасли капиталистического производства у нас имели предприятия, занимавшие по десяти и более тысяч рабочих. С 1907 года промышленность России быстро централизовалась и покрылась сетью синдикатов и трестов. С началом войны буржуазия стала было приступать даже к организации государственного капитализма. А это лишь подтверждает ту мысль, что нашу промышленность, хотя и с трудом, все же можно организовать и управлять ею в общероссийском размере. Интересно то, что правые эсеры и меньшевики, которые все время кричали, что социализм в России абсолютно невозможен, сами всегда стояли за государственное регулирование и контроль над промышленностью. Они только полагали, что это нужно тогда, когда вся власть в государстве п р и н а д л е ж и т б у р ж у а з и и, когда б у р ж у а з н о е государство «регулирует» и «контролирует». Другими словами, меньшевики и эсеры стояли, несмотря на весь свой патриотизм, за г о с у д а р с т в е н н ы й к а п и т а л и з м п р у с с к о г о о б р а з ц а. Но всякому понятно, что считать возможным государственный капитализм — это значит считать возможным и социалистическую организацию хозяйства. В самом деле, ведь разница заключается в том, что, в одном случае, хозяйство организуется б у р ж у а з н ы м государством, в другом — государством п р о л е-т а р с к и м. Если бы у нас производство было настолько отсталым, что ни о какой организации не могло бы быть и речи, тогда, разумеется, нельзя было организовать его и на государственно-капиталистических началах. Ведь в стране, где крупной промышленности нет, где есть лишь масса мелких хозяйчиков, их, этих хозяйчиков, не организуешь даже на государственно-капиталистический образец. Мы знаем отлично, что организация становится возможной лишь с определенной степени централизации капитала. Такая степень централизации у русского капитала б ы л а. Это признают даже противники коммунизма, когда они считают возможным б у р ж у а з н о е «государственное регулирование» промышленности. Отсталость русского народного хозяйства заключалась не в том, что не было крупных фабрик, а в том, что вообще вся п р о м ы ш л е н н о с т ь была только малой частью по сравнению с с е л ь с к и м х о з я й с т в о м. Отсюда совершенно ясен вывод: русскому пролетариату, несмотря на все трудности, необходимо о р г а н и з о в а т ь п о - п р о л е т а р с к и промышленность и держать ее крепко в своих руках до того, как подоспеет помощь от западных товарищей. В сельском хозяйстве нужно организовать ряд опорных пунктов общественного товарищеского хозяйства. А когда мы сможем соединиться с западной промышленностью, тогда организованная общая промышленность позволит быстро вовлекать и мелких производителей, и крестьян в общую великую товарищескую организацию. Если бы у нас, скажем, была общая европейская, организованная рабочим классом, промышленность, то эта промышленность могла бы давать много городских продуктов деревне. Но она давала бы их деревне о р г а н и з о в а н н ы м п у т е м. Не то, чтобы были сотни тысяч частных торговцев, купцов и спекулянтов, а государственные рабочие склады распределяли бы продукт по деревням. Разумеется, тогда бы и крестьяне должны были взамен этого сбывать свой хлеб т о ж е организованным путем; деревня понемножку стала бы приучаться к общему хозяйству. Дальше — больше, и она бы вошла в общую товарищескую семью. Сильная и организованная промышленность вовлекла бы в общую жизнь и деревню. С помощью сильной промышленности можно было бы хорошо помогать крестьянству, и оно само бы увидело, что жить по-новому гораздо лучше.

Но достичь всего этого очень трудно. И пройдут годы и годы, пока все устроится и жизнь войдет в новую колею. Почему трудно,— об этом говорится ниже.

§ 43. Тяжелое наследство от империалистской войны

До победы мировой революции нам приходится действовать одним. А рабочий класс, завоевавший власть в 1917 году, получил в свои руки тяжелое наследство. Россия стала совсем разоренной и обнищавшей страной.

Война поглощала все силы. Более половины всех фабрик вынуждено было работать на войну и растрачивать материал на дело разрушения. В одном 1915 г. из $11^1/_2$ миллиардов всего «национального дохода» на войну пошло 6 миллиардов. К началу революции явно уже обнаружились громаднейшие последствия войны. Металлургические фабрики сократили свое производство на 40%, текстильные — на 20%; стало быстро падать производство угля, чугуна, железа и стали. С 1 марта по 1 августа 1917 года было закрыто 568 предприятий и выброшено на улицу свыше ста тысяч пролетариев. Государственный долг вырос до чудовищных размеров. И с каждым месяцем, с каждым днем положение страны ухудшалось все более и более.

Само собой разумеется, что пролетариат, завоевавший в октябре 1917 года власть, стал перед задачей необычайной трудности: в разоренной стране строить социалистическое хозяйство. Тяжелое наследство стало еще более тяжелым при окончании старой империалистской войны: одна демобилизация нашей армии стоила громаднейших трат; во время нее был почти убит и без того расшатанный и расстроенный войной транспорт, и наши железные дороги почти стали. Перевозить что-нибудь сделалось страшно трудно. Наряду с производством замерли и пути сообщения.

Но это вовсе не могло быть доводом против рабочей революции. Если бы продолжала царствовать буржуазия, она продолжала бы вести большую империалистскую войну, она продолжала бы платить огромные проценты французам и англичанам, а главное — она перекладывала бы все издержки на рабочих и крестьян. Наше обнищание и истощение должно было в еще большей степени побудить пролетариат к переделке старого мира на новых началах: нужно было экономнее и организованнее расходовать старое, нужно было переложить издержки тягот на буржуазию, нужно было сохранить **рабочий класс** всеми силами и всеми средствами, какие только могли быть в распоряжении пролетарской власти. Но эта **необходимая** работа выпала на долю революционного пролетариата в условиях почти сверхъестественной трудности: пришлось расхлебывать ту кашу, которую заварили господа империалисты.

§ 44. Гражданская война и борьба с мировым империализмом

Буржуазия все время старалась не дать рабочему классу сорганизовать производство и заняться строительной работой вообще. С самого начала победы пролетариата она стала в широком размере применять **саботаж**: все бывшие крупные чиновники, инженеры, учителя, банковые служащие и их бывшие хозяева стали портить работу всеми средствами; заговоры следовали за заговорами, белогвардейские восстания шли одно за другим. Русская буржуазия вошла в связь с чехо-словаками, с Антантой, с немцами, с поляками и т. д. и в непрерывной войне стремилась задушить русский пролетариат. Пролетариату нужно было создать большую армию, чтобы отбиваться от армий помещиков и капиталистов всех стран. Весь мировой империализм обрушился на русский пролетариат.

Но само собой разумеется, что хотя для пролетариата его война есть действительно священная и действительно освободительная война, она стоит больших издержек. Остатками промышленности нужно снабжать Красную Армию, тысячи самых лучших рабочих-организаторов отдать на армию и так далее. К тому же буржуазии удалось почти с самого начала укрепиться в пунктах, очень важных в экономическом отношении. Донские генералы лишили рабочий класс донецкого угля. Англичане захватили нефть в Баку. Хлебная Украина, Сибирь, отчасти Поволжье бывали захвачены контрреволюцией. Рабочему классу приходилось и приходится поэтому не только отбиваться с оружием в руках от бесчисленных врагов, но и строить свое пролетарское хозяйство без важнейших средств производства: без топлива и сырья.

Этим объясняется мучительный ход развития; рабочий класс должен окончательно разбить своих врагов.

Пока он их не разобьет до конца, он не сможет наладить новую жизнь, как следует.

Само собой разумеется, что в борьбе с рабочим классом буржуазия прибегает ко всему, что может экономически душить русский пролетариат: она окружила его со всех сторон, Россия в течение ряда лет — в блокаде (никакие товары из-за границы не идут); во время отступлений белые жгут и уничтожают все. Так, например, адмирал Колчак сжег десятки миллионов пудов хлеба, сжег добрую половину волжского флота и так далее. Сопротивление буржуазии, ее бешеная борьба, помощь ей со стороны мирового империализма — таково второе главное препятствие на пути рабочего класса.

§ 45. Мелкобуржуазный характер страны, отсутствие крупных организационных навыков у пролетариата и т. д.

Мы видели выше, что у нас промышленность была достаточно централизована, чтобы можно было поставить вопрос об ее пролетарской национализации, о превращении ее в собственность рабочего государства и об организации ее на новых началах. Но, с другой стороны, наша промышленность очень слаба по сравнению со всем хозяйством страны. Подавляющее большинство населения у нас не городское, а сельское, деревенское. По переписи 1897 г. у нас насчитывалось 16 миллионов городского и 101 миллион сельского населения (по расчету с Сибирью и проч., но без Финляндии). В 1913 году, по данным Огановского, городское население России составляло круглым счетом 30 миллионов, а сельское — 140. Таким образом, к 1913 году городское население составляло около 18 процентов сельского населения. Но фабрично-заводской пролетариат образует ведь далеко не все население городов. Тут живут и купцы, и фабриканты, и мелкая буржуазия, и интеллигенция — все эти слои насчитывают миллионы, если их сложить вместе. Правда, в деревне есть бывшие батраки, полупролетарии, деревенская беднота. Они поддерживают рабочих. Но они не так сознательны и организованы.

Громадное большинство российского населения — это мелкие хозяйчики. Они хотя и стонали под гнетом капитала и помещиков, но так привыкли к особому, своему собственному, личному хозяйству, что сразу их очень трудно приучить к общему делу, к строительству общего, товарищеского хозяйства. Урвать кус себе, нажитый на другом, заботиться только о своем хозяйстве — эта привычка крепко засела у каждого мелкого хозяйчика, и от того дело строительства коммунизма в России есть дело величайшей трудности, даже если не считать других причин.

Слабость наша отражается и на рабочем классе. В общем он воспитал в себе революционный, боевой дух. Но есть в нем и отсталые части, не привыкшие к организации. Не все рабочие таковы, как в Питере. Есть много отсталых и несознательных, которые тоже еще не привыкли работать на общий котел. Много есть рабочих, еще недавно пришедших в город. Они во многом думают так же, как и крестьяне, и вместе с ними ошибаются.

Эти недостатки самого рабочего класса исчезают по мере того, как он ведет свою борьбу и втягивается в работу. Но само собой разумеется, что это обстоятельство тоже затрудняет осуществление наших задач, отнюдь, однако, не делая невозможным такое осуществление.

ЛИТЕРАТУРА

Протоколы VIII съезда, главным образом прения о программе, речи Ленина и Бухарина; затем речи Ленина о задачах Советской власти (в разных изданиях). Об экономическом положении России см. Цыперович: «Синдикаты и тресты в России». В. П. Милютин: «Современное экономическое развитие России и диктатура пролетариата (1914—1918)». Н. Осинский: «Строительство социализма» (в I главе этой книги есть прекрасно изложенные доказательства того, что военное разорение делает социализм еще более необходимым).

Глава VI

СОВЕТСКАЯ ВЛАСТЬ

§ 46. Советская власть как форма пролетарской диктатуры. § 47. Пролетарская и буржуазная демократия. § 48. Классовый и временный характер пролетарской диктатуры. § 49. Материальная возможность осуществления прав рабочего класса. § 50. Равенство трудящихся независимо от пола, религии, расы. § 51. Парламентаризм и советский строй. § 52. Войско и Советская власть. § 53. Руководящая роль пролетариата. § 54. Бюрократия и Советская власть

§ 46. Советская власть как форма пролетарской диктатуры

Наша партия первой выставила и провела в жизнь требование С о в е т с к о й в л а с т и. Под лозунгом: «Вся власть Советам!» произошла Великая Октябрьская революция 1917 года. До того, как этот лозунг был выдвинут нашей партией, он вообще не существовал. Но это не значит, что он был выдуман «из головы». Наоборот, он возник, он родился в гуще самой жизни. Еще в революции 1905—1906 гг. возникли классовые организации рабочих: Советы рабочих депутатов. В революции 1917 года эти организации возникли в неизмеримо бо́льшем размере: почти повсюду вырастали, как грибы, советы рабочих, солдат, а затем и крестьян. Ясно было, что эти советы, которые выступали в виде органов б о р ь б ы за власть, неминуемо станут о р г а н а м и в л а с т и.

До русской революции 1917 года много говорили о п р о л е т а р с к о й д и к т а т у р е, но в сущности не знали, в какой же форме эта пролетарская диктатура будет осуществлена. Теперь русской революцией эта форма найдена в виде С о в е т с к о й в л а с т и. Советская власть осуществляет диктатуру пролетариата, организованного, как господствующий класс, в своих советах, и подавляющего, с помощью крестьянства, сопротивление буржуазии и помещиков.

Многие думали раньше, что диктатура пролетариата возможна в форме так называемой «демократической республики», которая должна быть установлена Учредительным собранием и которая управляется парламентом, избранным всеми классами народа. И до сих пор еще оппортунисты и социал-соглашатели держатся этого же мнения, говоря, что только Учредилка и демократическая республика могут спасти страну от тяжелой гражданской войны. Однако действительная жизнь показывает нечто другое. В Германии, напр., после революции в ноябре 1918 года установилась такая республика. Но там и в течение 1918, и в течение всего 1919 г. шла кровавая борьба. В этой борьбе рабочий класс все время выступает с требованием Советской власти. Лозунг Советской власти стал действительным международным лозунгом пролетариата. Во всех странах рабочие выставляют его и связывают с ним лозунг рабочей диктатуры. Жизнь подтвердила правильность нашего требования: «Вся власть Советам!» не только у нас в России, но и во всех странах, где есть пролетариат.

§ 47. Пролетарская и буржуазная демократия

Буржуазная демократическая республика опирается на всеобщее голосование и на так называемую «всенародную», «общенациональную», «внеклассовую» волю. Сторонники буржуазно-демократической республики, Учредилки и т. д. говорят нам, что мы нарушаем всеобщую волю нации. Разберем этот вопрос прежде всего.

Мы в первой части книжки видели, что современное общество состоит из классов с противоречивыми интересами. Это значит, что если буржуазии выгоден длинный рабочий день, он невыгоден рабочему классу и так далее. Классы нельзя помирить, как нельзя помирить волков и овец. Волки любят кушать овец, овцам нужно обороняться против волков. Если это так (а это безусловно так), то спрашивается: можно ли установить общую волю волков и овец? Можно ли установить овечье-волчью волю? Всякий разумный человек скажет, что это бессмыслица. Общей овечье-волчьей воли быть не может. Может быть что-либо одно из двух: или волчья воля, которая поработила овец, обманутых и придавленных; либо овечья воля, которая отбила овец от волков и забила хищников. Середки здесь быть никакой не может. Но то же самое, явное дело, происходит и с классами. В современном обществе класс стоит против класса, буржуазия против пролетариата, пролетариат против буржуазии. Они — на ножах. Какая же может быть у них общая воля, буржуазно-рабочая? Ясно, что буржуазно-рабочих желаний и стремлений быть не может, точно так же, как и волчье-овечьих. Может быть либо воля буржуазии, которая эту свою волю навязывает разными способами угнетенному большинству народа, либо воля пролетариата, который навязывает свою волю буржуазии. В особенности глупо говорить о междуклассовой воле и «общенациональных интересах» во время гражданской войны, революции, когда старый мир трещит по всем швам. Тут пролетариат хочет переделать мир, буржуазия хочет закрепить старое рабство.

Какая же «общая» воля может быть у буржуазии и пролетариата? Ясно, что самые эти слова об общенародной воле, когда под этим разумеются все классы, есть обман. Такой общей воли не существует и существовать не может.

Но этот обман нужен буржуазии. Он ей нужен для того, чтобы оправдать свое господство. Она есть меньшинство. Она не может открыто сказать, что кучка капиталистов правит. Поэтому ей нужен обман, что она правит от имени «всего народа», «всех классов», «всей нации» и тому подобное.

Каким же образом осуществляется этот обман в «демократической республике»? Главная причина того, что пролетариат здесь порабощен, является экономическое его порабощение. Даже в самой демократической республике фабрики и заводы находятся в руках капиталистов, земля в руках капиталистов и помещиков. У рабочего нет ничего, кроме рабочих рук, у крестьянина-бедняка — ничтожный клочок земли. Они вечно вынуждены работать в ужасных условиях, они под пятой своих хозяев. На бумаге они могут многое, на деле — ничего. Потому что все богатства, власть капитала находятся в руках их врагов. Это и есть так называемая буржуазная демократия.

Буржуазная республика существует и в Соед. Штатах Америки, и в Швейцарии, и во Франции. Но во всех этих странах стоят у власти гнуснейшие империалисты, короли трестов и банков, злейшие враги рабочего класса. Самая демократическая республика, существовавшая в 1919 г., была Германская республика с ее Учредилкой. Но ведь это была республика убийц Карла Либкнехта.

Советская власть осуществляет новый, гораздо более совершенный тип демократии — демократию пролетарскую. Сущность этой, пролетарской, демократии состоит в том, что она основывается на переходе средств производства в руки трудящихся, то есть на обессилении буржуазии; в ней как раз угнетенные прежде массы и их организации становятся органами управления. Организации рабочих и крестьян бывали и при капиталистическом строе; они, следовательно, существуют и в буржуазно-демократических республиках. Но они там затерты организациями богачей. Наоборот, при пролетарской демократии у богачей нет богатства. А массовые организации рабочих, крестьян-полупролетариев и т. д. (советы, союзы, фабрично-заводские комитеты и т. д.) становятся настоящей основой пролетарской государственной власти. В Конституции Советской Республики на первом месте стоит положение: «Россия объявляется Республикой Советов Рабочих, Солдатских и Крестьянских Депутатов. Вся власть в центре и на местах принадлежит этим советам».

Советская демократия не только не устраняет рабочие организации от управления, а, наоборот, она их делает органами управления. А так как советы и другие организации рабочего класса и крестьянства охватывают миллионы трудящихся, то Советская власть впервые поднимает к новым задачам бесчисленное количество людей, которые раньше были забыты и копошились внизу. В общую работу через советы, через профессиональные союзы, через фабрично-заводские комитеты входят все более и более широкие массы народа, рабочих и крестьян-бедняков. Это происходит повсеместно. В провинциальных городишках и по деревням начинают заниматься делом управления и строительства новой жизни люди, которые никогда бы этим раньше не занимались. Таким образом Советская власть осуществляет и широкое самоуправление разных местностей, и вовлечение широких масс в эту работу.

Понятно, что задачей нашей партии является всемерное развитие этого н о в о г о, пролетарского демократизма. Мы должны стремиться к тому, чтобы в органах Советской власти работали по возможности самые широкие слои пролетариев и крестьянской бедноты. Товарищ Ленин в одной своей брошюре, вышедшей еще до Октябрьской революции, правильно писал, что наша задача состоит в том, чтобы даже каждую кухарку научить управлять государством. Конечно, это задача очень трудная и на пути ее осуществления лежит масса препятствий. Прежде всего эти препятствия лежат в недостаточном культурном уровне масс. Рабочих-передовиков сравнительно тонкий слой. Таковы, например, металлисты. Но есть отсталые слои, а в деревне уже и подавно. У них нет часто достаточной инициативы, почина, и тогда они могут остаться за бортом. Задачей нашей партии является систематическое, шаг за шагом идущее вовлечение и этих слоев в общую государственную работу. Поднимать к ней все новые и новые слои можно, конечно, лишь путем повышения их культурного уровня и организованности, что является точно так же задачей партии.

§ 48. Классовый и временный характер пролетарской диктатуры

Буржуазия всегда скрывала свое классовое господство под маской «общенародного дела». Как могла буржуазия, будучи кучкой паразитов, открыто признаваться в том, что она навязывает всем свою классовую волю? Каким образом она могла сказать, что государство это ее разбойничий союз? Конечно, она не могла этого сделать. Даже когда буржуазия выкидывает флаг кровавой генеральской диктатуры, она говорит об «общенациональном» деле. Но особенно ловко она обманывает народ в так называемых «демократических республиках». Здесь буржуазия правит и проводит свою диктатуру при соблюдении некоторых «видимостей»: она дает и рабочим раз в три-четыре года право опускать избирательную бумажку, но от управления их отстраняет. А зато она тем громче кричит, что правит «весь народ».

Советская власть открыто признает перед всеми свой к л а с с о в ы й характер. Ей нечего скрывать, что она — классовая власть, что советское государство есть диктатура бедных. Она даже в названии подчеркивает это; р а б о ч е - к р е с т ь я н с к о е правительство — так называется правительство Советской власти. В конституции, то есть в основных законах нашей Советской республики, которые были установлены III Всероссийским съездом советов, прямо сказано: «III Всероссийский съезд советов Рабочих, Солдатских и Крестьянских депутатов полагает, что теперь, в момент решительной борьбы пролетариата с его эксплуататорами, эксплуататорам не может быть места ни в одном из органов власти». Значит, Советская власть не только признает свой классовый характер, но и не останавливается перед лишением избирательных прав и исключением из органов власти представителей тех классов, которые враждебны пролетариату и крестьянству. Почему Советская власть может и должна быть тут так откровенной? Потому, что она есть действительно власть трудящихся, то есть власть б о л ь ш и н с т в а населения. Ей нечего скрывать того, что она родилась в рабочих кварталах. Наоборот, чем ярче она будет подчеркивать свое происхождение и свое значение, тем ближе она будет к массам, тем успешнее будет борьба с эксплуататорами.

Однако такое положение вещей будет длиться не во все времена. Суть дела ведь состоит в том, что нужно подавить сопротивление эксплуататоров. А раз эти эксплуататоры будут подавлены, обузданы, приручены; раз они перевоспитаются и превратятся в таких же трудящихся, как и все остальные, то, конечно, будут все больше и больше исчезать всякие «нажимы» и малопомалу будет исчезать и диктатура пролетариата.

Это точно так же сказано в нашей конституции (см. раздел II, гл. V): «Основная задача рассчитанной на настоящий переходный момент конституции Росс. Соц. Фед. Советской Республики заключается в установлении диктатуры городского и сельского пролетариата и беднейшего крестьянства в виде мощной Всероссийской Советской власти в целях полного подавления буржуазии, уничтожения эксплуатации человека человеком и водворения социализма, при котором не будет ни деления на классы, ни государственной власти».

Отсюда вытекают и задачи нашей партии. Партия должна систематически разоблачать буржуазный обман, состоящий в том, что рабочему предлагают коекакие права, но оставляют его в материальной зависимости от хозяев. Задача партии состоит в том, чтобы проводить подавление эксплуататоров всеми средствами, какие только есть в распоряжении пролетариата.

Но в то же время задача партии состоит и в том, чтобы по мере подавления эксплуататоров и их слуг, по мере их «переделывания», постепенно ослаблять и отменять те мероприятия, которые были годны для прежнего времени. Предположим, например, что интеллигенция настолько сблизилась с рабочим классом, что перестала шебаршить против него, что она в своей работе стала целиком на сторону Советской власти, что она сжилась с пролетариатом. Если бы это произошло (а это, разумеется, вопрос времени), тогда мы обязаны были бы дать этой интеллигенции все права, принять ее в нашу семью. Конечно, в дни, когда против пролетарской республики идет в поход весь мир, о таком расширении прав говорить еще рано. Но мы должны неустанно разъяснять, что это будет, и что это будет тем скорее, чем скорее будут подавлены навсегда все и всякие попытки эксплуататоров идти против коммунизма. Так постепенно будет отмирать государство пролетариата, превращаясь в безгосударственное коммунистическое общество, в котором исчезли всякие деления на классы.

§ 49. Материальная возможность осуществления прав рабочего класса

Один из главнейших обманов буржуазной демократии состоит в том, что она дает только видимость прав; на бумаге стоит, что рабочие могут выбирать в парламент совершенно свободно, что они имеют такие же права, как и хозяин (они-де «равны перед законом»); что они могут свободно соединяться в союзы, собираться на собрания, выпускать какие угодно газеты, книжки и прочее. В этом видят «сущность демократии» и заявляют, что здесь демократия для всех, для всего народа, для всех граждан, а не так, как в Советской республике.

Прежде всего нужно сказать, что на самом-то деле даже такой буржуазной демократии не существует. Она была сто лет тому назад, а теперь ее давным-давно отменили сами господа буржуа.

Лучшим примером этого служит Америка. В Соедин. Штатах во время войны были выпущены, напр., такие законы: воспрещается поносить президента; воспрещается поносить союзников; воспрещается объяснять вступление Соедин. Штатов в войну побуждениями низменного материального свойства; воспрещается проповедовать преждевременный мир; воспрещается публично осуждать

26

политику американского правительства; воспрещается превозносить или восхвалять Германию; воспрещается проповедовать ниспровержение существующего строя, уничтожение частной собственности, борьбу классов и проч. За нарушение этих правил полагалось от 3 до 20 лет каторжной тюрьмы. За их нарушение было в течение одного года арестовано около 1$^1/_2$ тысячи рабочих. Целая рабочая организация «Промышленные рабочие мира» (I. W. W.) была разгромлена, а ее вожди частью перебиты. Примером «свободы стачек» может служить стачка на медных рудниках в Аризоне летом 1917 г., когда рабочих расстреливали, били кнутами, обмазывали смолой; когда выселяли целые рабочие семьи и пускали их по миру. Или стачка на угольных копях Рокфеллера в Лудлоу (штат Колорадо), когда наемные войска Рокфеллера (банкира) расстреляли и сожгли несколько сот рабочих и работниц. Парламент в Америке, несмотря на то, что он выбирается на основе всеобщего избирательного права, делает все, что прикажут короли трестов; почти все депутаты подкуплены ими. Все диктуют некоронованные короли: Рокфеллер, король банков, нефти, хлеба, молока; Морган, другой король банков, железных дорог; Шваб, король стали; Свифт, король мяса; Дюпонт, король пороха, за время войны наживший неслыханные богатства. Достаточно сказать, что Рокфеллер в о д и н ч а с получает десять тысяч долларов (доллар по д о в о е н н о м у расчету около 10 руб.); что его званый обед стоит 11 миллионов долларов. Где же тут устоять перед такой силой? И вот эта шайка Швабов и Рокфеллеров держит в своих руках в с е под видом «демократии»!

Но даже если бы и существовала в действительности такая демократия, то и то, по сравнению с Советской властью, она не стоила бы и ломаного гроша. Потому что для рабочего класса важно иметь не б у м а ж н ы е п р а в а, а в о з м о ж н о с т ь и х о с у щ е с т в л я т ь. А вот этого-то и не может быть при господстве капитала, при том порядке, когда у капиталистов остается с о б с т в е н н о с т ь н а в с е б о г а т с т в а. Даже если рабочие на бумаге могут собираться, им может быть н е г д е это делать: все трактирщики, скажем, по наущению со стороны крупных акул или по собственной ненависти к рабочим, не дадут помещений — и кончено. Или еще пример: рабочие хотят выпускать газету и имеют на это право. Но ведь для этого нужны деньги, бумага, здание для конторы, типография и проч. А все эти вещи в руках капиталистов. Капиталисты не дадут — и шабаш: сделать ничего нельзя. На жалкие рабочие гроши не очень-то и деньги скопишь. Вот и выходит, что буржуазия имеет миллионные газеты, может изо дня в день обманывать народ, как угодно, а рабочий, хотя на бумаге у него и есть «права», на самом деле ничего не имеет.

В этом и состоит сущность «свобод» для рабочих

при буржуазной демократии. Эти свободы только на бумаге, они, как говорят, «формальные» свободы; а по сути дела тут никакой свободы н е т, потому что ее н е л ь з я о с у щ е с т в и т ь. Тут происходит то же, что во всех областях жизни. По буржуазному учению хозяин и рабочий в капиталистическом обществе равны, потому что существует «свобода договора»: хозяин волен нанимать рабочего, рабочий волен или неволен наниматься. Но ведь это только на бумаге! В действительности же хозяин богат и сыт, рабочий голоден и беден. Он в ы н у ж д е н наниматься. Какое же это равенство? Между богатым и бедным н е м о ж е т б ы т ь р а в е н с т в а, хотя бы на бумаге это равенство и значилось. Поэтому «свободы» при господстве к а п и т а л а на самом деле носят бумажный характер.

Наоборот, в Советской республике свободы для рабочего класса состоят, прежде всего, в том, что д а е т с я в о з м о ж н о с т ь и х о с у щ е с т в л я т ь. В конституции РСФСР прямо сказано (раздел II, глава V):

«14. В целях обеспечения за трудящимися действительной свободы выражения своих мнений Российская Социалистическая Федеративная Советская Республика уничтожает зависимость печати от капитала и предоставляет в руки рабочего класса и крестьянской бедноты все технические и материальные средства к изданию газет, брошюр, книг и всяких других произведений печати и обеспечивает их свободное распространение по всей стране.

15. В целях обеспечения за трудящимися действительной свободы собраний Российская Социалистическая Федеративная Советская Республика, признавая право граждан Советской Республики свободно устраивать собрания, митинги, шествия и т. п., предоставляет в распоряжение рабочего класса и крестьянской бедноты все пригодные для устройства народных собраний помещения с обстановкой, освещением и отоплением.

16. В целях обеспечения за трудящимися действительной свободы союзов Российская Социалистическая Федеративная Советская Республика, сломив экономическую и политическую власть имущих классов и этим устранив все препятствия, которые до сих пор мешали в буржуазном обществе рабочим и крестьянам пользоваться свободой организации и действия, оказывает рабочим и беднейшим крестьянам всяческое содействие,

материальное и иное, для их объединения и организации.

17. В целях обеспечения за трудящимися действительного доступа к знанию Российская Социалистическая Федеративная Советская Республика ставит своей задачей предоставить рабочим и беднейшим крестьянам полное, всестороннее и бесплатное образование».

В этом состоит громадная разница между лживыми свободами буржуазной демократии и действительными свободами демократии пролетарской.

Советская власть и наша партия сделали очень многое в этом вопросе. Дома дворян, театры, типографии, бумага и проч.— все принадлежит теперь рабочим организациям и рабочей государственной власти. Наша дальнейшая задача состоит в том, чтобы всеми средствами помогать отсталым слоям пролетариата и крестьянства пользоваться их правами. Это достигается двумя путями. С одной стороны, мы должны непрерывно идти по раз намеченной дороге и всячески расширять материальные условия рабочих свобод. Это значит: по возможности изыскивать новые дома, строить их, организовывать новые типографии, закладывать рабочие дворцы и т. д. С другой стороны, разъяснять отсталым слоям те возможности, которые уже существуют, но еще не используются массой из-за темноты, незнания, некультурности.

§ 50. Равенство трудящихся независимо от пола, религии и расы

Буржуазная демократия на словах провозглашала ряд свобод, но для угнетенных эти свободы оказались за пятью замками и семью печатями. Между прочим, буржуазная демократия не раз провозглашала равенство людей независимо от пола, религии, расы и национальности. Она хвастливо обещала, что при буржуазно-демократическом строе мужчины и женщины, белые, желтые и черные, европейцы и азиаты, буддисты, христиане, евреи и проч. будут равны. На самом деле ничего подобного буржуазия не осуществила. Наоборот. В эпоху империализма повсеместно страшно усилилось расовое и национальное угнетение (о нем смотри подробно следующую главу). Но даже относительно женщин буржуазная демократия не осуществила никакого равенства. Женщина осталась бесправным существом и домашним животным, а также постельной принадлежностью для мужчины.

Женщина-работница в капиталистическом обществе особенно забита, бесправна; ее права во всех областях ниже даже тех нищенских прав, которые буржуазия предоставила рабочему-мужчине. Право выбора в парламенты существовало всего в двух-трех странах; в области наследования женщина всегда получала низшую долю; в области семейных отношений она всегда была подчинена мужу и оказывалась всегда виновата; словом, при буржуазной демократии всюду были такие порядки, которые сильно напоминали порядки дикарей, когда те выменивали, покупали, наказывали или выкрадывали жен, как какую-то вещь, куклу или рабочий скот. «Курица не птица, баба не человек» — так считается в рабском обществе. Такое положение крайне невыгодно пролетариату. В первой части книги мы видели, что среди общего числа рабочих большую долю занимают женщины. Само собой разумеется, что если между двумя половинами пролетариата будет неравенство, тогда борьба пролетариата будет страшно ослаблена. Без помощи женского пролетариата немыслима общая победа, немыслимо «освобождение труда». Поэтому рабочий класс заинтересован в том, чтобы между мужской и женской частью пролетариата было полное боевое товарищество и чтобы это товарищество было закреплено равенством. Советская власть впервые провела это равенство во всех областях жизни: в браке, в семейных отношениях, в политических правах и пр.,— всюду теперь женщины уравнены с мужчинами.

Задачей партии является способствовать проведению этого уравнения в жизнь. Здесь прежде всего нужно постоянное разъяснение широким слоям трудящихся того, что для них закрепощение женщины очень вредно. До сих пор еще даже среди рабочих на жен смотрят, как на «баб»; в деревне же часто смеются, когда «баба» тоже начинает заниматься общественными делами. В Советской республике женщина-труженица имеет право, наравне с мужчиной, выбирать во все советы и быть туда избранной, она может занимать должность любого комиссара, исполнять какую угодно работу в армии, в народном хозяйстве, в государственном управлении.

Но женщины-работницы у нас гораздо более отсталы, чем рабочие-мужчины. Да на них и смотрят многие сверху вниз. Тут нужна настойчивая работа: среди мужчин, чтобы они перестали «не давать ходу» женщинам-труженицам; среди женщин, чтобы они пользовались своими правами, не робели, не смущались.

Нужно помнить: даже каждую к у х а р к у должны мы приучить к государственному управлению.

Мы видели выше, что самое важное, однако, это не права на бумаге, а возможность о с у щ е с т в л я т ь эти права. Как будет женщина-труженица осуществлять свои права, когда она должна вести домашнее хозяйство, ходить на рынок, стоять в очередях, стирать, смотреть за детьми, нести тяжелый крест этого домашнего хозяйства?

Задача Советской власти и нашей партии должна состоять в том, чтобы облегчить женщинам-труженицам это дело, чтобы р а з г р у з и т ь женщину-работницу от устарелых, допотопных отношений. Организация домов-коммун (не таких, в которых бранятся, а где действительно живут по-человечески) с центральными прачечными; организация общественных столовых; организация яслей, детских садов, площадок, детских колоний летом, школ с общественным питанием детей и т. д.— вот что должно разгрузить женщину и дать и ей возможность заниматься всем тем, чем занимается пролетарий-мужчина.

В дни разорения и голода трудно, конечно, поставить это дело, как следует. Но партия должна делать все возможное, чтобы таким образом и женщину-работницу привлечь к общей работе.

О равноправии наций, рас и т. д. нужно смотреть следующую главу. Здесь мы приведем только параграфы нашей конституции относительно этого вопроса (раздел II, гл. V):

«20. Исходя из солидарности трудящихся всех наций, Российская Социалистическая Федеративная Советская Республика предоставляет все политические права российских граждан иностранцам, проживающим на территории Российской Республики для трудовых занятий и принадлежащих к рабочему классу или к не пользующемуся чужим трудом крестьянству, и признает за местными Советами право предоставлять таким иностранцам, без всяких затруднительных формальностей, права российского гражданства.

21. Российская Социалистическая Федеративная Советская Республика предоставляет право убежища всем иностранцам, подвергающимся преследованию за политические и религиозные преступления.

22. Российская Социалистическая Федеративная Советская Республика, признавая равные права за гражданами независимо от их

расовой и национальной принадлежности, объявляет противоречащим основным законам республики установление или допущение каких-либо привилегий или преимуществ на этом основании, а равно какое бы то ни было угнетение национальных меньшинств или ограничение их равноправия».

§ 51. Парламентаризм и советский строй

В б у р ж у а з н о -демократических государствах во главе всего стоит так называемый парламент. Это есть учреждение, выбранное тем или другим способом: в некоторых странах туда выбирают только богачи, в других — допускается и часть бедняков, в третьих — все мужчины, начиная с известного возраста, в четвертых — и женщины.

Но даже там, где парламенты выбирались на основе всеобщего избирательного права, всегда во главе парламента, т. е. в б о л ь ш и н с т в е, проходили ставленники буржуазии. Почему так было повсюду? Это нетрудно понять после всего того, что мы говорили раньше. Представим себе, что рабочие, которых в стране большинство, имеют право голоса. Но представим себе также, что все богатства находятся в руках капиталистов, что все газеты находятся тоже у них, что у них же здания для собраний, к их услугам художники, типографии, миллионы листков; что за них говорят со всех кафедр проповедники; представим себе также, что рабочие-бедняки день-деньской заняты тяжелой работой, им некогда и негде собраться, что среди них шныряют буржуазные ловкачи, агенты буржуазии (различные адвокаты, журналисты, ораторы), которые выставляют как будто приличные лозунги, п о д ы г р ы в а ю т с я под рабочих; представим себе огромную денежную силищу синдикатчиков, которые даже первоначально честного рабочего избранника будут подкупать, давать ему места, хвалить его в газетах и проч., и проч. Тогда мы поймем, почему даже в таких парламентах большинство состоит из тайных или явных агентов буржуазии, финансового капитала, банковых королей.

Выборы с в о и х людей для трудящихся масс поэтому представляют огромную трудность.

А уж раз депутат в парламент прошел,— кончено. Он плюет тогда на своих избирателей: на три-четыре года он обеспечен. Он от них независим. Он продает себя направо и налево. А отозвать его нельзя: не полагается по закону.

Так обстоит дело в буржуазно-демократической республике, при парламентаризме. В Советской республике совсем другое. Здесь паразиты — купцы и фабриканты, архиереи и помещики, генералы и кулаки — не имеют права голоса. Они не выбирают и их тоже не выбирают. Зато для рабочих и бедноты производство выборов очень простое и легкое. А затем всякого выбранного в совет его избиратели-рабочие могут о т о з в а т ь и на его место послать другого. Если депутат плохо исполняет свои обязанности, изменяет своему знамени и т. д., он может быть отозван. Это п р а в о о т з ы в а нигде не проведено так широко, как в Советской республике.

В буржуазной республике парламент является «говорильней»: депутаты только и делают, что обсуждают и произносят речи. Настоящую деловую работу несут чиновники, министры и пр. Парламент же принимает законы и «контролирует» министров тем, что делает разные запросы, голосует то, что предлагает правительство. В парламенте сосредоточена, как говорят, законодательная власть. Власть же исполнительная находится в руках министерств. Таким образом, дела делает не парламент: парламент и его депутаты лишь разговаривают. При советском строе дело обстоит совсем не так. Верховным, самым высшим органом, является Съезд Советов. «Всероссийский Съезд Советов, — сказано в конституции, — является высшей властью Росс. Соц. Федеративной Советской Республики». Он должен собираться не реже двух раз в год; он подводит итоги всей работе и принимает соответствующие решения, которые становятся законом. Но все члены съезда, это — не специальные говоруны, а «р а б о т н и к и с мест», ведущие постоянную работу. В промежутках между съездами высшую власть имеет Центральный Исполнительный Комитет, выбираемый на съезде. Он одновременно и издает законы, и «распоряжается»; в его руках сосредоточена исполнительная и законодательная власть; его отделы составляют народные комиссариаты; его члены р а б о т а ю т в этих комиссариатах. Таким образом, ЦИК есть р а б о т а ю щ а я коллегия.

Как ЦИК, так и всякое другое советское учреждение находится в ближайшей связи и опирается на целый ряд м а с с о в ы х р а б о ч и х о р г а н и з а ц и й: советские учреждения опираются и на коммунистическую партию, и на профессиональные союзы, и на фабрично-заводские комитеты, и на кооперативы. Эти организации охватывают десятки миллионов трудящихся, и все они подпирают своими руками Советскую власть. Через эти организации трудящиеся массы принимают действительное участие в управлении государством. Рабочая коммунистическая партия или профессиональные союзы выставляют своих доверенных лиц на все посты и на все должности. Таким образом, лучшие рабочие проходят туда не только говорить, а управлять. Ничего подобного не бывает в так называемой демократической республике. Там избиратель-рабочий опускает лишь избирательную бумажку, и дело в шляпе. Он выполнил — как говорит ему буржуазия — свой «гражданский долг», и больше ему не о чем беспокоиться.

Здесь, при таком положении дел, лежит один из основных обманов. Почему? Да опять по той же причине, какую мы видели и раньше. На бумаге здесь как будто рабочие в чем-то «участвуют». На деле они вполне и целиком стоят в стороне: всем управляет и все дела вершит специальная каста буржуазных чиновников, оторванная от массы, так называемая бюрократия. Аппарат управления оторван от масс: массы никакого касательства к нему не имеют.

До XVI или XVII века государственные чиновники назначались только из дворян. С переходом к капиталистическому строю появилось профессиональное чиновничество. В новейшее время это профессиональное чиновничество вербовалось главным образом из среды так называемой интеллигенции, в то время как верхние его слои выдвигала крупная буржуазия. Но даже и более мелкие чиновники воспитывались в специальном духе преданности разбойничьему государству; для наиболее талантливых из них имелась возможность чинов, орденов, титулов, так называемой «служебной карьеры». Поэтому все эти господа в большинстве случаев проникнуты были духом крайнего презрения к «простому народу». Какова была численность этого чиновничества и каков был его рост, можно судить из таких цифр (мы берем их из книги Ольшевского «Бюрократия»): в Австрии в 1874 г. их было около 27 тысяч, в 1891—36 тысяч, 1900—169 тысяч; во Франции уже в 1891 г. было таких служащих-чиновников полтора миллиона лиц (около 4% всего населения); в Англии в 1891 г.—около миллиона (2,6%); в Соедин. Штатах в 1890 г.—750 тысяч и т.д. Даже буржуазный писатель Ольшевский считает основными свойствами этой касты следующее: шаблонность и рутина; канцелярщина; высокомерный должностной тон; мелочность. Однако как раз именно это чиновничество и управляет во всех капиталистических странах. Повторяем, что высшие чиновники вербуются главным образом из крупнобуржуазных и дворянско-помещичьих кругов. Оно и не может быть иначе в капиталистическом обществе, где у власти стоит буржуазия.

В Советской республике массы не только выбирают (и притом выбирают не продажных адвокатов, а своих людей), но и участвуют в управлении, ибо в это управление втянуты и советы и десятки других массовых рабочих организаций.

Что касается самих советов, то даже самые их выборы устроены так, чтобы была связь с массами. Ибо выборы в советы идут не по округам, а по местам работы (по фабрикам, по заводам и т. д.) или, как говорят, «по производственным единицам». Люди, спаянные вместе общим трудом, выбирают своих доверенных лиц, своих «депутатов».

Так Советская власть осуществляет в тысячу раз более высокую, более народную форму демократии, пролетарскую демократию.

В чем же заключается дальнейшая задача партии? Общий путь ясен: это — путь осуществления пролетарского демократизма во все более и более широком размере, путь наибольшего сближения работающих должностных лиц (депутатов, выборных и т. д.) с массами; путь привлечения все более широких масс к непосредственному участию в управлении; наконец, путь контроля миллионов глаз за своими депутатами и их работой. Ответственность и подотчетность должностных лиц должны быть проведены возможно шире.

Исполнение всех этих задач требует громадной работы. Тут встречается масса практических препятствий. Все эти препятствия нужно преодолеть и достигнуть полного и неразрывного единства государственного аппарата и активных, строящих коммунизм, масс пролетариата и деревенской бедноты.

§ 52. Войско и Советская власть

Пролетарская демократия, как и всякая государственная власть, имеет свои вооруженные силы, свою армию и флот. В буржуазно-демократическом государстве войско служит средством удушения рабочего класса и средством защиты буржуазного кошелька. Пролетарская армия, Красная Армия Советской Республики, служит классовым целям пролетариата и борьбе против буржуазии. Поэтому и в самом положении, и в политических правах буржуазной и пролетарской армии есть глубокая разница. Буржуазия принуждена л г а т ь, что она держит свою армию «вне политики». На самом деле она делает ее орудием своей грабительской и контрреволюционной политики под флагом защиты «общенациональных интересов». Она прилагает все усилия, чтобы р а з ъ е д и н и т ь армию и народ. Тысячью способов она лишает солдат возможности осуществлять их политические права. В Советской республике дело обстоит совсем иначе. Во-первых, здесь пролетариат открыто заявляет, что наша армия есть орудие политической классовой борьбы против буржуазии. Во-вторых, здесь государство всеми мерами способствует с л и я н и ю а р м и и с н а р о д о м; рабочие и красноармейцы слиты в своих советах (они и называются «советы рабочих и красноармейских депутатов»); рабочие и красноармейцы сидят в тех же школах, на курсах, присутствуют на митингах, участвуют в демонстрациях. Не раз рабочие вручали боевые знамена красноармейцам, а красноармейцы рабочим. В советском государстве, которое есть не что иное, как великая республика т р у д я щ и х с я, только и может быть достигнут успех в борьбе с врагами, когда обеспечено единение Красной Армии с революционным рабочим классом.

Чем больше будет рабочий класс слит с армией, а армия — с рабочим классом, тем более прочна будет наша военная революционная сила. И понятно, что наша партия эту связь должна поддерживать, растить, укреплять. Опытом уже доказано, как влияет на армию связь с пролетарскими организациями. Стоит только вспомнить отпор Колчаку летом 1919 г. и Деникину осенью того же года. Эти победы могли быть одержаны только потому, что армии помогли, с ней сблизились, в нее влились товарищи-рабочие из партии, из профессиональных рабочих союзов и т. д. Поэтому Красная Армия пролетариата есть действительно, а не на словах, первая н а р о д н а я а р м и я, созданная волею трудящихся, организованная ими, находящаяся с ними в неразрывной связи и, через своих представителей в советах, управляющая страной. Она — не что-то отдельное, а тот же рабочий класс и деревенская беднота, идущая под руководством рабочего класса. Она живет вместе с трудящимися в тылу. Упрочивать неустанно эту связь есть непременная задача нашей партии.

§ 53. Руководящая роль пролетариата

В нашей революции, которая есть коммунистическая революция, передовую роль, роль вождя, играет пролетариат. Пролетариат есть самый сплоченный и организованный класс. Пролетариат есть единственный класс, в котором условия его жизни в капиталистическом обществе воспитали правильные коммунистические взгляды, указали правильную цель и правильные пути к этой цели. Немудрено поэтому, что пролетариат оказался руководителем и вождем во всей революции. Крестьянство (середняки, а отчасти даже и беднота) не раз колебалось. И всегда оно добивалось успехов только тогда, когда шло за пролетариатом. И, наоборот, тогда, когда оно шло против него, то неизменно попадало под пяту какого-нибудь Деникина, Колчака или другого помещика, капиталиста и генерала.

Вот эта руководящая роль, руководящее значение пролетариата нашло себе отражение даже в нашей советской конституции. По нашим законам у пролетариата есть некоторые преимущества в политических правах. Например, Съезды Советов созываются таким образом, что рабочие в городах имеют на то же количество больше делегатов, чем крестьяне.

Вот соответствующие параграфы конституции:

«Всероссийский Съезд Советов составляется из представителей городских Советов, по расчету 1 депутат на 25 000 избирателей, и представителей губернских Съездов Советов, по расчету 1 депутат на 125 000 жителей». (Раздел III, гл. VI, статья 25.)

«Съезды Советов составляются следующим образом:

а) Областные — из представителей городских Советов и уездных Съездов Советов, по расчету 1 депутат на 25 000 жителей, а от городов — по 1 депутату на 5 000 избирателей, но не более 500 делегатов на всю область, — либо из представителей губернских Съездов Советов, избираемых по той же норме, если этот Съезд собирается непосредственно перед областным Съездом Советов.

б) Губернские (окружные) — из представителей городских Советов и волостных Съездов Советов, по расчету 1 депутат на 10 000 жителей, а от городов — по 1 депутату на 2 000 избирателей, но не свыше 300 депутатов на всю губернию (округ), причем, в случае созыва уездного Съезда Советов непосредственно перед губернским, выборы производятся по той же норме не волостными, а уездным Съездом Советов». (Раздел III, гл. X, статья 53.)

Правда, в городах депутаты рассчитываются на избирателей, а в деревнях — на всех жителей (куда относятся не только

37

трудящиеся, но и кулаки, попы, сельскохозяйственная буржуазия и т. д., а также дети, которые не имеют избирательных прав). Значит, преимущества городских рабочих перед крестьянами вовсе не так велики, как это кажется с первого взгляда. Но все-таки они, несомненно, есть.

Это закрепленное в конституции преимущество отразило лишь то, что было в самой жизни, когда сплоченный в городах пролетариат вел за собой разъединенную деревенскую массу.

Задача нашей партии состоит в том, чтобы прежде всего разъяснять в р е м е н н ы й характер этих преимуществ. По мере просвещения более отсталых деревенских масс, после того, как они на опыте убедятся в правильности и выгодности рабочей линии, когда они почувствуют, что им не по пути с буржуазией, а по пути т о л ь к о с пролетариатом, само собой разумеется, что такое неравенство отпадет: его не будет и в самой жизни.

Преимущества пролетариата наша партия обязана использовать так, чтобы благодаря этому возможно сильнее влиять на деревню, связывая передовых рабочих с крестьянами в целях революционного просвещения деревенской бедноты. Не для того эти преимущества сохраняются за рабочим классом, чтобы он замыкался в себя и отгораживался от деревни, а, наоборот, для того, чтобы, пользуясь ими, имея больший вес в советах и в общем управлении страной, рабочий класс сближался с деревней и способствовал бы товарищескому объединению пролетариата с середняками и беднотой, вырывая их из-под влияния кулаков, попов, бывших помещиков.

§ 54. Бюрократия и Советская власть

Советская власть организовалась, как власть нового класса пролетариата, н а р а з в а л и н а х старой буржуазной власти. Прежде чем пролетариат организовал с в о ю власть, он разрушил ч у ж у ю, власть своих противников. При помощи Советской власти он добивал и разрушал остатки старого государства. Так пролетариат разрушил старую полицию, остатки охранки, жандармерию, царско-буржуазный суд с его прокурорами и наемными защитниками; он вымел метлой множество старых канцелярий, уничтожил буржуазные министерства со штатом чиновников и т. д. Какова была здесь цель пролетариата? И какова общая задача нашей партии? Мы о ней говорили раньше, в I части книги. Эта задача состоит в том, чтобы на место старого чиновничества поставить сами массы; сделать так, чтобы все трудящееся население бралось за дело управления (на некоторых должностях поочередно в короткие сроки, на других — со сменами в более долгие). Однако здесь мы столкнулись с рядом очень крупных затруднений.

Первое: недостаточное развитие, темнота, робость отсталых слоев в городе, а еще больше в деревне. Активных, подвижных, смелых, вполне разбирающихся «передовиков» — сравнительно тонкий слой. Другие только-только подходят. Но много есть и таких, которые еще боятся взяться за дело, многие не знают еще собственных прав и не чувствуют еще себя хозяевами страны. Это и немудрено. Веками забитые и угнетенные массы целиком не могут сразу перейти от полудикого состояния к управлению страной. Сперва выступает первый, наиболее развитой слой: таковы, наприм., питерские рабочие; их можно встретить везде: они часто являются и комиссарами в армии, и организаторами промышленности, и «исполкомщиками» в деревне, и пропагандистами, и членами высших советских учреждений, и лекторами. Понемногу перерабатывается и остальная масса; подходят новые, заменяют прежних, понемногу сами учатся. Но само собой разумеется, что общий низкий культурный уровень сказывается как крупное препятствие.

Второе: отсутствие навыков в деле управления. Это касается даже и лучших товарищей. Рабочий класс ведь впервые взял власть в свои руки. Никогда он не управлял и никогда делу управления не учился. Наоборот, и царское правительство в течение долгих десятилетий, и недолговечное правительство Гучкова — Керенского всячески старались не допустить пролетариата до этого дела. Буржуазное и помещичье государство было ведь организацией не для воспитания, а для подавления рабочих. Понятно, что теперь, когда рабочий класс стоит у власти, он, учась на практике, делает неоднократно ошибки. На этих ошибках он учится, но он их все-таки делает.

Третье: буржуазные специалисты старой марки. Их пролетариат вынужден был взять на службу. Он их подчинил себе, заставил их работать, сломил их саботаж. Он их в конце концов переделает по-своему окончательно. Но пока что они часто вносят свои старые привычки и приемы: сверху вниз глядят на массу, отъединяются от нее, гнут свою линию, усиливают во много раз канцелярщину, волокиту и т. д., заражают этим и наших людей.

Четвертое: отвлечение лучших сил в армию. В тяжелейших условиях гражданской войны, когда в армии нужны особенно верные, честные, смелые борцы, как раз лучших, своих, приходится посылать для фронтовой работы. От этого для тыла становится еще меньше слой старых передовиков.

Все эти обстоятельства затрудняют нашу работу неимоверно и способствуют до некоторой степени частичному возрождению бюрократизма внутри советского строя. Это — большая опасность для пролетариата. Не для того разрушал он старое чиновничье государство, чтобы оно выросло снизу. Поэтому наша партия должна стремиться эту опасность предотвратить. Предотвратить же ее можно только вовлечением в работу масс. Конечно, самое основное — это общий культурный подъем рабочей и крестьянской массы, просвещение ее, рост грамотности и образования. Но наряду с этим необходим и целый ряд других мер. В числе их наша партия рекомендует.

Обязательное привлечение каждого члена совета к выполнению определенной работы по управлению государством. Каждый член совета должен не только обсуждать общие меры, но и сам стоять у какого-нибудь общественного дела, то есть занимать какую-нибудь общественную должность.

Последовательную смену этих работ. Это значит, что товарищ должен через определенное время сменять одну работу на другую и постепенно привыкать ко всем главнейшим отраслям управления. Он не должен засиживаться годы на одном и том же месте: тогда он и сам может превратиться в чиновника; он должен, обучившись на одном, переходить на другое.

Наконец, партия рекомендует, в качестве общего направления работы, постепенное вовлечение в работу по управлению государством всего трудящегося населения поголовно. В этом, в сущности, заключается основа нашей политики. Кое-какие шаги в этом отношении делались. Например, когда в Питере в обысках у буржуазии принимали участие десятки тысяч пролетариев; или когда охрану города взяло на себя почти все гражданское рабочее население; или когда на смену мужчинам женщины-работницы были втянуты на милиционную службу. В советах можно, скажем, вводить помощников из не членов совета, которые по очереди приглядываются к работе исполкома или отделов; то же можно установить в фабрично-заводских комитетах и союзах, пропуская через них всех рабочих поочередно, словом, в той или другой форме (в какой удобнее, это покажет практика) мы должны идти дальше по пути Парижской Коммуны: упрощать дело управления, привлекать к нему массы, уничтожать всякий бюрократизм. Чем шире будет это участие масс, тем скорее отомрет и пролетарская диктатура. Когда все без исключения взрослые и здоровые управляют, тогда исчезают последние остатки какого бы то ни было чиновничества. А это вместе с исчезновением сопротивляющейся буржуазии похоронит и всякое государство: люди будут управлять не над людьми, а только над вещами: машинами, зданиями, паровозами, аппаратами. Это будет полный коммунистический строй.

Отмирание государства пойдет особенно быстро после полной победы над империалистами. Теперь, во время жестокой гражданской войны, нам приходится строить все наши организации на военный лад. Поэтому и органы Советской власти перестроились так. Иногда некогда даже собирать советы, и, по правилу, чуть ли не все дела решают исполкомы.

Такое явление вызывается военным положением Советской республики: у нас не просто пролетарская диктатура, а военно-пролетарская; республика — вооруженный лагерь. Разумеется, это будет не всегда и это исчезнет, как только не будет надобности в военном устройстве всех наших организаций.

ЛИТЕРАТУРА

Н. Ленин (В. Ильин): «Государство и революция»; Н. Ленин: «Удержат ли большевики государственную власть?» Н. Осинский: «Демократическая республика или Советская республика»; Н. Ленин: «Тезисы о буржуазной и пролетарской демократии, принятые I съездом Коммунистического Интернационала»; Н. Ленин: «Пролетарская революция и ренегат Каутский»; П. И. Стучка: «Конституция РСФСР в вопросах и ответах». Совсем популярными брошюрами являются брошюры: Бухарина: «Парламентарная или Советская республика» (отдельная глава из брошюры: «Программа коммунистов»); Карпинского: «Что такое Советская власть»; Карпинского и Лациса: «Что такое Советская власть и как она строится».

Глава VII

НАЦИОНАЛЬНЫЙ ВОПРОС И КОММУНИЗМ

§ 55. Национальное угнетение. § 56. Единство пролетариата. § 57. Причины национальной ненависти. § 58. Равноправие наций и право на самоопределение; федерация. § 59. Кто выражает «волю нации»? § 60. Антисемитизм и пролетариат

§ 55. Национальное угнетение

Одним из видов угнетения человека человеком является национальное угнетение. Одной из перегородок, разделяющих человечество, кроме перегородок классовых, является национальное разъединение, национальная вражда и ненависть.

Одним из способов одурачивания пролетариата и затемнения его классового сознания является национальная травля, которой умело руководит буржуазия в своих интересах.

Разберемся, как должен сознательный пролетарий подходить к национальному вопросу и как должен его разрешать в интересах скорейшей победы коммунизма.

Нация или народность — это группа людей, которая объединена одним языком и населяет определенную территорию. Есть и другие признаки национальности, но это самые главные и основные [1].

Что такое национальное угнетение, лучше всего пояснить примером. Царское правительство преследовало евреев, не давало им жить по всей России, не пускало на государственную службу, ограничивало поступление в школы, устраивало еврейские погромы и т. д. То же правительство не давало украинцам обучать детей в школе на украинском языке, запрещало издавать газеты на своем языке и ни одному народу

---

[1] Напр., евреи имели раньше территорию и общий язык, теперь же территории не имеют и древнееврейский язык не все знают; цыгане имеют свой язык, но не имеют определенной территории. Оседлые тунгусы в Сибири имеют территорию, но позабыли свой язык.

в государстве не давало свободно решить, хочет ли этот народ жить в составе русского государства или не хочет.

Германское правительство закрывало польские школы, австрийское — преследовало чешский язык и насильно навязывало чехам немецкий. Английская буржуазия издевалась и издевается над туземцами Африки и Азии, покоряет отсталые полудикие народы, грабит их и расстреливает за попытки освободиться от гнета.

Одним словом, когда в государстве одна нация пользуется всеми правами, а другая — только частью этих прав, если одна, более слабая, нация насильно присоединена к более сильной и ей против ее воли навязывают чужой язык, обычаи и проч. и не дают жить своей жизнью, это — национальное угнетение и национальное неравенство.

§ 56. Единство пролетариата

Прежде всего мы должны поставить и разрешить самый главный и основной вопрос: является ли для русского рабочего и крестьянина врагом немец, француз, англичанин, еврей, китаец, татарин независимо от того, к какому классу он принадлежит? Может ли он ненавидеть или относиться с недоверием к представителю другого народа только потому, что он говорит на другом языке, что у него черный или желтый цвет кожи, что у него другие обычаи и нравы? Ясно, что не может и не должен. Рабочий Германии, рабочий Франции, рабочий негр есть такой же пролетарий, как рабочий русский. На каком бы языке ни говорили рабочие разных стран, сущность их положения заключается в том, что все они эксплуатируются капиталом, что все они — товарищи по бедности, угнетению и бесправию.

Может ли русский рабочий больше любить своего капиталиста только потому, что он ругает настоящей русской матерной бранью, что по-русски дает по зубам, что порет забастовщиков настоящей русской нагайкой? Конечно, не может, как не может немецкий рабочий больше любить своего капиталиста только потому, что он издевается над ним на немецком языке и на немецкий манер. Рабочие всех стран — братья по классу и враги капиталистов всех стран.

То же самое можно сказать и о крестьянской бедноте всех наций. Русскому крестьянину — бедняку и середняку — ближе и дороже венгерский полупролетарий, крестьянин-бедняк Сицилии и Бельгии, чем свой русский кулак-богатей, а тем паче истинно русский помещик-живодер вроде Пуришкевича или Маркова.

Но рабочие всего мира не только должны сознать себя братьями по классу, братьями по угнетению и рабству. Было бы плохо, если бы они только бранили своих капиталистов каждый на своем языке, если бы они только утирали друг другу слезы и только для себя и в своем государстве вели борьбу со своими врагами. Братья по угнетению и рабству должны быть братьями по одному всемирному союзу для борьбы с капиталом. Забыв про все национальные различия, которые им мешают, они должны объединиться в один могучий союз для общей борьбы с капиталом. Только объединившись в такой международный союз, могут они победить мировой капитал. Поэтому еще семьдесят с лишним лет тому назад основатели коммунизма Маркс и Энгельс в своем знаменитом «Коммунистическом Манифесте» выбросили великий лозунг: «Пролетарии всех стран, соединяйтесь!»

Рабочему классу необходимо преодолеть всякие национальные предрассудки и вражду не только для всемирного натиска на капитал и для полной победы над ним, но и для организации единого мирового хозяйства. Не только советская Россия не может жить без донецкого угля, бакинской нефти, туркестанского хлопка, но и вся Европа не может обойтись без русского леса, пеньки, льна, платины и американского хлеба, Италия — без английского угля, Англия — без египетского хлопка и т. д., и т. д. Буржуазия не смогла организовать мирового хозяйства и на этом сломала себе шею. Такое хозяйство может наладить лишь пролетариат. А для этого он должен провозгласить лозунг: весь мир, все его богатства принадлежат всему миру труда. Но такой лозунг означает полный отказ немецких рабочих от их национальных богатств, английских — от своих и т. д. Если национальные предрассудки и национальная алчность станут на пути к интернационализации промышленности и земледелия, долой их всюду и везде, под какими бы прикрасами они ни выступали!

§ 57. Причина национальной ненависти

Но коммунистам недостаточно объявить войну национальному угнетению и национальным предрассудкам и провозгласить международное объединение в борьбе с капиталом и хозяйственный мировой союз победившего пролетариата. Необходимо найти путь для наиболее быстрого преодоления всякого национального шовинизма и эгоизма, национальной тупости и самомнения, национальной подозрительности у трудящихся масс. А это наследство еще звериного периода жизни человека и звериной национальной травли феодально-буржуазной эпохи продолжает тяжелой горой висеть на шее мирового пролетариата.

Национальная рознь и вражда очень давнего происхождения. Было время, когда отдельные племена не только воевали друг с другом за земли и леса, но и просто пожирали себе подобных из другого племени. Остатки этого звериного недоверия и вражды одного народа к другому, а тем более одной расы к другой продолжают жить среди рабочих и крестьян всех стран. Эти остатки племенной вражды постепенно отмирают, по мере развития мирового обмена, экономического сближения, переселения и смешения разных народностей, попадающих на одну территорию, особенно на почве совместной классовой борьбы рабочих разных стран. Но эти же остатки национальной вражды не только не уменьшаются, а вспыхивают с новой силой, когда к национальной вражде просоединяется противоречие классовых интересов либо видимость такого противоречия.

Буржуазия каждой страны эксплуатирует и угнетает свой пролетариат. Но она употребляет все усилия доказать своему пролетариату, что не она его враг, а окружающие его другие народы. Немецкая буржуазия кричит своим рабочим: бей француза, бей англичанина! Английская буржуазия кричит: бей немца! Буржуазия всех стран начинает, особенно в последнее время, кричать: бей жида! Все это делается затем, чтобы классовую борьбу рабочего класса с его угнетателями капиталистами свернуть на национальную борьбу.

Но буржуазия не довольствуется одной национальной травлей, чтобы отвлечь рабочих от борьбы за социализм. Она пытается его материально заинтересовать в угнетении других народов. Когда во время недавней мировой войны немецкие буржуа горланили: «Германия, Германия превыше всего» (немецкий национальный гимн), буржуазные экономисты Германии старались доказать своим рабочим, как много выиграют они от победы, следовательно, от угнетения и ограбления рабочих побежденных стран. До войны буржуазия и на деле подкупила верхушки рабочего класса своими барышами, полученными от ограбления колоний и угнетения отсталых и слабых народностей. Рабочие передовых европейских стран, в лице своей лучше всего оплачиваемой части, поддались провокации капиталистов и дали социал-патриотам убедить себя, что у них тоже есть отечество, раз они соучастники в грабеже колоний и полузависимых народов. Рабочий, который при капитализме является патриотом, продает за пятачок свое настоящее отечество, социализм, и превращается в душителя отсталых и слабых наций.

§ 58. Равноправие наций и право на самоопределение; федерация

Коммунистическая партия, объявляя беспощадную войну в с я к о м у угнетению человека человеком, самым решительным образом восстает против национального угнетения, неизбежного при существовании буржуазного строя. Еще более решительно и беспощадно она ведет борьбу против малейшего соучастия в этом угнетении самого рабочего класса. Но недостаточно, чтобы пролетариат больших и сильных государств отказался от всяких попыток угнетения других народов, которых давила его буржуазия, его дворянство. Надо также, чтобы пролетариат угнетенных наций не чувствовал недоверия к своим товарищам из стран, которые были странами угнетающими. Когда Чехия была угнетена немецкой буржуазией Австрии, чешский рабочий считал своими угнетателями всех немцев вообще. Поляков угнетал наш царизм, но у польского населения осталось недоверие ко всем русским, а не к одним только русским царям, помещикам и капиталистам. Чтобы уничтожить в корне всякое недоверие рабочих угнетенных наций к рабочим угнетавших наций, необходимо не только провозгласить, но и на деле провести полное национальное равенство. Это равенство должно быть проведено в области равноправия языка, школы, религии и т. п. Мало того, пролетариат должен быть готов провести полное национальное самоопределение, т. е. предоставить полную возможность трудящемуся большинству любой нации решить вопрос, хочет ли эта нация жить в государственном единстве

с другой, хочет ли она вступить в тесный доброволь-
ный государственный союз (федерация) или хочет отделиться совсем.

Позвольте, спросит читатель, неужели коммунист
может стоять за отделение наций? Как же будет об-
стоять тогда дело с единым мировым пролетарским государством, к которому стремятся все коммунисты?
Тут есть как будто противоречие.

Никакого противоречия здесь нет, ответим мы.
Именно в интересах скорейшего достижения полного
единства всего трудящегося мира бывает иногда необходимо согласиться на временное отделение одной нации от другой.

Разберем все случаи, какие могут тут встретиться.
Допустим, в Баварии, которая входит в объединен-
ную Германию, провозглашена Советская республика,
а в Берлине продолжает царить буржуазная диктатура
Носке и Шейдемана. Могут ли баварские коммунисты
в таком случае добиваться независимости Баварии? Не
только баварские коммунисты, но и коммунисты остальной Германии должны приветствовать отделение советской Баварии, т. к. это отделение будет отделением
не от германского пролетариата, а от гнета правящей
германской буржуазии.

Возьмем обратный случай. Во всей Германии, кроме Баварии, провозглашена Советская власть. Буржуазия Баварии за отделение от советской Германии, пролетариат Баварии за соединение с ней. Как должны вести себя коммунисты? Ясно, что коммунисты Германии
должны поддержать баварских рабочих и силой оружия подавить попытки баварской буржуазии к отделению. Это будет не подавление Баварии, а подавление
баварской буржуазии.

Допустим, Советская власть провозглашена и в Англии, и в Ирландии, т. е. и в стране угнетающей, и
в стране угнетенной. Допустим далее, что ирландские
рабочие не питают доверия к рабочим Англии, к рабочим страны, которая угнетала их на протяжении целых
столетий. Допустим, они хотят полного отделения от
Англии. Это отделение экономически вредно. Как должны вести себя в таком случае английские коммунисты? Они ни в коем случае не должны н а с и л ь н о, т. е.
так же, как делала английская буржуазия, удерживать
в союзе с собой Ирландию. Они должны предоставить
ей полную возможность отделиться. Зачем?

Затем, чтобы, во-первых, раз навсегда показать ирландским рабочим, что не они, а их буржуазия угнетала Ирландию, и этим завоевать к себе доверие.

Во-вторых, затем, чтобы ирландские рабочие на опыте убедились, что самостоятельно существовать им маленьким государством невыгодно. Чтобы они на опыте убедились, что только при тесном государственном и хозяйственном единстве с пролетарской Англией и другими пролетарскими странами можно лучше всего наладить производство.

Допустим еще, что какая-либо нация с буржуазным режимом хочет отделиться от нации с пролетарским режимом, причем рабочий класс желающей отделиться нации в своем большинстве, или даже в значительной части, за отделение. Он питает еще, допустим, недоверие не только к капиталистам, но и к рабочим той страны, буржуазия коей его угнетала. Лучше всего и в этом случае дать пролетариату остаться с глазу на глаз со своей буржуазией, чтобы она не могла ему твердить: не я тебя угнетаю, а вот страна такая-то. Рабочий класс очень скоро увидит, что буржуазия добивается самостоятельности для того, чтобы самостоятельно драть шкуру со своего пролетариата. Он увидит также, что пролетариат соседнего советского государства зовет его на союз не для эксплуатации его, не для угнетения, а для совместного освобождения от эксплуатации и угнетения.

Таким образом, коммунисты, будучи против отделения пролетариата одной страны от другой, особенно когда эти страны экономически связаны, могут, однако, согласиться на временное отделение. Так мать дает ребенку один раз прикоснуться к огню, чтобы он десять раз не порывался к нему.

§ 59. Кто выражает «волю нации»?

Коммунистическая партия признает право наций на самоопределение вплоть до отделения. Но она считает, что волю нации выражает трудящееся большинство нации, а не ее буржуазия. Поэтому было бы правильно сказать, что мы признаем не право наций на самоопределение, а право трудящегося большинства нации. Что же касается буржуазии, то, лишив ее на период гражданской войны и диктатуры пролетариата всяких гражданских свобод, мы лишаем ее и права подавать голос в национальном вопросе.

Как же быть с правом на самоопределение и отделение у наций, которые стоят на очень низкой или самой низкой ступени развития? Как быть с нациями, которые не только не имеют пролетариата, но не имеют и буржуазии или имеют ее в зачаточном состоянии? Возьмем, например, наших тунгусов, калмыков, бурят, многие народы колоний. Как быть, если эти нации будут добиваться, допустим, полного отделения от более культурных наций и даже от наций, осуществивших социализм? Не будет ли это усилением варварства за счет цивилизации?

Мы думаем, что если социализм осуществится в передовых странах мира, отсталые и полудикие народы легче всего войдут в общий союз народов именно добровольно. Империалистическая буржуазия, которая грабила колонии и насильно присоединяла их к себе, имеет основание бояться отпадения колоний. Пролетариат, который не собирается грабить колонии, может получить необходимое ему сырье из этих колоний путем товарообмена, предоставив туземцам и отсталым народностям устраивать свою жизнь внутри, как они хотят.

Таким образом, коммунистическая партия, чтобы покончить со всякими видами национального гнета и неравенства, выдвигает требование самоопределения наций.

Этим правом пролетариат всех стран воспользуется, чтоб добить национализм и добровольно войти в федеративный союз.

Когда же федеративный союз окажется недостаточным для создания общего мирового хозяйства и огромное большинство на опыте сознает эту недостаточность, будет создана единая мировая социалистическая республика.

Если мы присмотримся к тому, как ставила и разрешала (либо запутывала, что было чаще) буржуазия национальный вопрос, то мы увидим, что в эпоху своей молодости буржуазный класс национальный вопрос решал одним способом, в эпоху же своей старости и разложения решает его совсем иначе.

Когда буржуазия была угнетенным классом, когда у власти стояло дворянство с королем или царем во главе, когда цари и короли отдавали целые народы в приданое своим дочерям, выходившим замуж, тогда буржуазия не только говорила хорошие слова о свободе наций, но и пыталась осуществить эту свободу, по крайней мере, для своей нации. Например, итальянская буржуазия во время подчинения Италии австрийской монархии стояла во главе освободительного движения своей страны и добилась освобождения Италии от чужеземного гнета и объединения в одно государство. Когда Германия была раздроблена на десятки мелких княжеств и придавлена сапогом Наполеона, немецкая буржуазия добивалась объединения Германии в одно большое государство и освобождения от французских поработителей. Когда Франция, уничтожившая самодержавие Людовика XVI, подвергалась нападению со стороны монархических государств остальной Европы, французская радикальная буржуазия руководила обороной своей страны и создала гимн — «Марсельезу». Одним словом, всюду буржуазия угнетенных наций стояла во главе их освободительной борьбы, создала богатейшую национальную литературу, выдвинула гениальнейших писателей, художников, поэтов, философов. Так было раньше, когда буржуазия сама была угнетенным классом.

Почему буржуазия угнетенных наций стремилась к их освобождению? Если почитать ее поэтов и художников, если верить их словам, то потому, что она против всякого национального угнетения, потому что она за свободу и самоопределение каждой, даже самой малой, народности. На самом же деле буржуазия стремилась в свое время к освобождению от иноземного гнета, чтобы создать с в о е буржуазное государство, чтоб с а м о й грабить свой народ без конкурентов, чтобы с е б е забирать всю прибавочную ценность, которую создают рабочие и трудовые крестьяне данной страны.

Это доказывает история любой капиталистической страны. Когда буржуазия угнетена с собственным народом, она кричит о свободе наций в о о б щ е, о недопустимости в с я к о г о национального гнета. Но как только капиталистический класс добивается власти и прогоняет иноземных завоевателей, будет ли то иностранное дворянство или иностранная буржуазия, он сам стремится придавить любую более слабую народность, которую можно придавить выгодно. Революционная французская буржуазия в лице Дантона, Робеспьера и других великих деятелей своей первой революции призывала все народы мира к освобождению от всякой тирании, «Марсельеза» Руже де Лилля, которую пели солдаты революции, понятна и близка каждому угнетенному народу. Но та же французская буржуазия (хотя и в лице своего другого слоя) под предводительством Наполеона и даже под звуки той же самой «Марсельезы» придавила народы Испании, Италии, Германии, Австрии и грабила их на протяжении всех наполеоновских войн. Угнетенная германская буржуазия в лице Шиллера с его «Вильгельмом Теллем» воспела борьбу народов с их иноземными тиранами. Но та же буржуазия в лице Бисмарка и Мольтке отняла и насильно присоединила к себе французскую провинцию Эльзас-Лотарингию, отняла Шлезвиг у Дании, угнетала поляков Познани и т. д. Освободившаяся от гнета австрийского дворянства буржуазная Италия начала расстреливать покоренных бедуинов Триполи, албанцев и далматов на побережье Адриатического моря, турок в Анатолии.

Почему это так происходило и происходит? Почему всюду и везде буржуазия выставляла требование национальной свободы и нигде никогда не могла его осуществить на деле?

Происходит это потому, что каждое освободившееся от национального гнета буржуазное государство неизбежно стремится к своему расширению. Буржуазия любой капиталистической страны не довольствуется эксплуатацией одного только собственного пролетариата. Ей необходимо сырье из разных концов света и она стремится обзавестись колониями, чтобы, поработив туземцев, беспрепятственно снабжать этим сырьем свои фабрики. Ей необходимы рынки для сбыта товаров и она стремится ими обзавестись в лице отсталых стран, совершенно не считаясь с тем, как к этому относится население и молодая, еще неокрепшая буржуазия этих стран. Ей необходимы страны, куда можно ввозить избыточные капиталы и выкачивать из местных рабочих прибыль для себя, и она порабощает эти страны, располагаясь в них, как в собственной стране. Если на пути к захвату колоний и экономическому порабощению отсталых стран стоит сильная буржуазия другой стороны, вопрос решается войной, вроде той мировой войны, которая закончилась в Европе. В результате колонии и отсталые страны оказались в таком же порабощении, у них переменился лишь угнетатель. Но, кроме этого, в число порабощенных стран попали потерпевшие поражение Германия, Австрия, Болгария, бывшие до войны странами свободными. Таким образом, развитие буржуазного строя не только не уменьшает число стран, находящихся под гнетом других стран и их буржуазии, а как раз наоборот: буржуазное господство приводит ко всеобщему национальному угнетению, весь мир оказывается под пятой победившей в войне группы капиталистических государств.

§ 60. Антисемитизм и пролетариат

К числу наиболее опасных видов национальной травли относится антисемитизм, т. е. травля семитической расы, к которой принадлежат евреи (наряду с арабами). Евреев преследовало и травило царское самодержавие, чтобы спастись от рабоче-крестьянской революции. Ты беден от того, что тебя грабят евреи, говорили черносотенцы и старались направить негодование угнетенных рабочих и крестьян не против помещиков и буржуазии, а против всей еврейской нации. Между тем евреи, как и все нации, делятся на различные классы, и народ грабят только буржуазные слои еврейства и грабят одинаково с капиталистами других наций. Еврейские же рабочие и ремесленники в черте оседлости жили всегда в страшной нищете и бедности, в большей нищете, чем рабочие остальной России.

Русская буржуазия травила евреев не только затем, чтобы отвлечь от себя гнев своих эксплуатируемых рабочих, но и с тем, чтобы избавиться от конкурентов в торговле и промышленности.

Наконец, в последнее время во всех странах замечается усиление травли евреев со стороны буржуазных классов. Буржуазия разных стран не только борется таким путем с одним из конкурентов по ограблению пролетариата, но и борется с надвигающейся революцией по способу Николая II. Еще недавно антисемитизм в Германии, Англии, Америке был развит очень слабо. Теперь даже министры Англии произносят антисемитические речи. Это верный признак того, что буржуазный строй на Западе накануне крушения и что буржуазия пытается откупиться от рабочей революции, дав ей на съедение Ротшильдов и Мендельсонов. В России антисемитизм притих во время Февральской революции и, наоборот, стал усиливаться тем больше, чем сильнее обострялась гражданская война буржуазии с пролетариатом и чем безнадежнее делались попытки буржуазии.

Все это доказывает, что антисемитизм есть один из видов борьбы с социализмом, и плох будет тот рабочий и крестьянин, который даст себя одурачить своим классовым врагам.

ЛИТЕРАТУРА

Н. Ленин: «О праве наций на самоопределение» (статьи в журнале «Просвещение»); И. Сталин: «Национальный вопрос и марксизм»; К. Залевский: «Национальный вопрос и Интернационал»; С. Петров: «Правда и ложь о евреях»; К. Каутский: «О евреях»; А. Бебель: «Антисемитизм и пролетариат»; Ю. Стеклов: «Последнее слово антисемитизма».

Глава VIII

ПРОГРАММА КОММУНИСТОВ
В ВОЕННОМ ВОПРОСЕ

§ 61. Наша старая программа в военном вопросе. § 62. Необходимость Красной Армии и ее классовый состав. § 63. Всеобщее воинское обучение трудящихся. § 64. Дисциплина нагайки или сознательная дисциплина. § 65. Политические комиссары и ячейки коммунистов. § 66. Формирование Красной Армии. § 67. Командный состав Красной Армии. § 68. Выборный или назначенный командный состав. § 69. Красная Армия — временная армия

§ 61. Наша старая программа в военном вопросе

Мы говорили в параграфе 12, как строилась и кому служила постоянная армия буржуазно-помещичьего государства. Совершенно понятно, что социалисты всех стран, и в том числе и русская социал-демократия, выставляли требование уничтожения постоянной армии. В то же время социалисты вместо постоянной армии выдвигали всеобщее народное вооружение, уничтожение офицерской касты, выборность командного состава самими солдатами.

Посмотрим, как должны коммунисты относиться к этим требованиям.

Прежде всего возникает вопрос: для какого общества выставляется вышеприведенная программа: для буржуазного, для социалистического или на время борьбы с буржуазным обществом за социализм?

Надо сказать, что социалистические партии, входившие во II Интернационал, сами не знали определенно, для какого общества они пишут свою программу. Большинство, однако, полагало, что для буржуазного. Все социалисты ссылались обыкновенно на Швейцарскую республику, где не было постоянной армии, а существовала всеобщая народная милиция.

Совершенно очевидно, что приведенная программа неосуществима в буржуазном обществе, особенно в период все более и более обостряющейся классовой борьбы. Уничтожить казарму—это значит уничтожить место, где муштруют рабочих и крестьян и делают из них палачей своих же братьев по классу. Это значит уничтожить место, где только и можно создать из трудящихся армию, которая пойдет на войну с другими народами в любую минуту, когда это будет нужно капиталистам. Уничтожить офицерскую касту— это значит уничтожить тех дрессировщиков, которые одни могли создать железную дисциплину и подчинить вооруженный народ воле буржуазного класса. Допустить выборность командного состава—это значит допустить вооруженным рабочим и крестьянам выбрать себе с в о е, а не буржуазное командование. Это значит, что буржуазия помогла бы строить армию для свержения собственного господства.

И история капитализма в Европе доказала и доказывает неосуществимость при буржуазном строе, следовательно, при делении общества на классы и усиливающейся классовой борьбе военной программы, выставленной социалистическими партиями. Чем более усиливается эта борьба, тем более склонна стоящая у власти буржуазия не вооружать весь народ, а, наоборот, обезоружить его и оставить оружие лишь в руках надежных белогвардейских отрядов. Военная программа социалистов, если ее надеются провести при господстве буржуазии, есть, следовательно, жалкая мелкобуржуазная утопия.

Но, быть может, эта программа годится как раз для того, чтобы сломить господство буржуазии?

И это не так. Буржуазии, для того чтобы обороняться против рабочего класса, который хочет лишить ее власти, нет никакого смысла соглашаться на вооружение его. Буржуазия проводила всеобщую воинскую повинность и доверяла винтовку рабочему-солдату до тех пор, пока надеялась удержать в повиновении себе солдат из народа. Как только этот народ поднимается на борьбу, его надо первым делом обезоружить. Это знают все деловые политики буржуазного класса. И, наоборот, рабочим и крестьянам также нет никакого смысла требовать всеобщего народного вооружения, раз они сами собираются вооружиться, а буржуазию разоружить и лишить власти. Значит, и для переходного периода, для периода борьбы пролетариата за власть, старая социалистическая военная программа непригодна. Она годится лишь на очень короткий промежуток времени для разложения уже существующей буржуазной армии. Годится лишь в той своей части, где говорится об уничтожении офицерской касты и о выборности командного состава самими солдатами. Коммунисты-большевики на деле и воспользовались этим требованием своей старой программы в 1917 году. Они вынули из армии царя и Керенского генеральско-офицерское жало и тем вырвали армию из подчинения буржуазно-помещичьему классу.

Наоборот, для победившего социалистического общества старая военная программа применима вполне. Когда пролетариат в ряде стран победит буржуазию и уничтожит классы, тогда можно будет провести всеобщее народное вооружение. Вооружен тогда будет весь трудовой народ, т. к. в победившем социалистическом обществе все будут трудящимися. Возможно, будет тогда уничтожение всех и всяческих казарм. Возможно, будет также и проведение выборного командования, которое в эпоху обостренной гражданской войны не может быть полезным пролетарской армии за некоторыми счастливыми исключениями.

Но здесь возникает один естественный вопрос: кому и зачем нужно будет всеобщее народное вооружение в странах победившего социализма? Ведь внутренняя буржуазия будет побеждена и превращена в трудящихся, а войн между социалистическими государствами не предполагается. Здесь необходимо помнить, что социализм не может победить во всех странах мира сразу. Одни страны, естественно, будут отставать от других в деле уничтожения классов и осуществления социализма. Странам, победившим свою буржуазию и превратившим ее в работников, придется или вести войну, или быть готовыми к войне против буржуазии тех государств, где диктатура пролетариата еще не провозглашена, либо помогать вооруженной рукой пролетариату стран, где провозглашена его диктатура, но борьба с буржуазией еще не доведена до конца.

§ 62. Необходимость Красной Армии и ее классовый состав

Большинство социалистов, входивших в II Интернационал, полагало, что социализм может быть осуществлен путем завоевания большинства в парламентах. Убаюкивая себя такими мирно-обывательскими мещанскими надеждами, это большинство, естественно, и не думало о возможности и необходимости организации пролетарской армии в период борьбы за социализм. Другая часть социалистов, которая считала неизбежным насильственный переворот с оружием в руках, не предвидела, однако, что эта вооруженная борьба может затянуться надолго, что Европа пройдет через полосу не только социалистических революций, но и социалистических войн. Поэтому ни в одной социалистической программе не было выставлено требование организации Красной Армии, т. е. армии вооруженных рабочих и крестьян. Эту армию пришлось впервые в мире [1] строить рабочему классу России, т. к. ему впервые в мире удалось прочно захватить в свои руки государственную власть и защищать ее от натиска собственной буржуазии и буржуазных государств всего мира. Совершенно очевидно, что без Красной Армии рабочие и крестьяне России не смогли бы отстоять ни одного из завоеваний своей революции и были бы раздавлены силами своей и международной реакции. Красная Армия не может быть построена на основе всеобщей воинской повинности. Победивший пролетариат в эпоху, когда борьба не закончена, не может доверить винтовку ни буржуазным слоям города, ни кулацким верхам деревни, в его армию должны входить лишь представители трудящихся классов, не эксплуатирующих чужого труда и заинтересованных в победе рабочей революции. Лишь пролетарии города и крестьянская беднота деревни могут составить ядро и основу Красной Армии; лишь присоединение к этим массам крестьян-середняков может сделать Красную Армию по ее составу армией всех трудящихся. Что же касается буржуазии и кулачества, оно должно отбывать свою воинскую повинность перед пролетарским государством в тыловом ополчении. Это, конечно, еще не значит, что достаточно крепкая пролетарская власть не заставит в свое время эксплуататоров также стрелять в своих белых приятелей по ту сторону фронта, как буржуазия через свою постоянную армию заставляла пролетариев расстреливать своих братьев по классу.

Постоянная армия буржуазии хотя и формируется

---

[1] Мы говорим здесь об армии в полном смысле этого слова. Что же касается зачатков Красной Армии, то предшественницей нашей Красной Армии можно считать армию Парижской Коммуны, которую создали рабочие и городская беднота Парижа в 1871 г.

на основе всеобщей воинской повинности и по видимости является армией всенародной, на деле является армией классовой. Наоборот, пролетариат не имеет оснований скрывать классовый характер своей армии, как он не скрывает классового характера своей диктатуры. Красная Армия есть один из аппаратов советского государства. Она строится, в общем, по тому же типу, как весь государственный аппарат пролетарской диктатуры. И как при выборах в советы по советской конституции лишены права голоса те, кого эта конституция должна экономически и политически удушить, так и в Красную Армию не допускаются те, кого эта армия должна разбить в гражданской войне.

§ 63. Всеобщее воинское обучение трудящихся

Всеобщее воинское обучение трудящихся, к осуществлению которого приступила Советская республика России, прежде всего должно до минимума сократить казарменное обучение. Рабочий и крестьянин должны быть обучены военному делу, по возможности, не отрываясь от производства. Это ведет к огромному сокращению издержек на армию и предупреждает сокращение или разрушение производства. Рабочие и крестьяне, обучаясь военному делу в часы досуга, готовятся быть солдатами революции, не переставая быть производителями ценностей.

Вторая важная задача всеобщего обучения трудящихся — создать в каждом городе, в каждой волости пролетарско-крестьянские резервы, способные стать в любую минуту под ружье при приближении врага. Опыт гражданской войны в России доказал, какое огромное значение имеют эти резервы для успеха в социалистической войне. Стоит лишь вспомнить о резервных рабочих полках Петрограда, отбивавших красную столицу от белых разбойников, о рабочих Урала и Донецкого бассейна, о рабочих и крестьянах Оренбурга, Уральска, Оренбургской губернии и т.д.

§ 64. Дисциплина нагайки или сознательная дисциплина

В империалистской армии по всей ее природе не может быть сознательной дисциплины. Эта армия состоит из разнородных классовых групп. Рабочие и крестьяне, насильственно загнанные в казармы буржуазной армии, если они начинают понимать свои интересы, вынуждены не сознательно подчиняться дисциплине своих дрессировщиков с золотыми погонами, а сознательно нарушать эту дисциплину. Поэтому в буржуазных армиях дисциплина неизбежно должна быть палочной, поэтому порка, истязания всякого рода и массовые расстрелы являются не случайными явлениями в ней, а основой всякого порядка, дисциплины, «воинского воспитания».

Наоборот, в Красной Армии, которая формируется из рабочих и крестьян и защищает интересы рабочих и крестьян, принуждение чем дальше, тем больше должно отступать перед добровольным подчинением трудящихся дисциплине гражданской войны. Чем выше делается уровень сознательности в Красной Армии, тем более красные солдаты начинают понимать, что ими командует в конечном счете весь класс трудящихся через свое государство и его военное командование. Дисциплина в Красной Армии есть, таким образом, подчинение меньшинства (солдат) интересам трудящегося большинства. За каждым разумным распоряжением командования стоит не командир и его произвол, не буржуазное меньшинство и его грабительский интерес, а вся рабоче-крестьянская республика. Поэтому-то в Красной Армии политическое воспитание солдат, пропаганда и агитация имеют совершенно исключительное значение.

§ 65. Политические комиссары и ячейки коммунистов

В Советской республике России, где все трудящиеся пользуются правом выражать свою волю через советы, рабочие и крестьяне уже два года выбирают в исполнительные органы коммунистов. Партия коммунистов, если употреблять буржуазное выражение, является по воле масс правящей партией республики, т. к. ни одна другая партия не оказалась способной руководить до конца победоносной рабоче-крестьянской революцией. В результате наша партия превратилась в своего рода огромный исполнительный комитет пролетарской диктатуры. И в Красной Армии коммунистам принадлежит поэтому руководящая роль. Проводниками классовой воли пролетариата в армии, проводниками, уполномоченными партией и военными центрами, являются политические комиссары. Этим определяется взаимоотношение комиссара как с командным составом, так и с коммунистическими ячейками частей. Коммунистическая ячейка — часть правящей партии, комиссар — уполномоченный всей партии. Отсюда возникает его руководящая роль и в части, и в коммунистической ячейки части. Отсюда же его право надзора за командиром. Он смотрит за командным составом, как политический руководитель смотрит за техническим исполнителем.

Задача ячейки — разъяснять красноармейцам смысл гражданской войны и необходимость подчинять свои интересы интересам всех трудящихся. Задача ячейки — на собственном примере доказывать преданность революции и побуждать к тому же своих товарищей по части. Право каждого члена ячейки — следить за коммунистическим поведением своего и других комиссаров и добиваться принятия необходимых мер через высшую партийную организацию или через более ответственных товарищей комиссаров. Только таким путем коммунистическая партия в состоянии без нарушения со стороны красноармейцев-коммунистов общевоинской дисциплины добиться полного контроля над всеми своими членами и предупредить злоупотребления властью с их стороны.

Кроме ячеек и политических комиссаров, политическое воспитание Красной Армии лежит на целой сети политических отделов дивизий, армий и фронтов и на агитационно-просветительных отделах военных комиссариатов тыла. Пролетарское государство России в лице этих организаций создает мощный просветительный и организующий аппарат для своей армии и пытается с наименьшей затратой сил добиться наибольших результатов. Благодаря этим аппаратам агитационно-просветительная работа носит в нашей армии не случайный, а систематический, планомерный характер. Газета, устное слово на митинге и школьное обучение делаются достоянием каждого красноармейца.

К сожалению, упомянутые организации не избегли общей участи всех почти крупных организаций Советской власти; они подвержены бюрократизму, они склонны отрываться от масс, с одной стороны, от партии — с другой, и нередко превращаются на практике в убежище ленивых и бездарных военно-партийных чиновников. Решительная борьба с подобными уклонениями для коммунистической партии является гораздо более настоятельной и спешной, чем борьба с бюрократизмом и дармоедством в общесоветском механизме, т. к. от успехов этой борьбы зависит в известной мере близость нашей победы в гражданской войне.

§ 66. Формирование Красной Армии

Всеобщее обучение должно свести к минимуму казарменное обучение, чтобы в дальнейшем совсем похоронить красную казарму. Формирование Красной Армии должно постепенно приближаться к производственным объединениям трудящихся и тем уничтожить искусственный характер армейского объединения. Проще говоря, дело обстоит так: типичная постоянная армия царя или буржуазно-помещичьего государства составлялась из людей, принадлежащих к самым различным классам, причем мобилизованные принудительно отрывались от своей естественной базы: рабочий — от фабрики, крестьянин — от сохи, служащий — от предприятия, торговец — от прилавка. Затем мобилизованные искусственно объединялись в казарме и распределялись по воинским частям. Для буржуазного государства было выгодно уничтожить всякую связь мобилизованного пролетария и крестьянина с его фабрикой, с его деревней, чтобы легче сделать из него слепое орудие угнетения трудящихся, чтобы легче заставить рабочих и крестьян одной губернии расстреливать рабочих и крестьян другой губернии.

Коммунистическая партия в строительстве Красной Армии стремится провести как раз обратный метод. Хотя обстоятельства гражданской войны и заставляют ее иногда соглашаться на способы формирования по-старому, по существу же она стремится к иному. Она стремится к тому, чтобы формируемая часть, напр., рота, батальон, полк, бригада, совпадала по возможности с фабрикой, заводом, деревней, селом и т. д. Иными словами, она стремится искусственное само по себе военное объединение построить на естественном производственном объединении трудящихся и этим уменьшить искусственность. Формируемые таким путем пролетарские части более сплочены, они дисциплинированы самим способом производства и менее нуждаются в применении принудительной дисциплины сверху.

Огромное значение для формирования Красной Армии имеет создание твердого сознательного пролетарского кадра. Диктатура пролетариата в такой по преимуществу крестьянской стране, как Россия, означает то, что пролетарское меньшинство руководит и организует крестьянское большинство (середняка), идет за организующим пролетариатом, доверяет ему в политическом руководстве и строительстве. Это относится всецело и к Красной Армии, которая дисциплинирована и крепка постольку, поскольку крепок ее пролетарский и коммунистический скелет. Собрать материал для этого скелета, правильно распределить его, окружить в соответствующем размере распыленным, но гораздо более многочисленным крестьянским материалом,— вот основная организационная задача коммунистической партии в деле строительства победоносной Красной Армии.

§ 67. Командный состав Красной Армии

Красная Армия начала строиться на развалинах старой царской армии. У победившего в Октябрьскую революцию пролетариата не было своего красного пролетарского офицерства. Усвоить и применить для гражданской войны опыт мировой войны, усвоить и применить для военного обучения своей армии накопленный военно-технический опыт свергнутого режима пролетариат мог лишь одним из следующих трех способов: 1) создать своих красных командиров и только их допустить к командованию, оставив за старым офицерством лишь роль преподавателей; 2) передать командование в армии старому офицерству под соответствующим надзором комиссаров; 3) применить и то и другое вместе. Время не ждало, гражданская война началась, армию надо было быстро строить и немедленно бросать в бой. Поэтому пролетарской власти пришлось применить третий способ. Начали организовываться школы красных командиров, которые выпускали офицеров, способных занимать в массе лишь низшие командные должности. Вместе с тем в самом широком размере к строительству Красной Армии и к командованию ею было привлечено старое офицерство.

Использование старого офицерства было сопряжено с рядом величайших трудностей, которые не преодолены и до сих пор. Это офицерство оказалось разделенным на три группы. Меньшинство, которое более или менее сочувствовало Советской власти. Меньшинство, которое определенно стояло и стоит на стороне классовых врагов пролетариата и активно помогает им. Большинство среднего офицерства, которое идет за тем, кто сильней и которое служит Советской власти так же, как служат рабочие капиталисту, покупающему рабочую силу. Перед коммунистической партией в связи с этим стоит задача всецело использовать сочувствующее ей меньшинство. Обезвредить белогвардейское меньшинство всеми мерами чрезвычайных репрессий. Прочно закрепить за собой офицера-середняка, политически нейтрального в гражданской войне, и добиться от него добросовестной работы в тылу и верности на фронте.

Использование старого офицерства уже дало нам огромные результаты в деле строительства Красной Армии. Мы произвели здесь выгодную экспроприацию буржуазно-помещичьего строя в сфере военно-технических знаний. Но это же использование оказалось до крайности опасным, поскольку было связано с массовыми изменами командного состава и массой жертв со стороны красноармейских масс, обманутых и выданных с головой врагу.

Главной задачей коммунистической партии в связи с этим является, во-первых, усиленная подготовка настоящих командиров рабоче-крестьянской армии — красных командиров — и самое спешное обучение коммунистов в созданной Советской властью Красной Академии генерального штаба. Во-вторых, тесное сплочение всех комиссаров-коммунистов и всех военных работников партии для самого действительного контроля над всем некоммунистическим командным составом.

§ 68. Выборный или назначенный командный состав

Армия буржуазного государства, созданная на основе всеобщей воинской повинности, состоит в огромном большинстве из крестьян и рабочих, управляет же ей офицерство, принадлежащее к дворянству и буржуазии. Когда в нашей прежней программе мы выставляли требование выборности командного состава, то этим имелось в виду вырвать командование армией из рук эксплуататорских классов. Это требование было рассчитано на то, что политическая власть остается в руках буржуазии, армия же будет демократизирована. Конечно, это требование было неосуществимым, потому что никакая буржуазия в мире нигде и никогда не согласилась бы отдать без боя свой военный аппарат угнетения. Но для борьбы с милитаризмом, для борьбы с привилегиями офицерской касты требование выборности командного состава имело огромное значение, как имеет значение оно и для разрушения империалистских армий вообще.

Наоборот, Красная Армия подвластна пролетариату. Он управляет ею через центральные советские органы, которые сам избирает. Он управляет ею на всех ступенях армейской колокольни через комиссаров-коммунистов, подавляющее большинство которых и в тылу и на фронте рекрутируется из рабочих. При таком положении вопрос о выборности командного состава может иметь значение лишь как технический вопрос. Вся суть дела теперь в том, что выгодней, что делает армию в ее теперешнем состоянии более боеспособной: выбор командиров снизу или назначение их сверху. И поскольку мы помним о преимущественно крестьянском составе нашей Красной Армии, о лишениях, которые ей приходится переносить, об усталости от двух войн подряд, о низком уровне сознательности крестьянской части армии, то нам будет совершенно ясно, что выборность командного состава могла бы лишь разложить наши части. Это, конечно, не исключает возможных случаев, когда в отдельных добровольческих и тесно спаянных сознательно-революционных частях выборное начало не может быть вредным: выбрали бы приблизительно тех же, кого и получили бы по назначению. Как общее правило, выборность командного состава, хотя и является идеалом, в данную минуту практически опасна и вредна. Когда же масса трудящихся, входящая теперь в состав Красной Армии, поднимется до уровня, при котором выборность будет полезна и необходима, уже не будет, вероятно, никаких армий на земле.

§ 69. Красная Армия — временная армия

Буржуазия считает капиталистический строй «естественным» строем человеческого общества, свое господство она мнит вечным и поэтому инструмент своего господства — армию — строит прочно, на долгие, долгие годы, если не навсегда. Иначе смотрит пролетариат на свою Красную Армию. Красная Армия создана трудящимися для борьбы с белой армией капитала. Красная армия возникла из гражданской войны и исчезнет после победоносного окончания этой войны, после уничтожения классов, после самоликвидации пролетарской диктатуры. Буржуазия желает вечности своей армии, потому что эта вечность отражала бы лишь несменяемость буржуазного режима. И, наоборот, рабочий класс желает своему детищу естественной и славной смерти, потому что момент, когда будет возможно распустить Красную Армию, будет моментом окончательной победы коммунистического строя.

Коммунистическая партия должна разъяснить красноармейцам, что они являются солдатами последней армии в мире, если Красная Армия победит белую гвардию капитала. Но она должна разъяснить и всем участникам строительства Красной Армии, всему ее окрепшему пролетарско-крестьянскому кадру, что пролетарий стал воином на время и по необходимости, что лишь сфера производства есть естественная сфера для положения его труда, что участие в Красной Армии ни в коем случае не должно привести к созданию какого-либо слоя, который надолго будет оторван от промышленности и земледелия.

Когда начала строиться Красная Армия, выросшая из красной гвардии пролетариата, меньшевики и эсеры усердно травили коммунистов за то, что они изменили лозунгу всеобщего народного вооружения, что они создают постоянную классовую армию. Что Красная Армия не может быть постоянной, это очевидно из того, что гражданская война не может длиться вечно. Классовой же наша армия является потому, что классовая борьба достигла крайней степени ожесточения. Признавать классовую борьбу и высказываться против классовой армии может лишь безнадежно тупой мещанский утопист. Характерно, что сама буржуазия уже не находит ни возможным, ни нужным скрывать классовый характер своей армии в эпоху, следующую за ликвидацией мировой войны. Чрезвычайно поучительна в этом отношении судьба постоянных армий Германии, Англии, Франции. Германское учредительное собрание избрано всеобщим голосованием. Опорой же его являются добровольческие белогвардейские отряды Носке. Армия, созданная на основе всеобщей воинской повинности, уже не может быть опорой буржуазной Германии при том ожесточении классовой борьбы на той ступени распада буржуазного общества, которого достигла Германия. Во Франции и Англии опорой правительства в 1919 году является не армия, созданная всеобщим набором и участвовавшая в мировой войне, а также и отряды белогвардейских добровольцев, жандармерия и полиция. Таким образом, не только Россия, начиная с конца 1917 года, но и вся Европа с конца 1918 года характеризуется уничтожением системы всеобщей воинской повинности и переходом к системе классовых армий. При этом русские социал-предатели — меньшевики и эсеры — «возражают» против создания Красной Армии пролетариата, а на Западе их товарищи Носке и Шейдеман сами организуют белую армию буржуазии. Таким образом, борьба против создания классовой армии пролетариата во имя всеобщего народного вооружения к «демократии» на практике оказывается борьбой за классовую армию буржуазии.

Что касается народной милиции, то пример наиболее демократической из всех буржуазных республик мира — Швейцарии — показал, во что превращается эта милиция в момент обострения классовой борьбы. «Народная» милиция Швейцарии при господстве буржуазии в стране превратилась в такое же орудие подавления пролетариата, каким являлась любая постоянная армия менее демократических стран. Такова будет судьба «всеобщего народного вооружения» всюду и везде, где бы оно ни было осуществлено, при политическом и экономическом господстве капитала.

Коммунистическая партия стоит не за всеобщее народное вооружение, а за всеобщее вооружение трудящихся. И лишь в том обществе, где не будет никого, кроме трудящихся, лишь во внеклассовом обществе возможно всеобщее народное вооружение.

ЛИТЕРАТУРА

Литературы почти нет. Укажем статьи Троцкого, печатавшиеся в «Правде» и «Известиях». Сборник «Революционная война» под ред. Подвойского и Павловича; Л. Троцкий: «Международное положение и Красная Армия»; Л. Троцкий: «Советская власть и международный империализм»; Г. Зиновьев: «Наше положение и задачи создания Красной Армии». Его же: «Речь о создании Красной Армии»; Ем. Ярославский: «Новая армия».

Глава IX

ПРОЛЕТАРСКИЙ СУД

§ 70. Суд буржуазного общества. § 71. Выборность судей трудящимися. § 72. Единый народный суд. § 73. Революционные трибуналы. § 74. Наказания пролетарского суда. § 75. Будущее пролетарского суда

§ 70. Суд буржуазного общества

В числе других институтов буржуазного государства, служащих делу угнетения трудящихся масс и их обмана, является буржуазный суд.

Это почтенное учреждение руководствуется в своих приговорах законами, составленными в интересах класса эксплуататоров. Таким образом, каков бы то ни был состав суда, он уже заранее ограничен в своих постановлениях томами разных уложений, где подведены итоги всем привилегиям капитала и бесправию трудящихся масс.

Что касается самой организации буржуазного суда, то она вполне отвечает типу буржуазного государства. Где буржуазное государство более или менее откровенно, где приходится отбрасывать лицемерие, чтобы добиться приговоров, благоприятных господствующим классам, там суды назначаются сверху, а если выбираются, то лишь привилегированной частью общества. Наоборот, поскольку массы достаточно вышколены капиталом, достаточно покорны ему и его законы считают и своими законами, постольку трудящимся в известной мере разрешается самим быть судьями, как разрешается им выбирать в парламенты своих эксплуататоров или их лакеев. Так возник и существовал суд присяжных заседателей, благодаря которому приговоры в интересах капитала можно было выдавать за приговоры «самого народа».

§ 71. Выборность судей трудящимися

В программах социалистов, входивших во II Интернационал, выдвигалось требование выборности судей народом. В эпоху пролетарской диктатуры это требование является столь же неосуществимым и столь же реакционным, как требование всеобщего избирательного права или всеобщего народного вооружения. Когда пролетариат становится у власти, то не может допустить того, чтобы судьями над ним были его классовые враги. Он не может считать блюстителями декретов, направленных к уничтожению господства капитала, представителей капитала или крупного землевладения. Наконец, в бесконечной веренице гражданских и уголовных дел судоговорение должно делаться в духе нового строящегося социалистического общества.

Поэтому Советская власть не только уничтожила все аппараты старого суда, который, служа капиталу, лицемерно выдавал себя за голос народа, но и построила новый суд, нисколько не скрывая его классового характера. В лице старого суда классовое меньшинство эксплуататоров судило трудящееся большинство. Суд пролетарской диктатуры есть суд трудящегося большинства над эксплуататорским меньшинством. Он так и построен. Судьи выбираются только трудящимися. Судьи выбираются только из числа трудящихся. За эксплуататорами оставляется лишь право быть судимыми.

§ 72. Единый народный суд

В буржуазном обществе организация суда является до крайности громоздкой. Буржуазные юристы очень гордятся тем, что благодаря целой лестнице судебных инстанций обеспечивается полное правосудие, и число судебных ошибок сводится к минимуму. На самом деле прохождение дела по различным инстанциям всегда было и остается наиболее выгодным имущим классам. Располагая целым корпусом наемных адвокатов, богатые слои населения имеют полную возможность добиваться на более высоких инстанциях благоприятных для себя решений, в то время как истец из бедноты бывает вынужден бросить ведение дела, отнимающее большие средства. Прохождение дела по инстанциям гарантирует «справедливое» решение лишь в том смысле, что гарантирует решение в интересах эксплуататорских групп.

3*

Единый народный суд пролетарского государства уменьшает до минимума срок, который проходит дело с момента поступления в суд и до окончательного приговора. Судебная волокита сокращается в огромной степени, и если еще существует, то лишь вследствие общего несовершенства всех советских учреждений в первые месяцы и годы пролетарской диктатуры. В результате суд делается доступным для самых бедных и темных слоев населения и сделается еще более доступным, когда минет острый период гражданской войны и все взаимоотношения между гражданами республики приобретут более устойчивый характер. «Во время войны молчат законы»,—говорили римляне. Во время гражданской войны законы в пользу трудящихся не молчат, народные суды работают, но еще не все население успело ознакомиться с сущностью нового суда и оценить все его преимущества.

Задача народных судов в период ломки старого общества и постройки нового огромна. Советское законодательство не поспевает за жизнью. Законы буржуазно-помещичьего строя отменены; законы пролетарского государства написаны лишь в общих чертах и полностью никогда не будут написаны. Рабочий класс не думает увековечивать своего господства и ему не нужно десятков томов разных уложений. Выразив свою волю в каком-либо из основных декретов, он может поручить толкование и применение на деле этих декретов народным судьям, избираемым трудящимися. Важно лишь, чтобы приговоры этих судов отражали полный разрыв с обычаями и психологией буржуазного строя, чтобы народные судьи решали дела по пролетарской, по социалистической, а не буржуазной совести. В бесконечном количестве дел, которые возникают при ломке старых отношений и при осуществлении прав пролетариата, народные суды имеют возможность довершить тот переворот, который начала Октябрьская революция 1917 г. и который должен распространиться на все взаимоотношения граждан Советской республики. С другой стороны, при рассмотрении огромного количества дел, возникающих независимо от условий революционной эпохи, дел обывательско-уголовного характера, народные суды должны выявить совершенно новое отношение к таким преступлениям со стороны революционного пролетариата и произвести целую революцию в характере устанавливаемых мер наказания.

§ 73. Революционные трибуналы

Выборный и сменяемый избирателями народный суд, в котором поочередно должен осуществить свое право судьи каждый из трудящихся, коммунистическая партия рассматривает как нормальный суд социалистического государства. В эпоху же наиболее обостренной гражданской войны является необходимость организации, наряду с народным судом, революционных трибуналов. Задача революционных трибуналов состоит в том, чтобы быстро и беспощадно судить врагов пролетарской революции. Эти суды являются одним из орудий подавления эксплуататоров, и в этом отношении являются такими же органами пролетарской обороны и нападения, как Красная гвардия, как Красная Армия, как чрезвычайные комиссии. Вследствие этого революционные трибуналы организованы на менее демократических началах, чем народные суды. Они назначаются советами, а не прямо выбираются трудящимися массами.

§ 74. Наказания пролетарского суда

В кровавой борьбе с капиталом рабочий класс не может отказаться от высшей меры наказания, налагаемой на его явных врагов. Отмена смертной казни невозможна, пока длится гражданская война. Но чисто объективное сравнение пролетарского суда с судом буржуазной контрреволюции обнаруживает чрезвычайную мягкость рабочих судей в сравнении с палачами буржуазной юстиции. Смертные приговоры выносятся в самом крайнем случае. Это особенно характерно для судебных процессов первых месяцев пролетарской диктатуры. Достаточно здесь будет напомнить, что знаменитый Пуришкевич Петрограда был в свое время приговорен Революционным Трибуналом всего лишь на две недели тюрьмы. Большое великодушие к своим врагам у прогрессивных классов общества, имеющих будущее, большая свирепость расправы у классов умирающих проявляется и в практике пролетарского суда.

Что же касается наказаний, накладываемых пролетарским судом за преступления, не носящие контрреволюционного характера, то эти наказания в корне отличны от наказаний буржуазного суда. Это и вполне понятно. Огромное большинство преступлений, совершаемых в буржуазном обществе, представляет собой или преступления против права собственности, или преступления, так или иначе связанные с собственностью. Естественно, что буржуазное государство мстило преступникам, и наказания этого общества представляют собой различные виды мести озлобленного собственника. Столь же бессмысленны были и остаются наказания за преступления случайного характера или преступления, связанные с общим несовершенством буржуазных отношений в их целом (преступления на почве семейной, романической, на почве алкоголизма и вырождения, на почве невежества и придавленности социальных инстинктов и т. д.). Пролетарскому суду приходится иметь дело с преступлениями, почва для которых приготовлена буржуазным обществом, еще не ликвидированным во всех своих пережитках. Пролетарскому суду пришлось получить от старого режима воспитанный этим режимом кадр профессиональных преступников. Пролетарский суд абсолютно чужд мести. Он не может мстить людям за то, что они жили в буржуазном обществе. Поэтому наказания наших народных судов уже теперь отражают полную революцию в правосудии. Все чаще применяется условное осуждение: это наказание без наказания, которое имеет главной задачей предупредить повторение преступления. Применяется общественное порицание — мера, действительная лишь во внеклассовом обществе и рассчитанная на рост общественного сознания и общественной ответственности. Тюремное заключение без труда — этот принудительный паразитизм, столь часто применявшийся царизмом, заменяется общественными работами. Вообще ущерб, причиняемый обществу преступником, пролетарский суд стремится возместить усиленным трудом провинившегося. Наконец, где суд имеет дело с рецидивистом, освобождение которого даже и после отбытия наказания подвергло бы опасности жизнь других граждан, проводится изоляция преступника от общества, причем преступнику дается полная возможность нравственного перерождения.

Все перечисленные меры, означающие перерождение обычных способов наказания, в большинстве защищались уже лучшими из буржуазных юристов. Однако эти меры оставались в области мечтаний в буржуазном обществе. Их мог начать проводить в жизнь лишь победивший пролетариат.

§ 75. Будущее пролетарского суда

Что касается революционных трибуналов, то эта форма пролетарского суда также не имеет никакого будущего, как победившая белую гвардию Красная Армия, как чрезвычайные комиссии, как все органы, созданные пролетариатом в период незаконченной гражданской войны. С победой пролетариата над буржуазной контрреволюцией эти органы отпадут за ненадобностью.

Наоборот, пролетарский суд в форме выборного народного суда, несомненно, переживет конец гражданской войны и еще долго должен будет подчищать своими приговорами обломки буржуазного общества в его многоразличных проявлениях. Уничтожение классов не уничтожает сразу ни классовой психологии, которая всегда остается жить дольше породивших ее общественных отношений, ни классовых инстинктов и обычаев. Кроме того, самый процесс уничтожения классов может сильно затянуться. Превращение буржуазии в трудящуюся группу людей, превращение крестьян в работников социалистического общества произойдет не сразу. Последний процесс будет довольно длителен и чреват многими процессами судебного характера. Точно так же частная собственность на средства потребления, которая будет предшествовать чисто коммунистическому распределению, будет давать много поводов к проступкам и преступлениям. Наконец, преступления против общества, вызванные личным эгоизмом отдельных членов, и всякого рода нарушения общественного блага также долго будут предметом судебного разбирательства. Правда, суд тогда изменит свой характер; постепенно, по мере отмирания государства, он будет превращаться в орган выражения общественного мнения, приближаясь к характеру товарищеского суда, решения которого не приводятся в исполнение насильственным путем, а имеют лишь моральное значение.

ЛИТЕРАТУРА

Коммунистической литературы о буржуазном и пролетарском суде почти нет. Можно рекомендовать следующие вещи из старых: К. Маркс: «Речь перед судом присяжных (Кельнский процесс коммунистов)»; Энгельс: «Происхождение семьи, собственности и государства»; Лассаль: «Защитительные речи», а также «Идея рабочего сословия», «Программа работников» и др. из общего собрания сочинений; Энгельс: «Анти-Дюринг», места, касающиеся государства; К. Каутский: «Природа политических преступлений»; Ван-Кон: «Экономические факторы преступности»; Гернет: «Социальные факторы преступности».

Из современных — Стучка: «Конституция РСФСР в вопросах и ответах»; П. Стучка: «Народный суд» и т.д. А. Гойхбарт: «Какой суд нужен народу», «Декреты о суде», издание Петроградского Совета.

Глава X

ШКОЛА И КОММУНИЗМ

§ 76. Школа буржуазного общества. § 77. Разрушительные задачи коммунизма. § 78. Школа — орудие коммунистического воспитания и просвещения. § 79. Дошкольное воспитание. § 80. Единая трудовая школа. § 81. Специальное образование. § 82. Высшая школа. § 83. Советская и партийная школы. § 84. Внешкольное образование. § 85. Новые работники просвещения. § 86. Сокровища искусства и науки для трудящихся. § 87. Государственная пропаганда коммунизма. § 88. Народное просвещение при царизме и при Советской власти

§ 76. Школа буржуазного общества

В буржуазном обществе школа выполняет три основные задачи: 1) воспитывает молодое поколение трудящихся в духе преданности и почтения к капиталистическому режиму; 2) подготовляет из молодежи господствующих классов «образованных» дрессировщиков трудового народа; 3) обслуживает капиталистическое производство, используя науку для техники и увеличения капиталистической прибыли.

Первая задача достигается в школе так же, как и в буржуазной армии, т. е., прежде всего, созданием соответствующего кадра «офицеров народного просвещения». Учителя буржуазных школ, предназначенных для народа, проходят определенный курс выучки, где они подготовляются для своей роли дрессировщиков. К преподаванию в школах допускается лишь благонадежный с буржуазной точки зрения учительский персонал. За этим следят министерства буржуазного просвещения и безжалостно изгоняют из учительской среды весь вредный, т. е. социалистический, элемент. Германская народная школа до революции, служившая дополнением казармы Вильгельма, представляет собой яркий образчик того, как удавалось помещикам и буржуазии фабриковать посредством школ верных и слепых рабов капитала. Преподавание в низших буржуазных школах ведется по определенной программе, всецело приспособленной для целей капиталистической дрессировки учащихся. Все учебники составлялись также в соответствующем духе. Для этих же целей служила и вся буржуазная литература, созданная людьми, которые рассматривали буржуазный строй как естественный, вечный и лучший из всех возможных режимов. Благодаря этому школьники незаметно для себя проникались буржуазной психологией и заражались восторгом перед всеми буржуазными добродетелями: почтением к богатству, славе, знатности, проникались стремлением к карьеризму, стремлением к личному благополучию и т. д. Работу буржуазных учителей довершали служители церкви своим преподаванием закона Божия, который благодаря тесной связи капитала с церковью всегда оказывался законом имущих классов[1].

Вторая цель достигается в буржуазном обществе тем, что среднее и высшее образование сознательно делается недоступным трудящимся классам. Обучение в средних и особенно в высших учебных заведениях стóит больших средств, которыми не располагают трудящиеся.

Это обучение длится десятки и более лет и по этой причине недоступно рабочему и крестьянину, вынужденному для прокормления семьи гнать на фабрику, в поле или на работу по домашнему хозяйству своих детей в самом раннем возрасте. Средние и высшие школы фактически превращаются в учебные заведения для буржуазной молодежи. Здесь молодежь господствующих классов приготовляется к тому, чтобы сменить своих отцов на эксплуататорских постах или на постах чиновников и техников буржуазного государства. И в этих школах преподавание носит строго классовый характер. Если в области математики, техники и в области естественных наук это не столь заметно по самой сущности этих предметов, то это с полной очевидностью выступает в науках общественных, которые, в сущности, и определяют мировоззрение учащихся.

---

[1] В России при царизме народные массы держались в повиновении дворянскому государству не столько буржуазно-поповско-царским «просвещением», сколько недопущением всякого просвещения. В этом отношении знаменита «теория» известного мракобеса Победоносцева, который считал народное невежество главной опорой самодержавия.

Преподается буржуазная политическая экономия вместе с самыми усовершенствованными способами «разбивать Маркса». Социология и история также читаются в чисто буржуазном духе. История права завершается ознакомлением с буржуазным правом как естественным правом «человека и гражданина», и т. д., и т. д. В результате высшие и средние школы обучают буржуазных сынков всем необходимым данным для обслуживания буржуазного общества и для поддержания всей системы буржуазной эксплуатации. Если же в высшие школы попадают дети трудящихся, обыкновенно наиболее талантливые, то буржуазный школьный аппарат в огромном большинстве случаев с успехом отрывает их от родного им класса, прививает им буржуазную психологию и в конце концов использует таланты трудящихся для подавления тех же трудящихся.

Что касается третьей задачи, то буржуазная школа достигает ее следующим образом. Наука отрывается в классовом обществе от труда. Она делается не только достоянием имущих классов, но и более того: профессией определенного и довольно узкого круга людей. И научное преподавание, и научное исследование отрываются от трудового процесса. Чтобы использовать данные науки для производства, буржуазному обществу приходится создавать ряд институтов, способствующих утилизации научных открытий для техники, и ряд технических школ, дающих возможность держать производство в уровень с успехами «чистой», т. е. оторванной от труда науки. Вместе с тем политехнические школы дают капиталистическому обществу не только технически знающий персонал, но и кадр надсмотрщиков и администраторов над рабочим классом. Кроме того, для обслуживания процесса товарообращения создаются различные торговые школы, коммерческие институты и т. д. То, что связано во всей этой организации с производством, останется. То, что связано с буржуазным производством, должно отмереть. Сохранится все, что способствует развитию науки,— отомрет отделение науки от труда. Сохранится преподавание технических знаний — будет уничтожен способ преподавания их отдельно от физического труда. Сохранится и расширится использование науки для производства — будут уничтожены преграды для такого использования, поскольку капитал использовал науку лишь постольку, поскольку это в каждый данный момент увеличивало норму прибыли.

§ 77. Разрушительные задачи коммунизма

В школьном деле коммунистическая партия, как и во всех областях, стоит не только перед созидательными, но в первое время и перед разрушительными задачами. В школьной системе буржуазного общества подлежит немедленному разрушению все, что делало школу орудием классового господства буржуазии.

В буржуазном обществе школа на высших ступенях была достоянием эксплуататорских классов. Эта школа в лице бесконечных гимназий, реальных училищ, институтов, кадетских корпусов и т. д. должна быть уничтожена.

Преподавательский персонал буржуазной школы служит делу буржуазного просвещения и обмана. Из пролетарской школы должна быть без сожаления изгнана та часть педагогического персонала старой школы, которая или не может, или не хочет быть орудием коммунистического просвещения масс.

В старой школе употреблялись учебники, составленные в буржуазном духе, употреблялись приемы преподавания, служившие классовым целям буржуазии. Все это должно быть отброшено в школе новой.

Старая школа имела связь с религией через обязательное преподавание закона Божия, обязательные молитвы и посещение церкви. Школа новая осуществляет обязательное изгнание религии из своих стен, под каким бы видом она ни пыталась туда войти, в какой бы мягкой форме ни хотели протащить ее туда отсталые группы родителей.

Старая высшая школа создала замкнутый круг профессуры, научный цех, препятствующий проникновению в университеты новых преподавательских сил; научный цех буржуазной профессуры должен быть распущен, и кафедра должна быть достоянием всех способных к преподаванию.

При царизме не допускалось преподавание на родном языке. Русский язык был обязательным государственным и школьным языком. Новая школа уничтожает все следы национального угнетения в области просвещения, делая преподавание на родном языке достоянием всех национальностей.

§ 78. Школа — орудие коммунистического воспитания и просвещения

Буржуазия составляет огромное меньшинство населения. Это не мешало ей, наряду с другими органами классового угнетения, использовать школу для воспитания и дрессировки миллионов трудящихся в своем духе, и таким образом навязать большинству населения воззрение и мораль ничтожного меньшинства. В капиталистических странах пролетариат и полупролетариат составляет большинство населения. В России рабочий класс, численно составляя меньшинство, политически является руководителем и организатором борьбы в с е х т р у д я щ и х с я. Естественно поэтому, что, взяв в свои руки школу, он должен использовать ее прежде всего для того, чтоб поднять на должную высоту коммунистической сознательности все отсталые слои трудящегося населения. Буржуазия пользовалась школой для закрепощения трудящихся. Пролетариат воспользуется школой для их раскрепощения, для уничтожения всех следов духовного рабства в сознании трудящихся. Буржуазия, благодаря своей школе, пролетарских детей воспитывала в буржуазном духе. Задача новой коммунистической школы состоит в том, чтобы воспитать буржуазных и мелкобуржуазных детей в пролетарском духе. В области умственной, в психологии людей коммунистическая школа должна произвести такое же разрушение буржуазного общества и его экспроприацию, какую в области экономической Советская власть произвела национализацией орудий производства. Нужно подготовить сознание людей к новым общественным отношениям. Трудно строить коммунистическое общество массам, которые во многих областях духовной жизни обеими ногами продолжают стоять на почве буржуазного общества и его предрассудков. Задача новой школы состоит в том, чтобы подогнать сознание взрослых к изменившимся общественным отношениям, а главное — в том, чтобы воспитать молодое поколение, которое будет всей своей психологией стоять на почве нового коммунистического общества.

Этой цели должны служить все нижеперечисленные реформы в школьном деле, частью проведенные, частью намеченные к осуществлению.

§ 79. Дошкольное воспитание

В буржуазном обществе ребенок рассматривается, если не всецело, то, по крайней мере, в значительной степени, как собственность своих родителей. Когда родители говорят: «моя дочь, мой сын», это означает теперь не только наличие родственных отношений, но и право родителей на воспитание собственных детей. Это право с социалистической точки зрения совершенно ни на чем не основано. Отдельный человек принадлежит не себе самому, а обществу — человеческому роду. Только благодаря существованию общества каждый отдельный индивидуум в состоянии жить и развиваться. Ребенок поэтому принадлежит тому обществу, в котором и благодаря которому он родился, а не только лишь «обществу» своих родителей. Обществу же и принадлежит первейшее и основное право воспитания детей. И с этой точки зрения претензия родителей путем домашнего воспитания запечатлеть в психологии своих детей свою ограниченность необходимо не только отклонять, но и высмеивать самым беспощадным образом. Общество может доверить воспитание детей родителям, но может и не доверить, и чем дальше, тем меньше ему будет оснований доверять воспитание детей родителям, потому что способности к воспитанию детей все же встречаются реже, чем способности к деторождению. Из сотни матерей, быть может, одна-две способны быть воспитательницами. Будущее принадлежит общественному воспитанию. Общественное воспитание дает социалистическому обществу возможность воспитать будущее поколение так, как будет нужно и с наименьшей тратой сил и средств.

Но общественное воспитание детей необходимо не из одних только педагогических соображений; оно имеет также огромные экономические выгоды. Сотни тысяч, миллионы матерей при осуществлении общественного воспитания будут освобождены для производства и для их собственного культурного развития. Они будут освобождены от притупляющего ум домашнего хозяйства и бесконечного количества мелочных работ, связанных с воспитанием детей на дому.

Вот почему Советская власть стремится к созданию ряда учреждений, которые должны улучшить общественное воспитание, делая его постепенно всеобщим. Таковы детские сады, куда занятые трудом рабочие и служащие в состоянии отводить своих детей, поручая их на это специалистам дошкольного воспитания. Таковы очаги, т. е. детские же сады, но рассчитанные на более длительное пребывание в них детей. Таковы детские колонии, в которых живут и воспитываются дети или навсегда, или на продолжительный срок оторванные от родителей. Сюда же относятся ясли, т. е. учреждения для воспитания детей до 4-летнего возраста и дающие приют детям, пока их родители находятся на работе.

Задача коммунистической партии состоит, с одной стороны, в том, чтобы через советские органы добиться еще более быстрого развития дошкольных учреждений и улучшения постановки дела в них, с другой стороны, в том, чтобы усиленной пропагандой среди родителей побороть буржуазные и мещанские предрассудки о необходимости и преимуществах домашнего воспитания, подкрепляя это примерами наиболее образцово поставленных воспитательных институтов Советской власти. Нередко именно неудовлетворительная постановка очагов, яслей, садов и проч. удерживает родителей от отдачи туда своих детей. Задача коммунистической партии, и особенно ее женских секций, состоит в том, чтобы побудить родителей добиваться у л у ч ш е н и я общественного воспитания не путем о т к а з а от него, а путем как раз отдачи своих детей в соответствующие учреждения и в осуществлении самого широкого контроля над ними со стороны родительских организаций.

§ 80. Единая трудовая школа

Дошкольные учреждения создаются для детей до 7-летнего возраста. В дальнейшем воспитание и обучение должно проникать в школу. Обучение должно быть обязательным, что является огромным шагом вперед по сравнению с временами царизма. Обучение должно быть бесплатным, что является огромнейшим шагом вперед по сравнению с тем, что мы видим даже в самых передовых буржуазных странах, где лишь в низших школах обучение бесплатно. Обучение естественно должно быть равным для всех, чем уничтожаются всякие привилегии в воспитании и образовании для отдельных групп населения. Это всеобщее, равное для всех и для всех обязательное обучение должно охватывать всю молодежь в возрасте от 8 до 17 лет.

Школа должна быть единой. Это значит, во-первых, что должно быть уничтожено деление школ на мужские и женские, и осуществлено совместное обучение детей обоего пола. Это значит, что должно быть уничтожено деление школ на низшие, средние, высшие, не связанные между собой, не подогнанные друг к другу по своим программам. Это значит, что должно быть уничтожено деление и низших, и средних, и высших школ на школы общеобразовательные и специальные, или профессиональные, на общедоступные и классово-сословные. Единая школа означает единую лестницу, по которой может и должен пройти каждый учащийся социалистической республики, начав с самого низшего порога — с детского сада — и закончив высшею ступенью, где кончается всякое общее школьное образование и всякое политехническое образование в той степени, в какой оно обязательно для всех учеников.

Как очевидно всякому читателю, единая школа не только представляет идеал для каждого передового педагога, но единственно возможный тип школы в социалистическом, т. е. внеклассовом или стремящемся превратиться во внеклассовое, обществе. Осуществить единую школу может только социализм, хотя желательность такого типа школы и выдвинули еще педагоги буржуазного общества.

Школа социалистической республики должна быть трудовой. Это значит, что обучение и воспитание должно быть соединено с трудом и должно опираться на труд. Это важно по многим причинам. Во-первых, для успешности самого преподавания. Легче всего, охотней всего и основательней всего ребенок усваивает не то, что он заучил по книге или со слов учителя, а что он сам проделал на опыте собственными руками. Познать окружающую природу легче всего, пытаясь воздействовать на эту природу. Соединение обучения с трудом началось уже в передовых буржуазных школах. Но оно не может быть проведено до конца при буржуазном строе, который сознательно воспитывает паразитические элементы общества и отделяет физический труд от умственного труда непроходимой пропастью.

Труд необходим затем для чисто физического развития детей, а также для всестороннего развития всех их способностей. На опыте проверено и доказано, что время, потраченное в школе на труд, нисколько не уменьшает, а, наоборот, увеличивает успехи детей при усвоении самых разнообразных знаний.

Наконец, для коммунистического общества трудовая школа представляет прямую необходимость. Каждый гражданин этого общества должен, по крайней мере, в основных чертах, знать все профессии. Это общество не будет иметь никаких замкнутых цехов, окостеневших профессий, застывших в своей специальности групп. Даже самый гениальный ученый должен быть в то же время умелым физическим работником. Оканчивающему единую трудовую школу ученику коммунистическое общество говорит: «профессором можешь ты и не быть, а производителем ценностей быть обязан». Начав с детских игр в саду, ребенок должен перейти к труду, как продолжению игры, совершенно незаметно, и тем с самого начала должен приучиться смотреть на труд не как на неприятную необходимость или наказание, а как на естественное, самопроизвольное проявление способностей. Труд должен быть потребностью, как желание пить и есть, и эта потребность должна быть привита и развита в коммунистической школе. В коммунистическом обществе, с его стремительным прогрессом техники, будут неизбежны огромные и быстрые переброски рабочих сил из одних отраслей производства в другие. Например, какое-либо открытие в ткацкой и прядильной промышленности может потребовать сокращения ткачей и прядильщиков и увеличения работников, занятых добычей хлопка, и т. д. В таких случаях неизбежно новое перераспределение сил между профессиями, что осуществимо лишь в том случае, если каждый работник коммунистического общества знаком не с одной только, а с целым рядом профессий. Буржуазное общество могло выходить из подобного положения, используя резервную армию промышленности, т. е. постоянный кадр безработных. В коммунистическом обществе не будет армии безработных; резерв любой отрасли промышленности, ощущающей недостаток в рабочих силах, будет заключаться в способности работников другой отрасли пополнить этот недостаток. Лишь единая трудовая школа может подготовить кадры таких работников, которые смогут исполнять различные функции в коммунистическом обществе.

§ 81. Специальное образование

До 17-летнего возраста вся молодежь республики должна пройти единую трудовую школу и получить там сумму знаний теоретических и практических, которые необходимы для к а ж д о г о гражданина коммунистического общества. Но обучение не может закончиться только этим. Кроме общих знаний, необходимы специальные знания. Объем каждой из самых необходимых наук так велик, что все их усвоить нет никакой возможности для отдельного человека. Единая трудовая школа совсем не исключает специального образования. Она лишь переносит его на самую высшую ступень. Уже на второй ступени единой трудовой школы, т. е. в возрасте от 14 до 17 лет, неизбежно обнаруживаются наклонности учащихся в сторону увлечения тем или иным предметом. Уже на этой ступени не только возможно, но и неизбежно давать выход этим естественным способностям к более основательному ознакомлению с различными науками не в ущерб общеобразовательной программе трудовой школы.

Но настоящее специальное образование должно начинаться лишь после 17 лет. Этот возраст является гранью и по другой причине. До 17 лет молодежь трудовых школ является более учениками, чем работниками. Трудовые процессы школы имеют основной задачей не создание ценностей и увеличение бюджета государства, а задачи воспитательные. После 17 лет ученик превращается в работника. Он должен внести свой пай труда, свой пай изготовленных им продуктов в коммуну человечества. Специальное образование он может получать, лишь выполнив предварительно свой основной долг перед обществом. Поэтому, как правило, специальные познания молодежь после 17 лет сможет получать лишь во внетрудовое время. С развитием техники рабочий день должен сократиться еще менее 8 часов, и таким образом для специального образования будет достаточно времени у каждого члена коммунистического общества. В некоторых случаях для особенно даровитых людей возможно и исключение в виде временного освобождения от труда на несколько лет для образования и научных исследований или сокращение рабочего дня в сравнении с общеустановленным, если все это будет признано общественно необходимым.

§ 82. Высшая школа

В настоящий момент еще нельзя предвидеть вполне, какой характер будут носить специальные высшие школы при коммунизме. Вероятно, они будут самого различного типа, от более или менее кратковременных курсов до политехникумов и школ-лабораторий, где обучение будет вестись вместе с научным исследованием и где будут стерты всякие грани между профессорами и студентами. Но в настоящий момент можно уже с полной определенностью утверждать, что наши университеты в их теперешнем виде, с их теперешней профессурой представляют из себя отжившие институты. Они продолжают доучивать молодежь, проходившую буржуазные средние школы, в старом духе. Пока эти университеты можно реформировать, обновив профессорский состав людьми, которые, быть может, не удовлетворяют цензу «докторов буржуазного общества», но с успехом могут провести полную революцию в преподавании общественных наук и лишить буржуазную науку своего последнего убежища. Можно изменить состав слушателей, сделав аудиторию университетов преимущественно рабочей, и тем сделать естественные и технические науки достоянием рабочего класса. А привлечение рабочих неизбежно ставит вопрос о содержании их на время учения на государственный счет. Обо всем этом и говорит пункт 3-й нашей программы в области народного просвещения.

§ 83. Советская и партийная школа

Коммунистическая партия, стоя у власти, разрушила школьный аппарат царизма, остававшийся почти неприкосновенным и во время правительства Керенского. На развалинах старой классовой школы она начала строить единую трудовую школу как зародыш нормальной трудовой школы будущего коммунистического общества. Из высшей буржуазной школы она пытается вытравить все, что в ней было приспособлено для поддержания господства капитала, и делает накопленные за период господства имущих классов знания достоянием всех трудящихся, и тем начинает готовиться к постройке нормального типа высшей школы коммунистического общества.

Но из всех наук, которые знает буржуазная культура, нет такой, которая учила бы, как делать пролетарскую революцию. Из всех школ, которые строила буржуазия и которые начинают строиться для будущего коммунистического общества, нет такой, которая учила бы, как строить пролетарское государство. Переходный период от капитализма к коммунизму вызвал к жизни особый вид школы, которая должна обслуживать происходящую революцию и строительство советского аппарата. Такой цели призваны служить партийно-советские школы, которые возникли на наших глазах как кратковременные и довольно случайные курсы и превратились и продолжают превращаться в постоянные институты для выработки партийных и советских работников. Это было неизбежно. Строительство советского государства — дело совершенно новое, не имеющее примеров в истории. Работа советских учреждений с каждым днем развивается, совершенствуется, и для каждого советского работника становится необходимым для успеха работы знать опыт, полученный уже его предшественниками. Самообучение управлению государством, которое происходит путем участия всех рабочих в советах, оказывается недостаточным. Этот опыт необходимо собрать, систематизировать, осмыслить и сделать его достоянием всех рабочих, участвующих в советском строительстве, чтобы каждый новый слой рабочих, привлекаемый к управлению государством, не повторял ошибок своих предшественников, чтобы он учился не на своих, а на чужих, уже сделанных, уже оплаченных государством ошибках. Школа советской работы и должна служить этой цели, она уже служит ей, поскольку мы уже имеем в республике центральную школу советской работы при Всероссийском Центральном Исполнительном Комитете как школу постоянную. Скоро соответствующие школы, несомненно, создадутся в каждом губернском городе.

Что касается партийных коммунистических школ, то они в корне изменяют свой характер в период фактического перехода к коммунизму. Из школ определенной партии, опирающейся на пролетариат, из чисто политических школ они превращаются в школы коммунистического переустройства общества, следовательно, в государственные школы. В то же время они делаются военными академиями гражданской войны. Лишь благодаря этим школам пролетариат в состоянии понять смысл и объективные задачи того переворота, который он совершает полустихийно, полубессознательно, имея перед глазами лишь узко конкретные цели и не имея возможности охватить весь процесс переустройства в целом. Партийные школы не только в состоянии научно объяснить пролетариату природу и конечную цель его революции, но и учат тому, как довести эту революцию до конца в кратчайший срок с наименьшей тратой сил.

§ 84. Внешкольное образование

Царизм сознательно держал в состоянии невежества и безграмотности большинство трудового народа России. Получив в наследство от самодержавия огромный процент безграмотных, Советская власть, естественно, должна пустить в ход самые героические меры, чтобы избавиться от этого наследства. С этой целью отделы народного просвещения открывают школы для неграмотных взрослых и принимают ряд других мер для борьбы с безграмотностью. Но, кроме использования школьного аппарата Комиссариата Просвещения, коммунистическая партия должна употреблять все меры к тому, чтобы в обучении неграмотных приняли участие массы. Этой цели должны служить советы народного образования, избираемые заинтересованными в просвещении трудящимися массами. Этим же целям служит мобилизация всех грамотных для обучения всех неграмотных. Такая мобилизация начинает проводиться в ряде мест республики, и партия должна добиться того, чтобы она была проведена всюду по определенному плану.

Кроме борьбы с неграмотностью, Советской власти приходится тратить много сил и средств на помощь населению, главным образом взрослому населению, в деле самообразования. С этой целью организуется сеть библиотек, удовлетворяющих запросам трудового читателя, насаждаются всюду, где можно, народные дома и клубы, создаются народные университеты. Кинематограф, служивший в качестве орудия разврата населения и обогащения его владельцев, постепенно, хотя, к сожалению, крайне медленно, превращается в сильнейшее орудие просвещения масс и воспитания их в духе социализма. Всякого рода курсы, общедоступные и бесплатные лекции и проч., благодаря сокращению рабочего дня, делаются достоянием всех трудящихся. В будущем огромное значение для целей образовательных должны приобрести планомерно организованные экскурсии трудящихся в отпускное время с целью ознакомления со своей страной и различными странами мира. Для общения между трудящимися всех стран эти экскурсии сыграют в будущем огромную роль.

§ 85. Новые работники просвещения

Школьные реформы удались Советской власти в большей мере, чем реформы или постройки заново в других областях. Объясняется это не только тем, что Советское государство тратит на народное образование несравненно большую часть своего бюджета, чем самое передовое из буржуазных государств. Осуществление идеи единой трудовой школы было уже в значительной мере подготовлено передовыми педагогами буржуазного общества. Лучшей части педагогов России пришлось при советском режиме осуществить отчасти то, что они считали вообще необходимым провести с чисто педагогической точки зрения. В числе школьных работников, перешедших к Советской власти от буржуазно-помещичьего режима, оказался ряд таких, которые были и остаются противниками пролетарской революции вообще, но которые являются сторонниками произведенной пролетариатом революции в школьном деле.

Это благоприятное обстоятельство, однако, нисколько не уменьшает потребности пролетарского государства в настоящих коммунистических школьных работниках. Число коммунистов среди учителей, как и среди всех вообще специалистов, составляет незначительное меньшинство. Число противников коммунизма значительно больше. Больше же всего чиновнически настроенных работников, готовых служить всякому режиму, руководствуясь всякими программами, но ближе всего той, которой руководились отцы и деды. В связи с этим перед коммунистической партией стоит задача двух родов: с одной стороны, мобилизовать все лучшие элементы учительской среды и путем усиленной работы среди них создать из них кадры коммунистических работников; с другой стороны, создавать совершенно новые кадры работников просвещения из молодежи, с самого начала воспитываемой в духе коммунизма вообще и в духе коммунистической школьной программы в частности.

§ 86. Сокровища искусства и науки для трудящихся

При капиталистическом строе талант рассматривается как собственность его непосредственного обладателя и как орудие обогащения. Продукт деятельности таланта представляет из себя в этом обществе товар, который может быть продан за ту или иную цену, и таким образом может стать собственностью каждого, кто больше заплатит. Работа гения, имеющая огромное общественное значение и по сути дела представляющая из себя коллективное творчество, может быть куплена каким-либо Колупаевым из русских или американцем Морганом и может быть с одинаковым правом или изменена, или уничтожена. Если бы знаменитый московский купец Третьяков в один прекрасный момент вздумал спалить свою картинную галерею вместо того, чтобы отдать ее городу Москве, то по законам буржуазного общества его нельзя было бы привлечь к ответственности. В результате купли-продажи произведений искусства, редкостных книг, манускриптов и т. д. огромное количество их оказалось недоступным для ознакомления широких слоев общества, составляя привилегию класса эксплуататоров.

Советская республика объявляет общественным достоянием все произведения искусства, коллекции и проч. и уничтожает всяческие преграды для общественного пользования ими. Этой же цели служат все распоряжения, направленные к изъятию из частной собственности больших книжных хранилищ, которые также превращаются, благодаря этому, в общественное достояние.

Коммунистическая партия должна добиваться того, чтобы государственная власть еще дальше пошла по этому пути. При крайнем недостатке книг и невозможности быстро развить широкое издательство и переиздательство их, необходимо еще дальнейшее ограничение частной собственности в этой области и сосредоточение книг в общественных библиотеках, школах и проч.

Кроме того, в интересах просвещения и в интересах предоставления самым широким массам возможности использовать для себя театр проводится национализация всех театров, чем косвенным образом достигается социализация таланта в области сцены, музыки и вокального искусства.

Таким путем постепенно все произведения науки и искусства, созданные на почве эксплуатации трудящихся масс, на их спинах, за их счет, возвращаются снова их действительным владельцам.

§ 87. Государственная пропаганда коммунизма

Когда разрушается буржуазный строй и начинает на его обломках складываться новое коммунистическое общество, пропаганда идей коммунизма не может остаться уделом одной лишь коммунистической партии и вестись лишь на ее скромные средства. Коммунистическая пропаганда делается необходимой для всего преобразующегося общества, она должна ускорить этот неизбежный процесс, она должна строителям нового, делающим это дело часто бессознательно, раскрывать смысл их собственных усилий и работы. Поэтому не только пролетарская школа, но и весь вообще механизм пролетарского государства должен служить делу коммунистической пропаганды. Эта пропаганда должна вестись в армии военно-политическими организациями, она должна вестись всеми советскими органами.

Сильнейшим орудием государственной пропаганды коммунизма является государственное издательство. Национализация всех запасов бумаги и всех типографий дает возможность пролетарскому государству, при огромном недостатке бумаги, издавать в миллионах экземпляров то, что наиболее необходимо массам в переживаемый момент. В результате все, печатаемое государственным издательством, делается доступным массам не только по самым дешевым ценам, но постепенно и книги, и брошюры, и газеты, и плакаты начинают поступать в распоряжение масс совершенно бесплатно. Государственная пропаганда коммунизма превращается в конце концов в средство уничтожения всяких следов буржуазной пропаганды предыдущего периода, отравлявшего познания трудящихся, и в могучее орудие создания новой идеологии, новых навыков мыслей, нового миропонимания у работников социалистического общества.

§ 88. Народное просвещение при царизме и при Советской власти

Было израсходовано государством на народное просвещение:

1891 г.	22 810 260 рублей
1911 »	27 883 000 »
1916 »	195 624 000 »
1917 »	339 831 687 »
1918 »	2 914 082 124 »
1-е полугодие 1919 »	3 888 000 000 »

Таким образом, переход власти к пролетариату сразу привел к улучшению расходов на народное образование почти в девять раз.

В 1917 году насчитывалось низших школ к 1 сент. 38 387 (по 26 губерн.).

В школьный период 1917—1918 гг. школ 1-й ступени — 52 274, учащихся — 4 138 982.

В учебный период 1918—1919 гг.— приблизительно 62 238.

В то же время школ 2-й ступени было в 1917—1918 гг.— 1830, в 1918—1919 гг.— 3783.

Дошкольного воспитания при царизме не было совсем. Советской власти пришлось организовывать дело заново. Несмотря на ряд неблагоприятных условий, по 1 октября 1919 г. по 31 губернии насчитывалось детских садов, площадок, очагов — 2 615, в них детей 155 443. Всего обслуживается пока около 2,5% детей в возрасте от 3 до 5 лет. Но уже в городах обслуживается 10,1% детей, и эта цифра непрерывно повышается.

ЛИТЕРАТУРА

1) «Положение о Единой Трудовой Школе Российской Социал. Федер. Республики» (1918 г., изд. ВЦИК, ц. 60 к.); 2) «Единая Трудовая Школа» — доклад В. М. Познера (1919 г., изд. ВЦИК); 3) «Трудовая Школа. Бюллетени Отдела Народн. Просв. МСРД»; 4) Блонский: «Школа и рабочий класс»; 5) Блонский: «Трудовая Школа», ч. I и II; 6) Левитин: «Трудовая Школа»; 7) Левитин: «Интернациональные проблемы социальн. педагогики (Р. Зейдель, Г. Кершенштейнер и др.)»; 8) Крупская: «Народное образование и демократия»; 9) Дюн: «Школа и общество»; 10) Шаррельман: «Трудовая Школа»; 11) он же: «В лаборатории народн. учителя»; 12) Гансберг: «Педагогика»; 13) он же: «Творческая работа в школе»; 14) «Еженедельник Народн. Комисс. Просвещ. «Народное Просвещение» (выходило сначала как приложение к «Известиям ВЦИК», а начиная с 18-го номера — самостоятельно (последний номер 51—52). В «Еженедельнике» помещен целый ряд статей по Трудовой Школе; 15) Протоколы I Всероссийского Съезда по просвещению (изд. Отдела Съездов Наркомпроса, 1919 г.).

ИЗ НЕКОММУНИСТИЧЕСКОЙ ЛИТЕРАТУРЫ МОЖНО УКАЗАТЬ:

Кершенштейнер: «Понятия Трудовой Школы»; он же: «Трудовая Школа» (изд. 4-е «Задруги», М., 1918 г.); Гурлитт: «Проблемы всеобщей Единой Школы» (Гос. Изд.); Ферьер: «В новой школе», изд. Горб.-Пос.; Ветекамп: «Самодеятельность и творчество», изд. Горб.-Пос.; Шульц: «Школьная реформа социал-демократии» (Гос. Изд.); Федоров-Гартвиг: «Трудовая школа и коллективизм». М., 1918 г. (изд. Нар. учит.); Е. Н. Янжул: «Трудовое начало в школах Европы». М., 1918 г. (изд. Нар. учит.); Шацкий: «Бодрая жизнь»; Мюнх: «Будущая школа».

Глава XI

РЕЛИГИЯ И КОММУНИЗМ

§ 89. Почему религия и коммунизм несовместимы. § 90. Отделение церкви от государства. § 91. Отделение школы от церкви. § 92. Борьба с религиозными предрассудками масс

§ 89. Почему религия и коммунизм несовместимы

«Религия есть опиум народа»,—сказал К. Маркс. Задача коммунистической партии состоит в том, чтобы сделать эту истину понятной самым широким кругам трудящихся масс. Задача партии состоит в том, чтобы все трудящиеся массы, до самых отсталых, твердо усвоили ту истину, что религия являлась прежде и продолжает быть и до сих пор одним из могущественнейших орудий в руках угнетателей в деле поддержания неравенства, эксплуатации и рабской покорности трудящихся.

Некоторые плохонькие коммунисты рассуждают так: «мне религия не мешает быть коммунистом — я одинаково верю и в Бога, и в коммунизм. Моя вера в Бога не мешает мне бороться за дело пролетарской революции».

Такое рассуждение в корне неверно. Религия и коммунизм несовместимы ни теоретически, ни практически.

Всякий коммунист должен смотреть на общественные явления (отношения между людьми, революции, войны и проч.), как на нечто такое, что совершается по определенным законам. Законы общественного развития как раз с наибольшей полнотой и устанавливает научный коммунизм благодаря теории исторического материализма, созданной нашими великими учителями, К. Марксом и Фридрихом Энгельсом. Согласно этой теории никакие сверхъестественные силы не оказывают действия на общественное развитие. Мало этого. Та же теория устанавливает, что самое понятие о Боге и потусторонних силах появилось на определенной ступени человеческой истории и на определенной ступени начинает исчезать, как представление детское, не подтверждающееся практикой жизни и борьбы человека с природой. И только потому, что грабительским классам выгодно поддерживать невежество народа и его детскую веру в чудесное (а ключи от этого чудесного держать у себя в кармане), религиозные предрассудки оказываются очень живучими и смущают даже очень умных людей.

Сверхъестественные силы не влияют также на изменения и во всей природе в целом. Человек достиг огромных успехов в борьбе с природой, воздействует на нее в своих интересах и управляет ее силами не благодаря вере в Бога и его помощь, а несмотря на эту веру и благодаря тому, что на практике во всех серьезных делах всегда является атеистом. Научный коммунизм в своем понимании всех явлений природы опирается на данные естественных наук, которые находятся в самой непримиримой вражде со всякими религиозными выдумками.

Но коммунизм несовместим с религиозной верой и на практике. Тактика коммунистической партии предписывает своим членам определенный образ действий. Мораль каждой из религий также предписывает верующим определенное поведение (например, христианская мораль: «если кто ударит тебя по одной щеке, подставь другую»). Между директивами коммунистической тактики и заповедями религии в огромном большинстве оказывается непримиримое противоречие. Коммунист, отбрасывающий заповеди религии и действующий по предписаниям партии, перестает быть верующим. Верующий и называющий себя коммунистом, нарушающий предписания партии во имя заповедей религии, перестает быть коммунистом.

Борьба с религией имеет две стороны, которые строго надо различать каждому коммунисту. Во-первых, борьба с церковью как особой организацией религиозной пропаганды, материально заинтересованной в народной темноте и религиозном рабстве. Во-вторых, борьба с широко распространенными и глубоко укоренившимися религиозными предрассудками большинства трудящихся масс.

§ 90. Отделение церкви от государства

По христианскому катехизису церковь есть общество верующих, объединенных одной верой, таинствами и т. д. Для коммуниста церковь — это общество людей, объединенных определенными источниками дохода за счет верующих, за счет их невежества и темноты. Общество, связанное с обществом других эксплуататоров, как помещики, капиталисты, связанное с их государством, помогающее ему в угнетении трудящихся и в свою очередь от него получающее помощь и поддержку. Связь между церковью и государством очень давнего происхождения. Особенно тесно была связана церковь с феодально-помещичьим государством. Это и понятно, если вспомнить, что самодержавно-дворянское государство опиралось на крупное землевладение, а церковь представляла из себя также крупного землевладельца, обладавшего миллионами десятин земли. Обе эти силы неизбежно должны были объединиться для общей борьбы с трудящимися массами и своим союзом закрепить свое господство над ними. В период борьбы городской буржуазии с дворянством буржуазия одно время яростно нападала на церковь, как на владельца земель, которые буржуазия хотела прибрать к рукам, как на собственника и потребителя доходов, собираемых с трудящихся, — доходов, на которые заявляла претензии та же буржуазия. Эта борьба в одних странах была очень резкой (Франция), в других более мягкой (Англия, Германия, Россия). Поэтому требование отделения церкви от государства (что на деле означало переход к буржуазии средств, которые государство тратило на церковь) было выставлено уже либеральной буржуазией и буржуазной демократией. Но это требование нигде не было осуществлено буржуазией. Причина та, что всюду начала усиливаться борьба рабочего класса с капиталистами, и буржуазии стало невыгодно бросаться лишним союзником. Она сочла более выгодным помириться с церковью, купить ее молитвы для борьбы с социализмом, использовать ее влияние на темные массы для поддержания в них чувства рабской покорности по отношению к эксплуататорскому государству («несть власти, аще не от Бога»).

То, чего не доделала буржуазия в борьбе с церковью, довело до конца пролетарское государство. Одним из первых декретов Советской власти в России был декрет об отделении церкви от государства. У церкви были отняты все земли и переданы трудящимся, и все ее капиталы сделались достоянием трудового народа. От церкви были отняты все доходы, которые она получала от царизма и продолжала благополучно получать в эпоху правительства «социалиста» Керенского. Религия была объявлена личным делом каждого гражданина. В то же время Советская власть отвергла всякую мысль использовать церковь для укрепления пролетарского господства в каких бы то ни было формах.

§ 91. Отделение школы от церкви

Соединение религиозной пропаганды со школьным обучением является вторым могучим орудием в руках духовенства для укрепления господства церкви и ее влияния на массы. В руки попов отдается здесь будущее человечества, его молодежь. При царизме поддержание религиозного фанатизма, тупости и невежества считалось делом государственной важности. Закон Божий был важнейшим предметом преподавания в школе. И в школе самодержавие поддерживало церковь, а церковь — самодержавие. Кроме обязательности закона Божия в школах и обязательности посещения богослужений, церковь добилась еще большего. Она начала забирать все народное просвещение в свои руки, и с этой целью вся Россия была покрыта сетью церковно-приходских школ.

Благодаря сожительству школы и церкви молодежь с самого раннего возраста оказывается или во власти религиозных суеверий, или в состоянии полной невозможности выработать сколько-нибудь целостное миросозерцание. На один и тот же вопрос (например, о происхождении земли) религия и наука дают различные ответы, и восприимчивый ум школьника превращается в поле битвы между точным знанием и грубыми выдумками мракобесов.

Во многих странах молодежь воспитывается не только в духе преданности существующему режиму, но нередко в духе преданности уже свергнутому самодержавно-церковно-дворянскому строю, как, например, во Франции. Такая пропаганда является контрреволюционной даже с точки зрения буржуазного государства.

Буржуазный либерализм также выставлял в своих программах требование отделения школы от церкви. Он боролся за замену закона

приятную почву там, где сознание масс всей обстановкой общественной жизни толкается на путь сверхъестественных объяснений окружающих явлений в природе и обществе. Обстановка капиталистического способа производства как раз очень способствует всему этому. В буржуазном обществе производство и обмен продуктов налаживаются не сознательно, по определенному плану, а стихийно. Рынок царит над производителем. Никто не знает, произведено ли товаров в излишке или слишком мало. Производителям неясно, как работает весь огромный и сложный механизм капиталистического производства; почему вдруг начинаются кризисы и безработица; почему то повышаются, то понижаются цены на товары и т. д. Не умея объяснить себе настоящую причину происходящих общественных изменений, рядовой работник обращается к «воле Божией», которая все может объяснить.

Наоборот, в организованном коммунистическом обществе в области производства и распределения для трудящихся не будет никаких тайн. Каждый работник не только будет исполнять порученную ему часть общественной работы, но он сам же будет участвовать в выработке общего плана производства и, по крайней мере, будет иметь о нем вполне ясное представление. Ничего таинственного, непонятного, неожиданного не будет во всем механизме общественного производства, и для мистических объяснений и суеверий не будет никакой почвы. Как для столяра, который сам сработал стол, ясно, откуда этот стол появился, и не требуется искать на небе его создателя, так и для всех трудящихся коммунистического общества будет ясно, что и как они создают своими коллективными усилиями.

Поэтому же самый факт организации и укрепления социалистического строя наносит религии непоправимый удар. Переход же от социализма к коммунизму, т. е. от общества, которое добивает капитализм, к обществу, вполне свободному от всяких следов классового деления и классовой борьбы, приведет к естественной смерти всякую религию и всякое суеверие.

Но все это отнюдь не значит, что мы можем успокоиться, предсказав гибель религии в б у д у щ е м.

С религиозными предрассудками серьезнейшая борьба должна вестись особенно сильно именно теперь, когда церковь выступает в качестве контрреволюционной организации, стремящейся использовать свое религиозное влияние на массы для вовлечения этих масс в политическую борьбу с диктатурой пролетариата. Православная вера, защищаемая попами, тянет на союз с монархией. Поэтому уже теперь Советской власти необходимо развить самую широкую антирелигиозную пропаганду. Это достигается как чтением специальных лекций, устройством диспутов и изданием соответствующей литературы, так и общим распространением научных знаний, которые исподволь, медленно, но верно подрывают всякий авторитет религии. Хорошим орудием в борьбе с церковью оказалось недавно произведенное во многих пунктах республики вскрытие «нетленных» мощей, обнаружившее перед самыми широкими и притом верующими массами весь тот низкий обман, на котором покоится всякая религия вообще, а русское православие в частности.

Но борьба с религиозной отсталостью масс должна вестись не только со всей энергией и настойчивостью, но и с должным терпением и осторожностью. Верующая масса является очень чуткой ко всякому оскорблению ее чувств, и насильственное внедрение атеизма в массы, соединенное с насилиями и издевательствами над религиозными обрядами и предметами культа, не ускоряет, а задерживает борьбу с религией. Церковь, в качестве гонимой, начинает пользоваться еще бо́льшим сочувствием масс и пробуждает в них уже давно забытые связи между религией и защитой национальной свободы, усиливает антисемитизм и вообще мобилизует все пережитки уже наполовину отмершей идеологии.

Приведем некоторые цифры, указывающие, как царское правительство поддерживало за народные деньги церковь, как эту же церковь поддерживал и сам народ, опустошая свои тощие карманы, и какие богатства скопились у служителей Христа.

Ежегодно в среднем царское правительство отпускало церкви через Синод и другими путями до 50 миллионов рублей (т. е. в сто раз больше на нынешний рубль). У Синода хранилось в банках до 70 миллионов, церкви и монастыри имели большие площади земель. В 1905 году у церквей было 1 872 000 десятин, у монастырей — 740 000 десятин. Шесть богатейших монастырей имели 182 000 десятин. Соловецкий монастырь имел 66 000 десятин. Саровская пустынь — 26 000. Александро-Невская лавра — 25 000 и т. д. В Петербурге в 1903 году церквам и монастырям принадлежало 266 доходных владений в виде домов, лавок, земель под постройками и т. д.

В Москве было 1 054 доходных дома, не считая 32 гостиниц. В Киеве церквам принадлежало 114 домов. А вот еще евангельские доходы митрополитов и архиепископов. Петроградский митрополит получал 300 000 рублей в год, московский и киевский — по 100 000 руб., новгородский архиепископ — 310 000 рублей.

Церковных школ насчитывалось до 30 000, учащихся в них — до 1 миллиона. В низших школах министерства просвещения «работало» свыше 20 000 законоучителей.

Как известно, царское самодержавие поддерживало православную церковь, как господствующую, как единственно истинную. Десятки миллионов рублей собирались в виде налогов с мусульман (татары, башкиры), католиков (поляки), евреев, и на эти деньги православное духовенство доказывало ложность всякой иной веры, кроме православной. Религиозное угнетение при царизме достигало самых диких размеров. А между тем по религиям население России распадалось так: на каждые 100 человек — католиков 9, магометан 11, протестантов 5, иудеев 4, прочих 1.

Что же касается армии самого православного духовенства, то она достигала в 1909 году следующих размеров.

При 52 869 церквах России состояло:
    протоиереев 2 912
    священников 46 730
    диаконов 14 670
    псаломщиков 43 518
При 455 монастырях мужск.:
    монахов 9 987
    послушников 9 582
При 418 монастырях женских:
    монахинь 14 008
    послушниц 46 811

Итого белого и черного духовенства в России 188 218.

Это число одного лишь православного духовенства. Но этот паразитический слой имеется у всех народов, исповедующих другие религии. Вся эта масса, вместо того, чтобы получать огромные деньги от населения за поддержание народного невежества, могла бы, наоборот, создавать огромное количество ценностей физическим трудом. Социалистическое государство с усовершенствованием своего хозяйственного аппарата проведет трудовую повинность для духовенства и других непроизводительных классов, обратив их в рабочих или крестьян.

Из государственных средств, отпускавшихся церкви при царе, более 12 000 000 в год шло городскому и сельскому духовенству (понятно, почему духовные отцы против отделения церкви от государства, что равносильно отделению от их кармана десятков миллионов рублей). Но это — лишь часть доходов духовенства; гораздо бо́льшая часть этих доходов получалась от плат за требы, от аренды земель, от процентов с церковных капиталов. Точной цифры доходов духовенства не удавалось установить в России никому. Приблизительно годовой доход духовенства исчислялся до 150 000 000 рублей, т. е. на наши теперешние деньги в 100 раз больше. Огромную часть этих доходов духовенство продолжает получать с народа и по сие время.

ЛИТЕРАТУРА

Кильчевский: «Богатства и доходы духовенства»; Н. М. Лукин (И. Антонов): «Церковь и государство»; Мельгунов: «Церковь и государство в переходное время»; С. Минин: «Религия и коммунизм»; И. Степанов: «Происхождение нашего Бога»; И. Степанов: «Духовенство, его доходы, его молитвы и проклятья»; Г. Кунов: «Происхождение религии и веры в Бога»; К. Каутский: «Происхождение первобытной библейской истории»; К. Каутский: «Античный мир, иудейство и христианство»; К. Каутский: «Католическая церковь и социал-демократия»; А. Бебель: «Христианство и социализм»; Штаммлер и Вандервельде: «Социал-демократия и религия»; Лафарг: «Происхождение религиозных верований»; С. Данилов: «Черное воинство»; Р. Кильвер: «Социал-демократия и христианство»; И. Бухарин: «Церковь и школа в Советской республике»; Я. Буров: «Что означает закон о свободе совести»; П. Лафарг: «Миф о непорочном зачатии»; Никольский: «Иисус и первые христианские общины»; Виппер: «Возникновение христианства»; Покровский: «Русская история» (статья Никольского); Д. Бедный: «Отцы духовные».

Глава XII

ОРГАНИЗАЦИЯ ПРОМЫШЛЕННОСТИ

§ 93. Экспроприация буржуазии и пролетарская национализация крупной промышленности. § 94. Наша цель — развитие производительных сил. § 95. Планомерная организация хозяйства. § 96. Расширение экономич. сотрудничества с другими странами. § 97. Организация мелкой промышленности, ремесла и кустарничества. § 98. Организация промышленности и профессиональные союзы. § 99. Использование рабочей силы. § 100. Товарищеская трудовая дисциплина. § 101. Использование буржуазных специалистов. § 102. Слияние производства с наукой

§ 93. Экспроприация буржуазии и пролетарская национализация крупной промышленности

Первейшей задачей пролетариата и Советской власти как органа пролетарской диктатуры было отнять у буржуазии средства производства, или, как говорят, экспроприировать буржуазию. Само собой разумеется, что речь шла не об экспроприации мелкого производства и не об экспроприации ремесла, а о том, чтобы отнять средства производства у крупной буржуазии и поставить крупную промышленность на новые рельсы, организовать ее по-новому. В какой форме могла Советская власть сделать это? Мы уже говорили в первой части, что пролетариат нуждается не в дележке фабрик и заводов и не в разграблении их, а в организации общественного товарищеского производства. Понятно, что в эпоху пролетарской диктатуры это возможно сделать только одним путем: только путем пролетарской национализации, т. е. передачи всех средств производства и обращения в руки пролетарского государства, самой большой и самой крупной организации рабочего класса.

Нельзя никоим образом смешивать национализацию производства при господстве буржуазии и при господстве пролетариата. Национализация — это значит: переход в руки государства. Но ничего не понимает

101

в сути дела тот, кто говорит только и исключительно о государстве и не спрашивает, о государстве к а к о г о к л а с с а идет речь. Когда господствующим классом является буржуазия и когда эта буржуазия национализирует свои тресты и синдикаты, никакой экспроприации буржуазии вовсе и не происходит. Здесь буржуазия просто перекладывает свое добро из одного своего кармана в другой. Она передает все с в о е м у, хозяйскому государству. Эксплуататором рабочего класса является по-прежнему она, буржуазия. Рабочий класс по-прежнему работает не на себя, а на своего классового врага. Такая национализация есть буржуазная национализация. Она производит на свет Божий порядок, о котором мы говорили в первой части книги, а именно г о с у д а р с т в е н н ы й к а п и т а л и з м. Совсем другой коленкор получается, когда происходит национализация при господстве п р о л е т а р с к о й власти. Тогда фабрики, заводы, средства транспорта и проч. переходят к пролетарской власти, то есть к организации не хозяев, а рабочих. Здесь поэтому совершается в действительности э к с п р о п р и а ц и я б у р ж у а з и и: она действительно лишается основы своего богатства, своего господства, своей силы и своей власти. А вместе с тем уничтожаются и основы эксплуатации. Пролетарское государство не может эксплуатировать пролетариат, потому что это есть организация того же самого пролетариата. Человек не может ездить верхом на самом себе. Точно так же пролетариат не может эксплуатировать самого себя. При государственном капитализме буржуазия нисколько не теряла от того, что частные предприниматели переставали существовать отдельно, а начали с о о б щ а грабить публику. При пролетарской национализации рабочие отдельных заводов и фабрик точно так же нисколько не теряют от того, что они не являются самостоятельными хозяевами на своей фабрике, а что все фабрики принадлежат в с е м у рабочему классу целиком, самой к р у п н о й рабочей организации, имя которой — Советское Государство...

Законченная в основном, экспроприация буржуазии должна быть доведена до конца. Такова первая задача, которую должна выполнить наша партия. При этом нужно помнить, что мы не э к с п р о п р и и р у е м м е л- к о й с о б с т в е н н о с т и. Ее «национализация» абсолютно недопустима, во-первых, потому, что мы бы сами не могли организовать раздробленное мелкое производство, а во-вторых, потому, что коммунистическая партия не хочет и не должна обижать многомиллионных мелких хозяйчиков. Их переход к социализму должен будет совершаться добровольно, ими самими, а не путем их насильственной экспроприации. В особенности это нужно помнить в районах с мелким производством.

Итак, довести национализацию до конца — это первое наше требование к самим себе.

§ 94. Наша цель — развитие производительных сил

В основу всей нашей политики должно быть положено всемерное развитие производительных сил. Разруха так велика, послевоенный голод на все продукты настолько чувствителен, что этой задаче должно быть подчинено все. Больше продукта! Больше сапог, кос, бочек, тканей, соли, платья, хлеба и т. д. — вот что является основным. Как это можно сделать? Только увеличением производительных сил страны, поднятием производства. Никакого другого выхода нет. Тут перед нами одно громаднейшее затруднение: это наскок на нас со стороны мировой контрреволюции, который заставляет нас отбиваться, который отнимает у нас и живую рабочую силу, и средства. Отвоевать нефть и уголь у помещиков и капиталистов — раз. Правильно поставить дело производства — два. Это нам нужно до зарезу. Пока рабочий класс не был хозяином всей страны, не его была забота. Теперь рабочий класс стоит у власти. Он — хозяин всего. Он отвечает за судьбу страны, и на его плечах лежит сейчас вся тяжесть задачи: вывести Советскую республику из трясины голода, холода и разрухи. До того, как рабочий класс стал у власти, его главная задача состояла в том, чтобы разрушить старый порядок. Теперь его главная задача в том, чтобы построить новый. Раньше буржуазия должна была организовывать производство, теперь — сам пролетариат. И понятно, что в дни величайшей разрухи все помыслы пролетариата в этой области должны сосредоточиться на том, чтобы организовать промышленность и поднять производство. Поднять производство — это значит увеличить успешность труда, производить больше продуктов, лучше делать работу во всех учреждениях, получать за день больший результат. Теперь прошло время хороших фраз — настало время трудного дела. Наша задача не в том теперь, чтобы завоевывать в Москве или в Питере какие-либо права: рабочий класс держит их в своих руках и обороняет их на фронте. Наша задача в том, чтобы увеличить число гвоздей, железных подков, плугов, замков, машин, шинелей. Вот что нужно теперь, чтобы не помереть с голоду после военной разрухи, чтобы одеться, чтобы оправиться с силами, чтобы пойти быстрее по пути строительства новой жизни.

Вопрос о поднятии производства сводится к таким вопросам: о том, как увеличить количество средств производства (машин, угля, сырья) и рабочих сил; о том, как правильно организовать производство (какой нужен план всего хозяйства, как нужно связать одно производство с другим, какое нужно создать управление производством, как экономнее и лучше распределить запасы сырья, как правильно распределить рабочие руки и т. д.); о том, как добиться лучшей работы, поскольку она зависит от самих работающих (вопрос о трудовой товарищеской дисциплине, о борьбе с неряшливостью, небрежностью, разгильдяйством и т. д.); наконец, вопрос о применении к производству науки и о работе специалистов.

Все эти вопросы огромной важности. И мы теперь должны их практически, на деле, решать. И решать их не на одной фабрике и не для одной фабрики, а для целой огромной страны, где рабочего класса и полупролетариев — миллионы.

Понятно, что мы должны подходить здесь с одной точки зрения, танцевать от одной печки — поднятие производительных сил целой страны, которая строит свое хозяйство на новых основах коммунистического труда.

Наши противники — эсеры, меньшевики, буржуа и т. д.— возражают нам, что мы — вовсе не марксисты, что наш коммунизм — это потребительный коммунизм, коммунизм дележки. Большевики, мол, снимают с буржуазии шубы, выселяют буржуазию из домов, делят предметы потребления, а не организуют производство. Эти возражения никуда не годятся. Производительные силы человеческого общества состоят из средств производства и из работников, из живых людей. Рабочий класс — это основная производительная сила. Когда разрушаются машины, орудия и т. д., это еще полбеды, потому что опытные работники могут с трудом, но восстановить все. Другое дело, когда разрушается эта живая производительная сила, когда рабочие разъезжаются по деревням, когда от холода и голода они покидают города, когда рабочий класс распадается. Тогда его нужно сохранить во что бы то ни стало. Организованная экспроприация средств потребления есть здесь условие сохранения рабочей силы. Потребительный коммунизм есть здесь условие для нашей настоящей цели, организации производства. Буржуазия всюду хочет возложить все издержки войны, все бедствия, которые возникли из-за нее, холод, голод и т. д. на пролетариат. Пролетариат же обязан ради своего будущего взвалить тяготы послевоенного времени на буржуазию. Но основная наша линия—это, конечно, организация производства и развитие производительных сил.

§ 95. Планомерная организация хозяйства

Эпоха разложения капитализма оставила пролетариату в наследие не только чрезвычайно малое количество производительных сил, но и полную неразбериху. Россия распалась на отдельные районы, связь разных местностей друг с другом разорвалась, сообщение между разными районами страшно затруднилось. Под влиянием революции фабриканты выпустили бразды правления из своих рук, и первоначально кое-где фабрики просто были без хозяина. Потом начался беспорядочный захват рабочими предприятий: рабочие уже не могли более ждать, и эта «национализация» на местах началась даже несколько ранее октябрьской революции. Понятно всякому, что это была в сущности не национализация, а простой неорганизованный захват предприятий теми рабочими, которые на этих предприятиях работали; этот захват лишь потом превращался в национализацию. Но и после октябрьского переворота национализация вначале шла очень беспорядочно. Нужно было, само собой разумеется, национализировать в первую голову самые крупные и хорошо оборудованные предприятия; но это не всегда удавалось. Часто национализировали такие предприятия, которые бросил хозяин и которые нельзя было оставлять без призора. Но часто национализировали и такие, хозяева которых особенно резко выступали против рабочих. Разумеется, что таких хозяев во время гражданской войны было весьма много; понятно также, что среди этих предприятий бывали и очень плохие, никудышные. В особенности много было их среди раздутых за время войны заводов, работавших на «оборону», наскоро сколоченных и во время революции быстро лопавшихся. Все это создавало на первых порах еще бо́льшую неразбериху.

В первое время Советская власть и ее органы не

имели даже учета того, что есть: не было ни учета предприятий, ни учета запасов сырья, топлива, товаров, ни учета производственных возможностей, то есть того, сколько национализируемые предприятия могли бы произвести. Буржуазия умирала, но она не оставляла подробного духовного завещания пролетариату. Он «наследовал» у нее ее богатства, отбирая их в ожесточенной гражданской войне. И понятно, что на первых порах не было и речи о том, чтобы имелся общий хозяйственный план. Старая, к а п и т а л и с т и ч е с к а я, организация расползалась, новая, с о ц и а л и с т и ч е с к а я, еще не налаживалась.

А между тем одной из о с н о в н ы х задач Советской власти являлась и является задача объединения в с е й х о з я й с т в е н н о й д е я т е л ь н о с т и п о о д н о м у о б щ е г о с у д а р с т в е н н о м у п л а н у. Только при этом условии можно хотя бы поддерживать на одном уровне производительные страны, чтобы затем пустить их вперед. Мы уже знаем из первой части книги, что коммунистический строй тем и хорош, что он устраняет безалаберщину, «анархию», капиталистического. Ф у н д а м е н т коммунистического строя нужно закладывать именно здесь. Конечно, смешно думать, что в короткий срок, при голоде, холоде, отсутствии необходимого топлива и сырья, можно б ы с т р о добиться прочных и хороших результатов. Но ведь и на фундаменте дома люди не живут, пока дома не достроят до конца и не снимут лесов; а фундамент-то закладывать нужно. Точно так же обстоит дело и со строительством коммунистического общества. Закладка его фундамента — это организация промышленности и, в первую голову, ее объединение по общегосударственному плану.

Выполнение этой задачи на практике началось с у ч е т а, то есть с выяснения того, что имеется в распоряжении пролетарской власти: количества запасов, количества предприятий и т. д.; мало-помалу создавалась связь между прежде отдельными предприятиями; выросли центральные о р г а н ы с н а б ж е н и я (сырьем, топливом, необходимыми вспомогательными материалами); была создана сеть органов местного и ц е н т р а л ь н о г о у п р а в л е н и я п р о м ы ш л е н н о с т ь ю, которые уже смогли и вырабатывать общий план, и проводить этот план по всей стране.

А п п а р а т у п р а в л е н и я промышленностью в общем, если мы будем смотреть снизу вверх, построен таким образом. Во главе каждого завода стоит р а б о - ч е е з а в о д о у п р а в л е н и е; обыкновенно оно состоит на $^2/_3$ из рабочих, членов соответствующего профессионального союза, и на $^1/_3$ — из инженеров, которые определяются туда с согласия центрального комитета этого рабочего союза; для некоторых не особенно крупных отраслей существуют р а й о н н ы е у п р а в - л е н и я, состоящие в связи с м е с т н ы м и с о в е т а м и н а р о д н о г о х о з я й с т в а, которые, в свою очередь, состоят в связи с местными советами рабочих депутатов; более крупные непосредственно подчинены так называемым «главкам» и «центрам». Эти «главки» и «центры» представляют из себя о б ъ е д и н е н и я ц е - л ы х о т р а с л е й п р о и з в о д с т в а: напр., Центротекстиль ведает всей текстильной промышленностью, Главгвоздь — производством гвоздей, Главуголь — производством угля (см. их список в первом параграфе этой главы, мелкий шрифт). То, что при государственном капитализме были государственные тресты отдельных отраслей, то у нас — «главки» и «центры». Состав этих «главков» и «центров» определяется президиумом Высшего Совета Народного Хозяйства (о нем будет ниже) и центральным комитетом соответствующего профессионального союза; если здесь бывают разногласия, тогда выступает вместо этого союза Всеросс. Центр. Совет Профессиональных Союзов, который и определяет вместе с президиумом Высовнархоза состав такого «главка». М е с т н ы е с о в е т ы н а р о д н о г о х о з я й с т в а обыкновенно организуют менее крупные предприятия.

«Главки» и «центры», в свою очередь, объединены п о г р у п п а м р о д с т в е н н ы х о т р а с л е й. Напр., существует такое объединение «главков»: Гомза (Госуд. Машиностроительные Заводы), Центромедь, Главзолото, Главгвоздь и т. д...

Само собой разумеется, что эта работа по упорядочению и по организации хозяйства крайне далека от совершенства. Во многих учреждениях царит безалаберщина и путаница. Слаженности аппарата еще далеко нет. Н о к о с т я к этого аппарата уже создан. Нашей задачей является двигать вперед эту работу по всем направлениям: и в смысле объединения всей хозяйственной деятельности страны, и в смысле общего плана хозяйствования, наибольшей централизации.

§ 97. Организация мелкой промышленности, ремесла и кустарничества

Мы видели, что одна из основных трудностей коммунистического строительства в России заключается в том, что Россия — в о б щ е м страна мелкого хозяйства, как и все неразвитые, отсталые страны.

Перед пролетарской властью стоит вопрос: каким образом включить эту массу мелких производителей в общую систему строящегося социалистического хозяйства?

Прежде всего ясно, что здесь недопустима никакая насильственная экспроприация. Мелкого производителя нельзя гнать дубинкой в царство социализма. Но нужно сделать все возможное, чтобы облегчить ему этот переход и понимание необходимости и выгодности такого перехода. Этого можно достигнуть, если поставить кустаря в определенные условия. Какие? И каким путем?

Во-первых, путем в к л ю ч е н и я к у с т а р н о й п р о м ы ш л е н н о с т и в о б щ е г о с у д а р с т в е н н ы й п л а н с н а б ж е н и я с ы р ь е м и т о п л и в о м. В самом деле, если кустарь получает необходимейшие для производства вещи (сырье и топливо) от государственной организации пролетариата, то он становится от нее в зависимость. Раньше, при капитализме, сырье часто давал кустарю скупщик или фабрикант. Кустарь становился в зависимость от него. Но само собой понятно, что этот скупщик или фабрикант «снабжал» кустаря с целью э к с п л у а т а ц и и. Кустарь являлся не чем иным, как домашним рабочим, работающим на капиталиста. Совсем другое дело, когда кустарь становится в зависимость от п р о л е т а р с к о г о г о с у д а р с т в а. Пролетарское, рабочее государство не хочет, не будет и не может эксплуатировать кустаря. Оно хочет лишь помочь ему организоваться вместе со всеми остальными рабочими. Оно не будет из кустаря выколачивать прибыль (оно ни из кого не выколачивает прибыли), а будет стараться вовлечь кустаря и его организации в общую трудовую организацию промышленности. Кустарь, зависимый от фабриканта и скупщика, работает на фабриканта и скупщика. Он — их рабочий скот. Кустарь, зависимый от пролетарского государства, есть общественный работник. Итак, во-первых, необходимо включение кустарей в общий план снабжения.

Во-вторых, необходима финансовая государственная поддержка кустарей. Раньше, при капитализме, в денежном отношении поддерживал кустаря тот же скупщик-ростовщик. Но он поддерживал кустаря так, как веревка поддерживает повешенного. Он закабалял его самым варварским образом, чтобы, как паук, пить у него золотой сок. Пролетарское государство может помогать ему деньгами, выдавая их вперед за государственные заказы, без удержания каких-либо процентов, а тем более без какого бы то ни было ростовщичества.

В-третьих. Само собой разумеется, что пролетарское государство должно централизованным путем давать заказы кустарям. Снабжая кустарей сырыми материалами, топливом, вспомогательными веществами, а по возможности и орудиями, государственная власть пролетариата дает им заказы по определенному плану и таким образом включает постепенно и кустарей в общий производственный план страны.

Таким образом кустари мало-помалу втягиваются в общее строящееся на социалистических началах производство не только потому, что их снабжают продуктами общественного производства, но и потому, что они работают непосредственно на пролетарское государство, и притом по тому плану, какой укажут органы пролетарского государства.

В-четвертых, необходимо вышеуказанным образом поддерживать кустарей под условием их объединения и отдавать предпочтение тем кустарям, которые объединяются и организуются в артели, трудовые товарищества, производительные кооперативы, а также — что еще более важно — которые объединяют и эти организации, переходя от частного мелкого к товарищескому крупному производству.

У каждого мелкого хозяйчика, и в том числе у кустаря, в глубине души копошится желание стать более крупным хозяйчиком, «поправиться», а затем открыть уже настоящее «заведение» с наемными рабочими и т. д. Когда при капитализме росли артели или товарищества, или кооперативы, то наиболее сильные из них «вырождались», действительно, в капиталистические предприятия. Другое дело—в период пролетарской диктатуры. Здесь капитализму хода нет. Зато здесь государственная власть рабочих, которая организует всевозможные объединения и держит в своих руках финансовые средства, а главное—средства производства. Раньше было нелепо думать, что артели могут подвинуть нас к социализму: они, развиваясь, неизменно превращались в капиталистические товарищества. Теперь, когда мы имеем возможность втягивать их в рабочую общегосударственную организацию, все эти объединения могут помочь в деле строительства социализма. Не потому, чтобы сами кустари горели желанием иметь коммунизм (у них много, как у всех мелких хозяйчиков, п р е д р а с с у д к о в против коммунизма), а потому, что теперь новые условия такие, что прежние пути заказаны: их нет.

Поощряя объединения кустарей, мы будем тем самым способствовать их безболезненному превращению в работников крупного объединенного, организованного, «машинизированного» общественного производства...

§ 98. Организация промышленности и профессиональные союзы

Аппаратом, который в наибольшей степени был бы приспособлен к новым задачам по организации и управлению промышленностью, оказались в России п р о ф е с с и о н а л ь н ы е   р а б о ч и е   с о ю з ы. В капиталистическом строе профессиональные союзы, объединявшие рабочих сперва по профессиям (иногда даже по цехам), а потом по отдельным отраслям производства, были с р е д с т в о м   б о р ь б ы   с   к а п и т а л и с т а м и, в первую очередь, средством экономической борьбы. В бурное время они, вместе с партией рабочего класса, большевиками, руководили общим наступлением на капитал. Партия, союзы, советы действовали дружно против капиталистического строя. После завоевания политической власти, естественно, должна была измениться и роль профессиональных союзов. Раньше они, например, проводили стачки против капиталистов. Теперь капиталистов не стало, как господствующего класса, как хозяев, как предпринимателей. Раньше у профессиональных союзов была одна главная роль: разрушить тот строй, который господствовал на фабрике. После октября 1917 года, естественно, наступило время н а л а д и т ь новый порядок.

О р г а н и з а ц и я п р о и з в о д с т в а — вот основная задача профессиональных союзов в эпоху пролетарской диктатуры. Союзы за время своего существования успели сплотить громадные массы пролетариата. Они были самыми крупными и в то же время непосредственно связанными с производством пролетарскими организациями. В России они, кроме того, к моменту революции стояли целиком на точке зрения пролетарской диктатуры. Немудрено, что как раз к этим организациям и должно было перейти в действительности дело управления промышленностью, в том числе и важнейшей производительной силой — рабочей силой.

В каком отношении должны были оказаться профессиональные союзы по отношению к государственной власти пролетариата?

Вспомните, что делала буржуазия, чтобы достигнуть самого большого успеха. Она строила государственный капитализм, подтягивая к государственной власти все остальные свои организации и в первую голову экономические (синдикаты, тресты, «союзы работодателей»). Пролетариат, который должен довести свою войну п р о т и в к а п и т а л а до успешного конца, должен точно так же ц е н т р а л и з о в а т ь с в о и о р г а н и з а ц и и. У него есть советы рабочих депутатов — органы государственной власти; у него есть профессиональные союзы; у него есть кооперативы. Ясно, что они должны быть связаны и притянуты друг к другу так, чтобы работа их была слажена. Возникает вопрос: к к а к о й же организации должны быть подтянуты остальные? Ответ нетруден. Нужно выбрать самую крупную, самую могущественную. А такой организацией является государственная организация рабочего класса, т.е. С о в е т с к а я в л а с т ь. Значит, и профессиональные союзы, и кооперативы должны развиваться по пути к п р е в р а щ е н и ю и х в э к о н о м и ч е с к и е о т д е л ы и о р г а н ы г о с у д а р с т в е н н о й в л а с т и, т.е. п о п у т и с в о е г о «о г о с у д а р с т в л е н и я».

Соглашательские партии, все время забывавшие о классовой борьбе, по отношению к профессиональным союзам в эпоху пролетарской диктатуры занимают точку зрения так называемой «независимости» профессионального движения. Союзы, — говорят эти госпо-

да,—суть к л а с с о в ы е организации и поэтому они должны быть независимы от государственной власти.

Нетрудно разглядеть т о т о б м а н, который скрывается на
этот раз под маской якобы «классовой» точки зрения. Нельзя про-
тивопоставлять «государство» «классовым организациям», ибо
и государство есть т о ж е классовая организация. Когда меньшевики
и проч. протестуют против связи с р а б о ч и м государством, они тем
самым выражают свою неприязнь именно к р а б о ч е м у государству, они стоят на стороне буржуазии. И как раз они же стоят за зависимость от б у р ж у а з н о г о государства.

Что они говорят о «казенных» союзах. Но теперь казна есть р а-
б о ч а я казна. Меньшевикам же хотелось бы, чтобы казна была всегда у буржуазии. Н е з а в и с и м о с т ь о т р а б о ч е й в л а с т и е с т ь
ф а к т и ч е с к а я з а в и с и м о с т ь о т б у р ж у а з и и.

Новые задачи, ставшие перед профессиональными
союзами, потребовали особенно быстрого превращения этих союзов в большие п р о и з в о д с т в е н н ы е
с о ю з ы. Ведь ясно, что если на плечах профессиональных союзов лежит задача организации п р о и з в о д-
с т в а, то рабочие и должны объединяться по предприятиям и производствам, а не по цехам и ремеслам;
другими словами, для новых задач необходима такая
организация профессиональных союзов, к о г д а в с е
р а б о ч и е и с л у ж а щ и е в п р е д п р и я т и и о б ъ-
е д и н е н ы в о д и н с о ю з и к о г д а в к а ж д о м
п р е д п р и я т и и т о л ь к о э т о т с о ю з и с у щ е-
с т в у е т...

По законам Советской Республики и по установив-
шейся практике профессиональные (производственные)
союзы являются участниками всех местных и центральных органов управления промышленностью. Это значит, что и в комиссариатах, и в советах народного хозяйства, и в Высшем Совете Народного Хозяйства, и
в главках и центрах, и в рабочих заводоуправлениях,—
словом, повсюду профессиональные союзы играют
значительную, даже решающую роль.

Однако это овладевание производством со стороны
профессиональных союзов далеко еще не закончено.
Есть много отраслей народного хозяйства, где рабочие
еще не стали, как следует, у руля. В особенности это нужно сказать о «главках» и «центрах», где часто сияют
бесконтрольно действующие буржуазные специалисты,
которые не прочь построить по своим планам организации хозяйства, надеясь на приход «старого, дорогого
времени», когда они смогут быстро превратить главки
в капиталистические тресты. Чтобы воспрепятствовать

этому, необходима все бо́льшая и бо́льшая доля участия профессиональных союзов в деле управления промышленностью, вплоть до того, пока все народное хозяйство, как единое целое, не очутится фактически в руках производственных союзов снизу доверху.

Из низших органов управления промышленностью следует отметить особенно деятельность фабрично-заводских комитетов. Они фактически являются ячейками профессиональных союзов, подчиненных правлению соответствующего союза. Избираемые рабочими данной фабрики или завода, эти ф.-з. комитеты заведуют распорядком внутри предприятия, поскольку он касается рабочей силы. Фабр.-зав. комитеты, следовательно, заведуют «наймом» и увольнением, следят за обеспечением семей и за выплатой жалованья, за нормой выработки, дисциплиной и пр. Они являются, кроме того, прекрасной первоначальной школой управления для широкой рабочей массы.

Таким образом, профессиональные (производственные) союзы должны обеспечивать теснейшую связь между центральными органами государственного управления, народным хозяйством и широкими массами трудящихся.

Вводить эти массы во все большем размере в работу по управлению хозяйственной жизнью — это первейшая и неотложнейшая задача производственных союзов. Опираясь на фабрично-заводские комитеты, объединяя почти всех трудящихся, производственные союзы должны поставлять все новых и новых работников по организации производства. Этому служит и обучение делу управления на непосредственной практике (в ф.-з. комитетах, в правлениях заводов, в совнархозах, главках и т. д.) и специальная просветительная работа, развиваемая союзами (инструкторские курсы и проч.).

Вовлечение широкой массы в дело строительства является также и лучшим средством борьбы с бюрократизмом в хозяйственном аппарате Советской власти. Этот бюрократизм иногда достигает громаднейших размеров, в особенности там, где мало рабочих, но много «советских служащих». Лишняя бумажная волокита, канцелярщина, грубость, неряшливость, саботаж — этого очень много в хозяйственных организациях. Изгнать это можно только, поднимая низы рабочих. И только таким образом можно поставить действительно народный контроль над работой во всех наших хозяйственных учреждениях.

§ 99. Использование рабочей силы

Чрезвычайно важное значение для всего нашего будущего имеет правильное использование имеющейся у нас в наличности рабочей силы. Когда средства производства сношены, а сырья крайне мало, то рабочая сила есть основа всего производства, и от умелого ее применения зависит все. Тут перед нами выступают такие примерно задачи: и с п о л ь з о в а т ь в с е силы; другими словами, использовать все трудоспособные элементы, найти для них работу, з а н я т ь их. Нужно помнить: в наше голодное время каждый едок, не производящий никакой полезной работы, есть прямой балласт для общества. Таких великое множество. А между тем есть масса работ, которые могут производиться без особо сложных средств производства: таковы, напр., работы по охране чистоты городов, по починке мостовых, шоссе, железных дорог, по расчистке путей, по укреплению отдельных мест, по чистке казарм и разного рода помещений; есть и ряд работ в области добычи сырья или топлива: рубка дров и их перевозка, добыча торфа и т. д. Правда, затруднений тут великое множество: могут быть люди и топоры, но нечем этих людей кормить,—и рубка дров останавливается и т. д. Но тем не менее ясно, что только при и с п о л ь з о в а н и и ж и в о й р а б о ч е й с и л ы м ы сможем выехать из тяжелой полосы.

В связи с этим стоит и вопрос о проведении поголовных м о б и л и з а ц и й для выполнения тех или других общественных работ. Во время спешных работ по укреплению прекрасно используют рабочие силы масс, которые обычно пропадают. Это дело нужно поставить систематически. Всеобщая трудовая повинность числится в конституции РСФСР, а тем не менее в жизни она чрезвычайно далека от своего осуществления. Таков первый вопрос: п р и м е н е н и е в с е й с у м м ы р а б о ч и х с и л р е с п у б л и к и т р у д а.

Второй вопрос—это вопрос о р а с п р е д е л е н и и и п е р е р а с п р е д е л е н и и р а б о ч и х с и л. Совершенно ясно, что производительность труда будет зависеть от того, насколько целесообразно распределены эти силы между разными р а й о н а м и и между разными о т р а с л я м и р а б о т ы.

Это распределение рабочих сил и их переброска требует громадной работы по учету рабочих сил, если ставить ее действительно правильно и планомерно: не подсчитав, сколько у тебя есть средств, нельзя эти средства правильно распределять. Эту задачу Советская власть может решить только при участии и через профессиональные союзы.

§ 100. Товарищеская трудовая дисциплина

Состояние производительных сил страны определяется не только тем, сколько в ней есть машин, орудий, сырья и т. д., но и рабочими силами страны. Теперь же, когда средств производства чрезвычайно мало, состояние рабочей силы и живой труд приобретают прямо первостепенное значение.

Капиталистический способ производства держал рабочий класс в узде, заставляя работать на хозяина и принуждая его к этому палочной дисциплиной.

Революция подорвала и разрушила эту дисциплину капиталистического труда до конца, так же как в армии она разрушила империалистскую дисциплину и уничтожила повиновение солдат царским генералом. Но понятно, что без новой дисциплины невозможно и мечтать о коммунистическом строительстве. И тут полное сходство с армией. Старую армию мы разрушили. Некоторое время была «анархия», беспорядок, ничего не было. Но мы построили новую армию, на новых началах, для новых целей,— армию, которая находится в руках пролетариата и сражается против тех помещиков и капиталистов, которые распоряжались старой армией.

То же происходит и с «великой армией труда», с рабочим классом. Время разложения старой дисциплины прошло. Начинает налаживаться новая, товарищеская трудовая дисциплина, проводимая и поддерживаемая не хозяином и не капиталистической плетью, а самими рабочими организациями: фабрично-заводскими комитетами и профессиональными союзами.

При организации производства нужно иметь в виду и организацию труда на фабрике.

Поэтому товарищеская дисциплина труда есть одно из самых важных средств организации общего производства и подъема производительных сил.

Товарищеская дисциплина должна сопровождаться

величайшей самодеятельностью рабочего класса. Это не значит, что рабочие должны ждать приказов сверху и никогда не проявлять инициативы и почина; наоборот, всякое улучшение в производстве, всякое изобретение новых способов организации труда и т. д. должно прокладывать себе дорогу. Часто отсталые слои рабочих не видят путей, по которым нужно направить эту работу. А между тем такие пути есть. Рабочие объединены в союзы, и эти союзы правят производством; у рабочих на глазах каждый день и фабрично-заводской комитет, и рабочее заводоуправление. Все, что угодно, можно провести снизу вверх через рабочие организации, если только быть немножко более подвижным, не робеть, а чувствовать, что рабочий класс теперь — хозяин жизни.

Трудовая дисциплина должна опираться на чувство и сознание ответственности и каждого работающего перед своим классом, на сознание того, что небрежность и расхлябанность есть преступление по отношению к общему делу всех рабочих. Капиталистов у нас теперь нет, как правящей касты. Рабочие работают сейчас не на капиталиста, не на ростовщика, не на банкира, а на самих себя. Они делают свое собственное дело; они строят здание, которое принадлежит трудящимся. Раньше, при господстве капиталистов, не наша задача была думать о том, как лучше набивать их мошну. Сейчас — другое дело. И вот это сознание ответственности перед всем рабочим классом должно жить в душе каждого рабочего.

Трудовая дисциплина должна, наконец, опираться на строжайший взаимный контроль. Зная, что понижение производительности труда — гибель для всего рабочего дела, что без движения вперед мы умрем, все товарищи должны хозяйским глазом смотреть за общим делом высасывания из природы животворящей энергии. Ведь труд — это тоже борьба, борьба с природой. Нам эту природу нужно победить, переработать ее куски в платье, одежду, топливо, хлеб. И как на фронте борьбы с классовым врагом — капиталистом, помещиком, генералом — мы верим в наши успехи, следим за теми, кто бежит, изменяет, предает, точно так же мы должны взаимно контролировать друг друга. Тот изменяет рабочему делу, кто сейчас не помогает вывезти из трясины нашу рабочую телегу, тот штрейкбрехер рабочего дела.

Разумеется, дело создания новой дисциплины труда требует упорной работы по перевоспитанию масс. Ведь рабская психология, рабские привычки сидят еще в очень многих. Как и в армии: царь гнал — шли; а свое дело защищать — чешут затылки. Однако армию мы создали, потому что передовой слой рабочих прекрасно понимал, в чем дело, и добился своего. Теперь того же нужно добиться в производстве. Дело перевоспитания облегчается тем, что рабочие массы сами видят и на каждодневном опыте убеждаются, что их судьба — в их собственных руках. В особенности учатся они там, где после Советской власти временно появлялась власть контрреволюции: так было на Урале, в Сибири и т. д.

Передовые рабочие-коммунисты дали образец новой, товарищеской дисциплины устройством так называемых коммунистических субботников, когда они добровольно и бесплатно работали, повышая производительность труда в несколько раз против обычной.

Субботники были товарищем Лениным названы «великим почином». Первыми, кто их организовал, были московские железнодорожники, коммунисты, причем в самом же начале обнаружилось резкое повышение производительности. На Александр. ж. д. пять токарей в 4 часа сделали 80 валиков (213% обычной производительности); двадцать чернорабочих собрали в течение того же времени 600 пудов старого материала и 70 вагонных рессор по $3^1/_2$ пуда каждая (300% производ.). С этого началось. Затем субботники перекинулись на Питер, где сразу были организованы на широкий манер. Вот цифры.

			Число работников	В переводе на деньги сработано за 5 дней
I субботник	(16 авг.)	. . .	5 175	
II »	(23 авг.)	. . .	7 650	
III »	(30 авг.)	. . .	7 900	1 167 188 рублей
IV »	(6 сент.)	. . .	10 250	
V »	(13 сент.)	. . .	10 500	

Создание новой трудовой дисциплины, конечно, немыслимо без участия профессиональных союзов. Более того. Именно профессиональные союзы и должны двигать это дело вперед, пробуя новые формы, ища новых путей: ибо все это дело новое и необычное, и тут со старым далеко не уедешь.

Из мер, которые уже применяются и которые нужно всячески развивать и усовершенствовать, наша партия указывает следующие:

1) **установление отчетности**; у нас еще чрезвычайно слабо поставлено это дело; а между тем без этой отчетности нельзя ни организовать чего бы то ни было, ни произвести обследования, ни проконтролировать, ни увидеть корень зла;

2) **установление норм выработки**; это дело пока что тоже в самом начале своего развития. Капиталисты в своих предприятиях устанавливали норму выработки, чтобы гнать из рабочих прибавочную ценность; эти нормы устанавливались **хозяйскими** организациями; у нас нормы выработки устанавливаются и должны быть развиты профессиональными союзами, т.е. **рабочими** организациями. Рабочие организации сами вычисляют возможности выработки, считаясь и с холодом, и с голодом, и с отсутствием материалов, и с плохим состоянием машин. Но раз нормы установлены, плох тот, кто их не вырабатывает. Мы должны создать профессиональную **трудовую честь**, когда каждый рабочий будет смотреть на того, кто без серьезной причины не внес своей лепты в общее дело, как на бесчестного лодыря;

3) **установление ответственности перед товарищескими трудовыми судами**. Это значит, что за каждым будет не только товарищеский контроль, но каждого можно будет за плохую работу потянуть **к ответу**. И опять-таки здесь не хозяин тянет к ответу своего наемного раба, а рабочий класс и его организации тянут к ответу отдельных своих членов.

Можно придумать еще целый ряд мер. Но все они клонятся к одному и тому же: построить в боевые ряды армию труда, которая прокладывает путь новому обществу.

§ 101. Использование буржуазных специалистов

Современное крупное производство немыслимо без инженеров, механиков, ученых специалистов, исследователей и практиков. Из рабочей среды таких почти нет: ни помещичье-царское, ни буржуазное правительство не давали рабочим возможности учиться. А дело вовсе не ждет, и у нас есть только один выход: использовать ту силу, которая не за страх, а за совесть служила буржуазии. Партия отлично знает, что этот слой технической интеллигенции, а также бывших директоров и капиталистических организаторов насквозь пропитан буржуазным духом. Более того. Порядочная часть этого слоя весьма враждебна нам и способна предать нас нашим классовым противникам. И все-таки мы должны брать их к себе на службу. Ибо других нет, и нет выбора.

Этот слой вел против пролетариата бешеную борьбу, прежде всего саботажем. Саботаж этот Советская власть сломила. Мало-помалу, по частям, кое-какие группы стали переходить на нашу сторону, увидев, что рабочий класс не только ломает, но и строит, что его партия вовсе не собирается предавать России германскому империализму; кое-кто начинает соображать, что, действительно, капитализму как будто бы больше не жить на белом свете. Начался раскол среди этих слоев. Задача пролетариата — этот раскол усиливать и усиливать.

Конечно, от всех «специалистов» ни верности, ни преданности коммунизму ожидать нечего. Было бы глупо надеяться, что эти люди, тысячью нитей связанные с буржуазией, перевоспитаются в короткий срок. Но здесь пролетариат должен поступать, как расчетливый хозяин: они ему н у ж н ы, и он должен их з а-с т а в и т ь   р а б о т а т ь   для себя.

Здесь приходится действовать так: всякое поощрение тем, кто честно работает, не скупиться на их оплату — это диктует хозяйственный расчет. Но за контрреволюцию, за борьбу против пролетариата, за изменническую политику, за саботаж — беспощадная расправа. Пролетариат должен ценить и умеет ценить настоящих честных работников. Но он не может допустить, чтобы ему вредили, в особенности теперь, когда приходится переносить и муки голода, и тысячи других лишений.

Понятно, что нужен строгий к о н т р о л ь, в особенности за «спецами» из бывших директоров и крупных капиталистических шишек. Они не раз пытались гнуть исподтишка свою линию. Но тут нужны те же меры, что и в борьбе с изменами бывших офицеров и генералов на фронте.

С другой стороны, партия будет бороться и с теми неправильными, чересчур уж простыми взглядами, которые состоят в том, что мы вообще без всяких спецов обойдемся. Это ерунда. Так говорят только весьма самонадеянные, но невежественные люди, которые серьезно никогда не думали о тех задачах, которые лежат сейчас на плечах пролетариата. Пролетариат должен поставить настоящее современное производство по последнему слову науки. К этому он должен стремиться. Он, конечно, будет создавать, готовить (и уже готовит) с в о и х красных инженеров и механиков точно так же, как он готовит красных командиров. Но время не ждет, и ему приходится здесь пользоваться тем, что есть, принимая свои меры против могущего произойти вреда, п р е д у п р е ж д а я э т о т вред, организуя контроль над работой тех, кто нам чужды.

Тут возникает еще один вопрос, а именно вопрос об оплате. Коммунизм стремится к р а в е н с т в у оплат. Но мы, к сожалению, не можем скакнуть сразу к коммунизму. Мы делаем к нему еще только первые шаги. И здесь нами должен руководить опять-таки п р о с т о й р а с ч е т.

Если бы мы «спецов» перевели на жалование чернорабочих, им все равно было бы, что быть чернорабочими, что инженерами, что курьерами или посыльными. З а с т а в и т ь хорошо работать этих людей, привыкших к иной жизни, на таких условиях было бы неразумно. Им лучше дать больше, лишь бы только добиться результата. Тут пролетариат должен поступить, как хозяин со смекалкой: лучше оплатить, но получать хорошую работу этих людей, без которых сейчас, теперь, в д а н н у ю минуту не обойтись.

Понятное дело, однако, что наша основная политика заключается в том, чтобы стремиться к равной оплате. И в этом смысле Советской властью сделано довольно много. Прежде плата высших служащих (директоров, главных бухгалтеров, крупных инженеров-организаторов, научных консультантов-советчиков и т. д.) вместе с разными наградными превосходила плату чернорабочих в н е с к о л ь к о д е с я т к о в раз; теперь она превосходит только р а з а в ч е т ы р е. Значит, при всем том, что говорилось выше, мы сократили разницу в положении этих слоев на громадную величину.

Уравнение происходит и между различными категориями рабочих. По данным тов. Шмидта, в 1914 г. 4,43% рабочих получало ежедневно плату до 50 копеек, но были и рабочие, в то же время получавшие свыше 10 рублей (0,04%). Здесь, следовательно, разница в жаловарье была такая, что низшие категории получали в двадцать раз меньше высших. Конечно, счастливцев, получавших по 10 р., в 1914 г. было крайне мало, но все же они были. В 1916 г. рабочих мужчин, получавших до 50 к., было $^{1}/_{2}$%, а рабочих, зарабатывавших больше 10 р.,— 1,15%.

Теперь, по осеннему декрету 1919 г., низшие ставки были — 1 200 р., высшие ставки — 4 800 р., причем последние ставки касаются и «спецов».

Отрыв некоторых групп технической интеллигенции от буржуазии и переход ее на сторону пролетариата будет происходить тем скорее, чем прочнее будет Советская власть. А так как укрепление Советской власти будет неизбежно происходить, то и прилив интеллигенции тоже неизбежен. Само собой понятно, что было бы нелепо отталкивать их. Наоборот. Мы должны ставить их на нашу работу в обстановку товарищеского сотрудничества, чтобы они пообтерлись в нашей среде, чтобы они на общей совместной работе перерабатывались бы в н а ш и х людей. У них есть масса предрассудков, предубеждений, нелепостей. Но они могут и будут, при определенных условиях, с р а б а т ы в а т ь с я с нами. Уже и сейчас они понемногу начинают втягиваться через производственные союзы в нашу работу, привыкать к новому положению и осваиваться с ним, и здесь наша задача — им помочь и пойти навстречу тем элементам, которые сами понемногу приближаются к нам. В производственных союзах, через них, в общей организационной работе могут вновь сблизиться разъединенные капитализмом работники умственного и физического труда.

§ 102. Слияние производства с наукой

Развитие производительных сил требует слияния производства с наукой. Крупнокапиталистическое производство и то применяло науку к производству в самом крупном размере. Американские и немецкие заводы имели при себе специальные лаборатории: там целыми днями сидели, изобретали новые способы, новые аппараты и т. д. Все это делалось для прибыли частных капиталистов. Теперь мы должны поставить это дело на организованную ногу и для в с е г о т р у д о в о г о о б щ е с т в а. Прежние изобретатели вырабатывали с е к р е т ы; они шли в карман предпринимателя и набивали ему кошелек; теперь у нас одно предприятие не скрывает от других изобретений, а распространяет их на в с е п р е д п р и я т и я.

Советская власть приняла целый ряд мер в этом отношении; создан целый ряд научных учреждений, технических и экономических, организованы разного рода лаборатории, испытательные станции; предпринят ряд ученых экспедиций и обследований (между прочим, были открыты залежи сланцев и нефти; открыт способ выделки сахара из опилков и т. д.); приведены в известность имеющиеся в Республике научные силы и поставлены на работу.

У нас не хватает многого, самого необходимого для этого дела, начиная от топлива и кончая тонкими научными инструментами. Но нам нужно ясно сознать всю необходимость такой работы и всемерно поддерживать дальнейшее слияние науки с техникой и с организацией производства. Коммунизм есть правильно, разумно, а следовательно, н а у ч н о поставленное производство. Мы поэтому будем добиваться всеми путями того, чтобы эту задачу н а у ч н о поставленного производства решить.

ЛИТЕРАТУРА

Н. О с и н с к и й: «Строительство социализма». В. П. М и л ю т и н: «Экономич. развитие и диктатура пролетариата». Он же — статьи в «Народном хозяйстве» за 1919 г. Протоколы VIII съезда партии (прения по программе). «Разложение капитализма и строительство коммунизма». И. С т е п а н о в: «От рабочего контроля к рабочему управлению». Труды I и II Всеросс. съездов совнархозов. Т. Ц ы п е р о в и ч: «Синдикаты и тресты». Т. Т о м с к и й: «Очерки профес. движения в России»; в журнале «Коммунист. Интернационал»; Труды съездов проф. союзов; статьи в «Вестнике Металлиста». А. Г о л ь ц м а н: «Нормирование труда». Н. Л е н и н: «Великий почин».

Глава XIII

ОРГАНИЗАЦИЯ СЕЛЬСКОГО ХОЗЯЙСТВА

§ 103. Земельные отношения в России до революции. § 104. Земельные отношения после революции. § 105. Почему будущее принадлежит крупному социалистическому хозяйству? § 106. Советское хозяйство. § 107. Городское земельное хозяйство. § 108. Коммуна и артели. § 109. Общественная обработка земли. § 110. Сельскохозяйственная кооперация. § 111. Государственный засев пустующих земель, мобилизация агрономических сил, прокатные пункты, мелиорация, переселение. § 112. Помощь крестьянскому хозяйству. § 113. Соединение промышленности с земледелием. § 114. Тактика коммунистической партии по отношению к крестьянству

§ 103. Земельные отношения в России до революции

Еще до революции наше сельское хозяйство было преимущественно крестьянским хозяйством. После октябрьского переворота, после ликвидации помещичьего землевладения наше сельское хозяйство сделалось почти исключительно крестьянским и почти исключительно мелким хозяйством. При таких условиях коммунистической партии приходится преодолевать совершенно невероятные трудности в деле борьбы за крупное коллективное хозяйство. Но борьба эта началась и даже в самый трудный период, в самом своем начале, дает уже некоторые результаты.

Чтобы эта обстановка и те условия, в которых коммунистам приходится осуществлять свою программу в русской деревне, были ясны, необходимо привести несколько данных о нашем сельском хозяйстве до революции и о тех изменениях, которые внесла революция.

До революции земельные владения Европейской России распределялись так:

Казенных земель	. 138 086 168 дес.
Надельных крестьянских . . .	. 138 767 587 »
Частных лиц и учреждений . .	. 118 338 688 »

Почти все казенные земли или под лесом, или вообще непригодны для земледелия в их теперешнем состоянии. Что же касается земель частных лиц и учреждений, то они распадались таким образом:

Частновладельческих, главным образом

помещичьих земель	. . .	101 735 343 дес.
удельных »	. . . . .	7 843 115 »
церковных »	. . . . .	1 871 858 »
монастырских »	. . . . .	733 777 »
городских »	. . . . .	2 042 570 »
войсковых ка-		
зачьих »	. . . . .	3 459 240 »
прочих »	. . . . .	646 885 »

Что касается надельной земли, то она распределялась, согласно статистике 1905 г., между 12 277 355 дворами, т. е. на каждый двор приходилось 11,37 десят. Однако эта средняя цифра скрадывает малоземелье большинства крестьян центральных губерний за счет больших (но неудобных для пахоты) земельных наделов окраин. В действительности бывшие помещичьи крестьяне, составляющие большинство нашего крестьянства, имели средний надел на двор 6,7 десятин. В некоторых губерниях и уездах эта цифра спускалась ниже еще вдвое. К 1916 г. число крестьянских дворов превысило 15 миллионов (15 492 202), размеры же крестьянского землепользования возросли очень мало. Малоземелье еще больше увеличилось.

Ввиду того, что казенные земли лишь в ничтожной части годны для обработки, крестьянство могло увеличить свое землепользование за счет упомянутой выше группы «частных лиц и учреждений».

Из частных лиц в первую голову должны были лишиться земли помещики, имевшие 53 169 008 дес., купцы и богатые крестьяне, а также общества и товарищества буржуазно-кулацкого типа. Всего у частных владельцев, имевших свыше 20 десятин, находилось в собственности 82 841 413 десятин. У товариществ было 15 778 677 десят. Сюда-то и должен был в первую голову направиться удар крестьянской революции. Что же касается учреждений, то здесь могли в первую голову отойти крестьянам земли церковные, монастырские и частью удельные.

§ 104. Земельные отношения после революции

Частное землевладение, преимущественно помещичье, было перед революцией заложено в огромной сумме. Заложено было свыше 60 миллионов десятин на сумму 3 497 894 600 рублей. Иными словами, настоящими хозяевами помещичьей земли были банки русские и иностранные. Этим надо объяснить то обстоятельство, что различные соглашательские партии, с эсерами во главе, так громко кричали о безвозмездной передаче крестьянам всех земель и так трусливо пятились назад и откладывали конфискацию, когда надо было провести ее на деле. Лишь партия коммунистов-большевиков, не имеющая с капиталом никаких других точек соприкосновения, кроме смертельной войны, только она одна в противоположность соглашателям могла поддержать до конца крестьянскую революцию, направленную против помещика. Эта революция получила свое законодательное выражение в декрете о земле, принятом 2-м съездом советов и внесенном партией коммунистов.

По этому декрету и основному земельному закону, принятому на 3-м съезде, частная собственность на землю объявлена уничтоженной; вся земля Республики поступает в распоряжение всех, кто желает обрабатывать ее собственным трудом (пользование землей не ограничивается ни национальностью, ни подданством). Земля распределяется уравнительно по наличным душам в размерах, не превышающих трудовой нормы. В дальнейшем по положению о социалистическом землеустройстве все земли Республики были объявлены собственностью всего рабоче-крестьянского государства, которому принадлежит высшее право распоряжения землей.

В результате земельной революции, закрепленной законодательством, земельные отношения в России пережили полный переворот и до сих пор еще продолжают испытывать ряд изменений.

Прежде всего совершенно уничтоженным оказалось на протяжении всей Великороссии помещичье и все вообще крупное и среднее землевладение. Кулацкое землевладение выравнено со средне-крестьянским.

С другой стороны, землепользование бедноты и самого малоземельного крестьянства, нажившего к тому же скот и инвентарь от кулачества и от разгрома имений, увеличилось до средней нормы душевого надела.

Что же касается выравнивания земельных наделов по волостям, уездам и губерниям, то оно еще далеко не закончено и еще долго не может быть закончено.

В настоящее время невозможно еще подвести итоги революции в земельных отношениях, но в общем и целом дело обстоит так. Почти вся пахотная земля крупного и среднего частного землевладения перешла в пользование крестьян.

Помещичьи земли запаханы. Советской власти удалось сохранить в своих руках лишь около 2 мил. десятин земли советских хозяйств. Крестьяне запахали также часть городских земель. К ним перешли все церковные, монастырские и частью удельные земли. Вообще в распоряжение крестьянства перешло около 40 м. десятин одной частновладельческой земли.

В распоряжение Советского государства, кроме площади советских имений и земель сахарных заводов, остались бывшие казенные земли почти целиком, а также национализированные леса частных землевладельцев.

Таким образом, Российской Коммунистической Партии приходится бороться за социализм в земледелии в самых неблагоприятных условиях. Подавляющая часть земельной площади, находящейся в фактическом распоряжении государства, негодна для обработки. Подавляющая же часть годной для обработки земли в стране находится в распоряжении мелкого самостоятельного крестьянского хозяйства.

Но как бы ни были неблагоприятны условия для социализации сельского хозяйства в России, какое бы упорное сопротивление ни оказывало мелкобуржуазное хозяйство, а в крестьянской России будущее принадлежит лишь крупному социалистическому хозяйству.

§ 105. Почему будущее принадлежит крупному социалистическому хозяйству?

Крупное капиталистическое хозяйство побивало мелкое ремесленное и крестьянское хозяйство, причем, правда, в промышленности побивало быстрее и заметнее, чем в земледелии. Коммунистическое хозяйство выгоднее, производительнее капиталистического, чем более выгодней оно мелкого крестьянства. Если фунт тяжелее золотника, а пуд тяжелее фунта, тем более пуд тяжелее золотника.

Необходимо теперь все это доказать самым наглядным образом.

Прежде всего при социалистическом сельском хозяйстве вся земля Республики должна быть разграничена так, чтобы в каждом районе, округе, поле и т. п., смотря по качеству и свойствам земли, засевались те зерновые хлеба, овощи, травы и технические растения (лен, конопля, свекловица, подсолнухи и т. д.), которые по свойству почвы здесь выгоднее всего сеять. Устанавливать это должна агрономическая наука. При нашем же крестьянском хозяйстве часто делается наоборот: сеют хлеб и получают плохой урожай там, где мог бы прекрасно родиться лен, и сеют рожь, где может родиться пшеница, или же поступают еще чаще наоборот.

Благодаря проведению общего научного плана в распланировке всей земельной площади уже поднимется производительность земли, если бы во всем остальном дело шло по-старому.

Лишь при среднем и крупном хозяйстве (и легче при крупном, чем при среднем) можно ввести многопольную систему хозяйства. При плодосменной системе получается огромный выигрыш в земельной площади. Между тем у нашего крестьянина с его трехпольем почти треть земли ежегодно пустует...

Вести же правильную плодосменную систему и многополье крестьянину почти невозможно в том случае, когда он хуторянин (земли мало), и тем более тогда, когда в общине земля делится на полоски.

При крупном хозяйстве не пропадает зря земля ни на отрезках, ни на межах. Наоборот, у нашего крестьянина по всей России сотни тысяч десятин уходят на одни межи... По моему подсчету, на одних межах наш крестьянин теряет ежегодно от 60 до 80 миллионов пудов хлеба.

Главный источник, поддерживающий плодородность почвы,— удобрение. Крупное хозяйство в состоянии держать больше рогатого скота (имея возможность обойтись и меньшим количеством лошадей), следовательно, в состоянии иметь больше навозного удобрения. Крупному хозяйству выгоднее приобретать искусственное удобрение или же самостоятельно вырабатывать некоторые его виды, что мало доступно мелкому.

Труднее всего своевременная, глубокая и по возможности дешевая (т. е. требующая наименьшей затраты труда) пахота. Здесь мелкий хозяйчик перед крупным социалистическим (и даже перед крупным капиталистическим) хозяйством настоящий карлик. Самая дешевая, быстрая и глубокая пахота получается при работе трактором. По мелким крестьянским полоскам трактором работать нельзя. Да и отдельным трактором работать менее выгодно, чем тракторными отрядами в 8—10 тракторов сразу.

Так же обстоит дело с другими наиболее крупными, следовательно, наиболее сберегающими труд машинами. Паровая молотилка и паровая жнейка применимы лишь в крупном хозяйстве.

Наконец, наиболее полное использование инвентаря возможно также только в крупном хозяйстве.

Например, полностью используются:

Конный плуг — при 27 десятинах пашни;
Рядовые сеялки, жнеи, молотилки — при 63 десят. пашни;
Паровые молотилки — 225 дес.;
Паровой плуг — при 900 дес.

А между тем одно только применение парового плуга и трактора повышает урожайность почвы при прочих равных условиях на одну треть.

Если хозяйство вынуждено обходиться конской силой, то и здесь преимущество крупного хозяйства налицо, потому что в крупном хозяйстве каждая отдельная лошадь обслуживает большое количество десятин. Вычислено, что в крупных хозяйствах требуется от двух до трех раз меньше лошадей для обработки той же площади.

Только в крупном хозяйстве применимо электричество. Далее вместо 100 плохоньких стойл — одни большие стойла и конюшни, вместо 100 плохоньких кухонь — одна большая, и т. д.

Наиболее выгодное стойловое скотоводство возможно лишь при крупном хозяйстве.

Но самая важная экономия — это экономия в рабочей силе, это возможность для человечества вдвое и втрое сократить рабочее время земледельца, не только не понижая, а, наоборот, повышая производительность земли в три-четыре раза. Вот пример.

По последней переписи 1916 г. всей посевной площади в России насчитывалось 71 430 800 десятин. Если мы предположим, что вся эта площадь вспахивается один раз в год (на деле это неверно, как знает каждый сельский хозяин), то для вспашки этой площади крестьянству приходится мобилизовать всю свою рабочую силу, т. е. до 20 миллионов человек и весь рабочий скот. Чтоб обработать эту землю тракторами (трактор пашет 8—10 десятин в день, при непрерывной работе несравненно больше), достаточно миллиона рабочих рук. Экономия в двадцать раз [1].

Если вместо 100 обедов в каждой отдельной кухне будет один большой общий обед в общественной сельской кухне, 90 стряпок из ста окажутся лишними и могут быть заняты на более полезных работах, облегчая труд другим...

Задача коммунистической партии состоит поэтому в том, чтобы всеми силами бороться за наиболее совершенное, т. е. за коммунистическое хозяйство в земледелии, которое в состоянии освободить деревни от варварской растраты сил по карликовым хозяйствам, от варварского истощения почвы, от варварского азиатского скотоводства и, наконец, от варварской домашней кухни.

Какими же путями предполагает идти коммунистическая партия для достижения этой великой цели? Путей несколько. Начнем с самого скорого.

§ 106. Советское хозяйство

Во время захвата помещичьих земель крестьянами в 1917 г. много культурных имений — в которых велось образцовое хозяйство, был подобран породистый скот и имелись сложные сельскохозяйственные машины — было разгромлено. Но часть имений, охрану которых вовремя догадались взять на себя советы, удалось спасти. Эти имения, взятые на учет советами, получили название советских хозяйств. Кроме того, в советские хозяйства вошли земли имений, которые не могли быть разделены целиком между крестьянами, поскольку последние уже имели наделы по норме всего советских хозяйств.

Советские хозяйства, это — единственно возможный источник создания крупного образцового социалистического хозяйства со всеми его преимуществами.

---

[1] Правда, кроме рабочих на тракторах, надо учесть рабочую силу мастеров в тракторных мастерских, рабочую силу, потраченную на изготовление тракторов, на нефть и т. д. и все это разложить на десятину. Тогда выгода от тракторной работы представится меньше, но все же останется огромной.

Только через советские хозяйства мы в состоянии на деле показать крестьянам все преимущества крупного коллективного земледелия.

На них мы в состоянии ввести правильный севооборот и доказать на опыте все недостатки трехполья.

На них мы в состоянии пустить в ход все сельскохозяйственные машины, вплоть до самых сложных.

Советские хозяйства—единственные пункты, где сохраняется от уничтожения и размножается породистый скот. Только через случные пункты совхозов мы в состоянии улучшать постепенно породу скота окрестного крестьянского населения.

При советских хозяйствах легче всего устроить показательные поля для крестьян, а также улучшать семена путем их сортировки. Уже теперь сортировочные машины отбирают улучшенные семена не только из зерна самих совхозов, но и сортируют зерно для окрестного населения.

При советских хозяйствах организуются сельскохозяйственные школы, лекции по агрономии, намечаются сельскохозяйственные выставки и т. д.

В совхозах создаются мастерские по ремонту орудий сначала для собственного хозяйства, а затем для обслуживания окружающих деревень.

Задача коммунистической партии состоит в том, чтобы, где только возможно, увеличить число совхозов и размер их земельной площади (по возможности не задевая интересов крестьянского хозяйства). Постепенно собрать в них весь наиболее ценный племенной скот республики. Организовать при них на наиболее совершенных началах техническую переработку продуктов земледелия. Уничтожить бюрократизм и бесхозяйственное ведение дела, поскольку некоторые совхозы превратились в монастыри для помещиков и занимаются лишь самоснабжением своих служащих и рабочих, ничего не давая советскому государству. Подобрать штат квалифицированных рабочих, способных создать не только рабочий контроль, но и постепенно перейти к рабочему управлению имениями, заинтересовать окрестное крестьянское население в совхозах, привлекать его к обсуждению хозяйственных планов совхоза и заставить смотреть на совхозы, как на дело всего трудового населения страны. Число советских хозяйств к осени 1919 г. было 3 536, удобной земли (без леса) имелось под ними 2 170 тыс. десятин.

§ 107. Городское земельное хозяйство

При ужасающем продовольственном кризисе, который является естественным следствием войны и революции, огромное значение для спасения городского пролетариата от вымирания имеет правильно поставленное земельное хозяйство городов. Это хозяйство начинает налаживаться и ему принадлежит огромное будущее. Ближайшей задачей муниципального сельского хозяйства является обеспечение каждого города достаточной площадью земли для хорошо поставленного крупного хозяйства. До революции городам у нас принадлежало более 2 миллионов десятин земли. Большинство этой земли, находящейся под постройками, выгонами, парками, огородами, до сих пор остается в собственности городов. Но часть пахотной площади отошла к крестьянам и теперь потеряна. Необходимо вернуть эту площадь городами,— более того, необходимо провести экспроприацию всех земель вокруг городов, поскольку это будет необходимо для правильного и широкого хозяйства.

В некоторых городах уже в 1919 году земельные отделы советов успели взять в свои руки огородное дело и получить количество овощей, достаточное для прокормления всего рабочего населения города на год. По этому пути необходимо идти дальше. Необходимо, чтобы каждый город имел под обработкой столько огородной земли, сколько нужно для удовлетворения овощами всего городского населения. Необходимо, чтобы каждый город имел большую ферму, обеспечивающую молоком, по крайней мере, всех больных и детей, а следовательно, и имел необходимую площадь для посева кормовых трав. При хорошо поставленном городском земельном хозяйстве можно, далее, обеспечить рабочих не только картофелем и капустой, но и крупой (гречиха, просо). Можно содержать на свои ресурсы всех городских лошадей, благодаря чему легче провести национализацию извозного промысла. За исключением столиц, вышеприведенная программа (поскольку она не задается утопической целью снабдить и хлебом все городское население) может быть практически осуществлена для всех городов республики в течение ближайшего же года, как показал опыт.

Но городские совхозы имеют огромное значение еще в двух отношениях. Во-первых, для наиболее полного использования колоссального количества удобрения, доставляемого городом в виде нечистот, отбросов и экскрементов. Это удобрение в значительной части теперь пропадает зря. Во-вторых, для соединения промышленности с земледелием. Определенная часть городского населения в ближайшие годы может принять участие в земледельческих работах, без ущерба для промышленности, лишь на территории крупного городского земельного хозяйства.

Советские хозяйства и городские земельные хозяйства должны сыграть не только роль показательных хозяйств, но и самым решительным образом повлиять на смягчение продовольственного кризиса. Опыт показал, что в наиболее острый момент перед реализацией нового урожая, когда крестьяне еще не начали или только начинают молотить хлеб, советские хозяйства выводили продовольственные органы из критического положения. Первый хлеб нового урожая получался в 1918 и 1919 г. из советских хозяйств. Эта роль совхозов в будущем должна еще более увеличиться. При использовании всей площади совхозов Советская Республика в состоянии получить с них около половины всего хлеба, необходимого для продовольствия городских рабочих и служащих, и тем в значительной мере может ослабить свою зависимость от крестьянского хозяйства.

§ 108. Коммуна и артели

Советские хозяйства могут в дальнейшем расти лишь за счет тех земель, которые сейчас пустуют на окраинах, или за счет тех казенных земель, которые путем мелиораций (т. е. улучшений, расчисток, осушений и т. д.) могут быть пущены под обработку. Что же касается всего нашего сельского хозяйства, то это хозяйство может превратиться в социалистическое лишь тогда, когда по пути социализации тронется крестьянское земледелие. На советских хозяйствах крестьянство будет учиться выгодам крупного коллективного хозяйства. Осуществить же эти выгоды для себя оно может лишь путем объединения в коммуны и артели. В капиталистическом обществе переход от мелкого крестьянского хозяйства к крупному совершался обычно через разорение и пролетаризацию мелкого собственника. В социалистическом обществе крупное общественное хозяйство может возникнуть из мелкого прежде всего путем объединения многих мелких хозяйств.

Среди крестьян слово «артель» и «коммуна» часто имеет одно и то же значение. Многие коммуны называются артелями, потому что крестьянин не любит слово «коммуна» и боится его употреблять даже тогда, когда вынужден коммуну строить на практике. Вообще же различие между коммуной и артелью заключается в том, что артель есть только производственное объединение (товарищество в работе), коммуна же не только производственное, но и потребительское объединение (т. е. товарищество не только по работе, но и по распределению и потреблению).

Число коммун и артелей быстро растет в Советской России. Вот последние данные на этот счет, относящиеся к осени 1919 года:

	Число	Площ. удобн. земли
Коммун . . .	1901	около 150 т. дес.
Артелей . . .	3698	}
		» 480 » »
Товариществ по общ. обраб. земли	668	

Приведенные цифры показывают, что движение в пользу образования коммун и артелей носит массовый характер и что движение это ширится и растет. Но эти цифры показывают нам слабую сторону этого вида объединения. Прежде всего средний размер коммун невелик. Перед нами не переход от мелкого хозяйства к крупному, а переход к среднему хозяйству или даже хозяйству ниже среднего. Вследствие этого коммуна не может доказать и своим участникам, и всему окружающему населению всех выгод именно крупного хозяйства. На пространстве в ... десятин не все машины могут быть использованы с полной выгодой и не всегда можно организовать плодосменное хозяйство. Однако и то, что достигается даже объединением в среднее хозяйство, имеет огромное значение. Используется выгода от разделения труда, часть женщин освобождается от работ на кухне и помогает быстрей кончать все сельскохозяйственные работы, является возможность обойтись меньшим количеством лошадей, все работы заканчиваются вовремя, земля обрабатывается лучше, в результате урожайность выше, чем на крестьянских полосах.

Экономия в рабочих силах, достигаемая в коммуне, сказывается уже на том, что большинство коммун предпринимают ряд работ не земледельческого характера: строят мельницы, открывают кустарные мастерские, ремонтные и иные и т. д.

Следующий шаг коммуны могут сделать по пути к социализму лишь путем дальнейших объединений.

Этого можно достигнуть или слиянием двух соседних коммун, или увеличением данной коммуны путем приема десятков новых членов из прилегающих крестьянских обществ, или слиянием коммуны или коммун с соседним советским хозяйством.

Важнейшая задача коммунистической партии в деревне состоит в настоящий момент в том, чтобы все мелкое крестьянское хозяйство поднять на высшую ступень, на ступень сначала среднего коммунального хозяйства. Есть все основания думать, что именно этим путем пойдет, главным образом, в дальнейшем развитие производительных сил деревни. Пролетарское государство имеет возможность ускорить этот процесс не только путем планомерной агитации словом и агитацией делом (советские хозяйства), но и предоставлением нарождающимся коммунальным хозяйствам всех выгод материального свойства (денежная поддержка, снабжение семенами, скотом, инвентарем, агрономической помощью).

§ 109. Общественная обработка земли

Коммуна является наиболее тесным объединением крестьян не только для работы, но и для распределения и совместной товарищеской жизни. Артель является постоянным объединением только для работы. Общественная же обработка земли—это объединение еще менее тесное, еще более свободное и, если хотите, случайное, чем артель. Определенное сельское общество, которое не может образовать коммуну вследствие внутренних несогласий, которое не может по тем же причинам сплотиться в артель, может, однако, дойти до общественной запашки, ничем другим не связывая своих участников. В результате все останется по-старому, кроме одного очень важного обстоятельства: общественная земля не будет делиться на полоски, а будет обработана миром. Останется у каждого двора по огороду, вся собственность каждого крестьянина сохранится, но только и машины и лошади будут работать определенное время на все село.

Положением о социалистическом землеустройстве, утвержденным Центральным Исполнительным Комитетом, предусмотрен и этот случай самой первоначальной ступени коллективного хозяйства. Выгоды этой формы объединения заключаются в том, что каждый крестьянин сохраняет полную свободу действий во всем, кроме самого процесса работы, и потому легче может пойти на такое объединение, не рискуя потерять свою самостоятельность. Между тем общественная обработка уже дает массу выгод: уничтожение чересполосицы, возможность многопольной системы хозяйства, полное использование инвентаря, разделение труда при работе в помощь семьям, лишенным работников, инвентаря, скота и т. д.

Можно ожидать, что общественная обработка земли, как первая ступень к коллективному хозяйству, получит в нашей деревне самое широкое распространение. Уже имеются данные, что в земледельческий сезон 1919 г. такая обработка имела место в целом ряде местностей. Очень большие общества делились на десятки и обрабатывали сообща землю. В некоторых случаях таким образом обрабатывалась часть общественной земли.

§ 110. Сельскохозяйственная кооперация

Еще до революции среди крестьянства получила широкое распространение кооперация по обработке различных продуктов сельского хозяйства. Сюда относятся сыроваренные и маслодельные артели, очень распространенные, главным образом, в северных губерниях и в непроизводящих губерниях по Верхней Волге. Сюда относятся различные артели и товарищества по первоначальной обработке льна, по выработке патоки, сушке овощей, прессовке сена и т. д. Советская власть оказывает всем этим объединениям всяческую поддержку. Задача коммунистической партии состоит в том, чтобы побуждать трудящиеся слои деревни к образованию таких кооперативов, к увеличению их размеров и усовершенствованию способов обработки и в то же время бороться со всеми попытками мелкого капитала окопаться в таких артелях для борьбы с Советской властью и крупным социалистическим хозяйством.

§ 111. Государственный засев пустующих земель, мобилизация агр. сил, прокатные пункты, мелиорация, переселение

Огромное расстройство сельского хозяйства, вызванное войной, привело к постоянному недосеву на очень значительной площади. Пролетарское государство не может оставить пустующими земли в то самое время, когда в городах и в непроизводящих губерниях царит острый продовольственный кризис. Поэтому советское государство берет на себя засев пустующих земель, кому бы они ни принадлежали. Эта мера имеет особенно важное значение в местностях, служивших ареной гражданской войны, потому что здесь весьма часто все кулацкое население деревень бросает свои земли и уходит вместе с противником. Столь же большое значение имеет и государственная уборка покинутых владельцами посевов или посевов, которые не могут убрать их собственники своими силами.

Поднять совершенно расстроенное земледельческое хозяйство России можно лишь рядом решительных и революционных мер. Одной из таких мер является м о б и л и з а ц и я   а г р о н о м и ч е с к и х   с и л, т. е. объявление всех агрономов на положении военнообязанных. Агрономов всегда было мало в России. Но теперь недостаток агрономических сил чувствуется наиболее сильно вследствие огромной работы по переустройству сельского хозяйства и подъему его производительных сил, которую предстоит проделать в нашей деревне. Мобилизация агрономических сил—это есть в сущности социализация агрономических знаний, которыми государство в состоянии распорядиться с наибольшей целесообразностью.

Империалистская война лишила Россию возможности получать из-за границы земледельческие машины. Наше сельскохозяйственное машиностроение никогда не удовлетворяло внутреннего спроса, и много машин, в том числе почти все наиболее ценные и сложные машины, мы получали из Германии, Швеции и Америки. В то же время вследствие недостатка металла, топлива и ряда других причин сократилось до минимума производство наших машиностроительных заводов. Все это привело к огромному недостатку инвентаря в сельском хозяйстве. При колоссальной потребности в машинах и при крайне малых запасах их, которыми располагает пролетарское государство, огромное значение имеет правильное распределение инвентаря и наиболее полное его использование. Такое использование невозможно при частной собственности на сельскохозяйственное орудие, потому что часть времени машина лежит без употребления у ее владельца, в то время как соседям нечем пахать или убирать урожай.

Чтобы помочь как раз наиболее нуждающимся в инвентаре слоям деревни и чтобы этот инвентарь был использован полностью, необходимо не отдавать его в частную собственность, а снабжать нуждающееся в машинах население через п р о к а т н ы е п у н к т ы. Иными словами, предназначенный для крестьянства инвентарь, распределенный между определенными районами (село, волость, округ), не продается отдельным крестьянам, а остается на складах, с которых и предоставляется в распоряжение всех нуждающихся на время и за известную плату для погашения расходов. Такие склады называются прокатными пунктами. Там инвентарь хранится, приводится в порядок после работы, а в хорошо поставленных пунктах и ремонтируется. Прокатные пункты существуют уже и действуют, хотя еще и очень мало. Задача Советской власти должна состоять в том, чтобы по возможности все сельскохозяйственные машины и без исключения все сложные машины, предназначаемые для деревни, поступали только на прокатные пункты. Это обеспечивает полное использование инвентаря в протяжении всего рабочего периода машины, не говоря о том, что помогает бедноте, не имеющей средств купить машину в собственность. На прокатные пункты должен поступать инвентарь, конфискуемый у кулачества. В конце концов широко поставленная система снабжения инвентарем через прокатные пункты может постепенно, но верно привести к национализации важнейших орудий сельскохозяйственного производства и, следовательно, кроме непосредственной помощи крестьянскому хозяйству, способствовать его обобществлению. В земельной программе пролетарской власти в России мелиорации должно принадлежать одно из важнейших мест. В распоряжении Советской власти находится несколько миллионов десятин, которые теперь негодны для обработки, но могут быть сделаны годными после не особенно больших работ по чистке, корчеванию, осушению, дренажу (осушение через подземные трубы и каналы), искусственному орошению и т. д. Насколько тесны пределы для расширения площади советских хозяйств на пространствах, уже находящихся или находившихся под обработкой, настолько безграничны площади, которые путем мелиораций может отвоевать себе у природы наше молодое социалистическое земледелие.

Работы по улучшению почвы — это важнейшие из общественных работ, которые предстоит организовать Советской власти и для которых в первую голову должны быть использованы все паразитические слои общества.

В нашей программе нет этого пункта, но на нем следует остановиться, потому что при Советской власти придется рано ли, поздно ли практически работать, какой переселенческой политики ему следует придерживаться.

Несмотря на раздел помещичьих земель, малоземелье очень остро чувствуется в ряде губерний уже сейчас. В то же время на наших окраинах огромные пространства свободных земель еще есть. Переселение из центра на окраины неизбежно в ближайшем же будущем. Задача пролетарского государства будет заключаться тогда в том, чтобы размещать на новых местах переселенцев не на отдельных участках для мелкого хозяйства, а приготовлять им все необходимое для крупного коммунистического хозяйства (общие постройки, общую площадь, распланированную для многопольного хозяйства, сложные машины и т. д.).

§ 112. Помощь крестьянскому хозяйству

И советские хозяйства, и коммуны с артелями, и все вышеперечисленные мероприятия могут поднять производительность труда в земледелии и урожайность земли путем организации крупного коллективного хозяйства. Этот путь есть единственно верный и скорый путь, прямо приводящий к цели. Но какие бы успехи мы не имели в области организации совхозов и коммун, мелкое крестьянское хозяйство еще долго будет существовать и значительное время будет господствующей формой земледелия в России как по размерам обрабатываемой площади, так и по количеству добываемых продуктов. Возникает вопрос о том, как помочь этому хозяйству поднять производительность земли, хотя бы оно продолжало мариноваться в своей мелкобуржуазной шелухе.

Наша программа намечает ряд мероприятий, которые может провести в жизнь Советская власть в целях помощи мелкому крестьянскому хозяйству. Вот эти мероприятия.

Во-первых, помощь в деле размежевания. Главное зло нашей деревни, с которым чем дальше, тем меньше мирятся теперь уже сами крестьяне,— это чересполосица и длинноземелье. Сплошь и рядом земли одного общества подходят к огородам другого и наоборот. Некоторые участки лежат на расстоянии 7 — 10 верст от поселков и часто остаются необработанными. Для уничтожения чересполосицы и длинноземелья крестьянство стихийно потянулось на поселки, стремясь изменить устаревшую карту расселения, в большинстве не соответствующую новому распределению земли после передела помещичьей земли. Поскольку стремление на поселки есть один из видов борьбы с чересполосицей и длинноземельем и является предпосылкой для более культурного хозяйства, поскольку вообще крестьянство нуждается в помощи при размежевании, Советская власть должна прийти ему на помощь своими землемерными и агрономическими силами.

Русский крестьянин в большинстве засевает землю такими же семенами, какие отдает в помол. Между тем при засеве сортированными семенами урожай при прочих равных условиях получается значительно выше. Еще выше урожай при засеве улучшенными семенами. Эти семена могут быть получены крестьянством только через государство, потому что только оно в состоянии закупить их за границей, либо поделиться с крестьянством небольшими запасами усовершенствованных семян, сохранившихся от истребления в советских хозяйствах.

Крестьянский скот сильно измельчал и выродился. Необходимо улучшение породы крестьянского скота. Между тем все, что осталось в России ценного из племенного скота, в настоящий момент собрано в советских имениях и советских фермах, либо числится на учете советских органов животноводства. Путем организации случных пунктов при каждом совхозе, имеющем племенной скот, и путем планомерного распределения производителей по районным случным пунктам государство в состоянии оказать огромную поддержку упавшему крестьянскому животноводству.

Огромное большинство нашего крестьянства незнакомо с целым рядом самых основных и чрезвычайно важных агрономических знаний. Распространение агрономических знаний при таких условиях уже само по себе должно способствовать улучшению обработки земли. Кроме чтений лекций на агрономические темы, которые обязательны для советских агрономов с участковых агрономических пунктов, это достигается устройством ряда лекций в совхозах, устройством кратковременных курсов, показательных полей, сельскохозяйственных выставок, изданием популярной агрономической литературы и т. д.

Кроме распространения агрономических знаний, Советская власть должна обеспечить крестьянам непосредственную агрономическую помощь. При всей бедности нашей агрономическим персоналом мобилизация агрономов уже достигла цели в том отношении, что агроном, обслуживавший раньше почти исключительно помещичьи хозяйства, работает теперь в пользу крестьянина. Кроме того, Советской власти необходимо готовить в самых широких размерах агрономические силы из самого крестьянства. Кроме увеличения числа сельскохозяйственных курсов и сельскохозяйственных школ, это в ближайшее время легче всего достигнуть путем прохождения специальных курсов со стороны наиболее способных членов коммуны и артелей, которые образуют тогда передовой слой агрономически образованных земледельцев из среды самого крестьянства.

Огромное значение имеет в настоящий момент для крестьянства возможность ремонтировать износившийся инвентарь. Никакие мелкие частные кустарные мастерские при теперешнем железном голоде не в состоянии выполнить весь необходимый ремонт. Лишь государство в состоянии организовать это дело в надлежащем размере как путем расширения ремонтных мастерских совхозов, так и путем создания планомерно раскинутой сети мастерских специально для крестьянского ремонта.

Миллионы десятин крестьянской земли негодны для обработки, в то время как превращение их в годные для пашни вполне возможно. Это не делается, с одной стороны, потому что подобные работы часто не под силу одному обществу, с другой стороны, крестьянство не знает способов их мелиорации. В этой области помощь крестьянам со стороны пролетарского государства может быть особенно ценной, и она уже оказывается, несмотря на гражданскую войну в целом ряде мест.

Каждая десятина давала средний урожай
за период с 1901—1910 года

	Рожь	Пшеница	Ячмень	Овес	Картофель
Дания	120	183	158	170	
Голландия . . .	111	153	176	145	1079
Англия	—	149	127	118	908
Бельгия	145	157	179	161	1042
Германия . . .	109	130	127	122	900
Турция	98	98	117	105	
Франция	70	90	84	80	563
Соедин. Штаты .	67	64	93	74	421
Россия	50	45	51	50	410

Таким образом, несмотря на то, что земли в России лучше, чем на Западе, мы стоим на самом последнем месте по урожайности нашей земли. Мы получаем с десятины овса в три с половиной раза меньше чем в Дании, Бельгии; пшеницы получаем в четыре раза меньше, чем в Дании, и в три раза меньше, чем в Германии и Англии; ржи получаем в три раза меньше, чем в Бельгии; даже в Турции десятина земли дает вдвое больше всяких хлебов, чем десятина крестьянской пашни.

Надо еще добавить, что урожайность на крестьянских землях России еще ниже, чем показано в таблицах, потому что средняя урожайность вычислялась между всеми землями, в том числе и помещичьими, где урожайность превышает крестьянскую, начиная с одной пятой и доходя до двух раз с половиной.

Таким образом, не увеличивая количества земли, крестьянство имеет возможность получать урожаи в два-три раза больше, чем теперь, если перейдем от старых дедовских к новым усовершенствованным способам земледелия.

§ 113. Соединение промышленности с земледелием

Развитие городов, вызванное отделением промышленности от земледелия и увеличением роли промышленности во всем процессе общественного хозяйства, приняло в последнюю эпоху капитализма совершенно уродливый характер. Все лучшие силы деревни систематически бежали из деревни в город. Городское население росло не только быстрей сельского, но и за счет сельского. В ряде капиталистических стран земледельческое население абсолютно уменьшилось. С другой стороны, отдельные города выросли до чудовищных размеров. Все это привело к ряду весьма вредных последствий как для города, так и для деревни. Укажем важнейшие: обезлюдение и одичание деревни, оторванность ее от городской культуры, оторванность городского жителя от природы, здорового земледельческого труда и в итоге быстрое физическое вырождение городского населения, нецелесообразное перенесение в город ряда производств, перерабатывающих продукты сельского хозяйства, огромное истощение почвы, вызванное тем, что город не возвращает деревне в виде удобрения то, что берет у нее в форме продовольствия, и т. д.

Приближение города к деревне, соединение промышленности с земледелием, привлечение к сельскому хозяйству фабричных рабочих — вот ближайшие цели коммунистического строительства в этой области. Начало положено здесь припиской нескольких десятков тысяч десятин советских земель к различным заводам, учреждениям и предприятиям, намечающимся планомерным и организованным переводом городских рабочих в советские хозяйства, созданием огородных хозяйств отдельными заводами и фабриками, коммунистическими субботниками городских рабочих в пригородных деревнях, мобилизацией советских служащих на уборку городских огородов и т. д.

Коммунистическая партия будет добиваться и дальнейших шагов в том же направлении, исходя из убеждения, что будущее принадлежит объединению промышленности с земледелием, которое приведет к рассасыванию на территории деревни исполински разросшихся и чудовищно перенаселенных городов.

§ 114. Тактика коммунистической партии по отношению к крестьянству

В нашей аграрной программе мы говорим о том, что мы хотим осуществить в земледелии. Скажем теперь о том, как мы думаем осуществить нашу программу, на какие слои предполагаем опираться, какими методами думаем привлечь к себе крестьянское большинство или, по крайней мере, обеспечить его нейтралитет.

В борьбе с помещичьим землевладением городской пролетариат имел за собой все крестьянство поголовно, не исключая и кулачества. Этим объясняется быстрый успех октябрьского переворота, который сбросил буржуазное временное правительство, пытавшееся оттянуть ликвидацию помещичьего землевладения. Но уже проведение в жизнь закона о так называемой социализации земли с уравнительным разделом земель отбросило кулачество в лагерь контрреволюции. Кулачество потеряло часть покупной земли, которую имело до революции, потеряло землю, которой пользовалось, арендуя наделы бедноты. Оно потеряло все, что успело захватить при разгроме помещичьих имений. Наконец, оно лишилось возможности применять наемный труд. Кулачество представляет собой класс, который должен был бы сменить собой помещика, если бы наша революция осталась в пределах буржуазно-демократического переворота. Оно является классом, который по самой своей природе смертельно враждебен всем попыткам социалистической организации земледелия. Наоборот, этот класс является претендентом на то, чтобы двинуть развитие нашего сельского хозяйства по типу фермерского хозяйства Дании и Америки. Если бы не пролетарская власть и ее социалистическая политика, то на расчищенной от помещика почве в России с чрезвычайной быстротой развилось бы среднее буржуазно-фермерское хозяйство с наемным трудом, улучшенными способами обработки земли и с наличием здесь же рядом огромного слоя полупролетарского крестьянства. Кулак вступил в революцию, окрыленный самыми розовыми надеждами и предчувствиями, а вышел из нее общипанным даже на ту часть своей собственности, которой он располагал до революции. Кулачество до своей полной ликвидации неизбежно должно выступать в качестве непримиримого врага пролетарского государства и его земельной политики и, в свою очередь, может ожидать от Советской власти лишь самой беспощадной борьбы со своими контрреволюционными попытками. Не исключена возможность и того, что Советской власти придется проводить планомерную экспроприацию кулачества, мобилизуя его на общественные работы и прежде всего на работы по мелиорации крестьянских и государственных земель.

Главную массу крестьянства России образует среднее крестьянство. Середняк получил помещичью землю при помощи городского пролетариата, и лишь при помощи его он может эту землю удержать от напора буржуазно-помещичьей контрреволюции. Точно так же лишь в союзе с пролетариатом, лишь идя за ним, лишь подчиняясь его руководству, среднее крестьянство может спастись от натиска мирового капитала, от грабежа империалистских разбойников, от уплаты миллиардов денег по долгам царизма и временного правительства. Наконец, лишь союз с социалистическим пролетариатом даст ему возможность без нищеты, разорения и невероятных мук перейти от мелкого хозяйства, при всяких условиях осужденного на исчезновение, к наиболее выгодному, наиболее производительному крупному товарищескому хозяйству.

Наоборот, душа мелкого собственника тянет середняка на союз с кулачеством, к этому толкает его в особенности необходимость делиться с городским рабочим излишкам хлеба, делиться впереди без надежды немедленно получить в обмен продукты городской промышленности. Коммунистическая партия должна поэтому стремиться оторвать среднее крестьянство от кулака, который в сущности выступает агентом мирового капитала и провокаторски стремится довести крестьянство до потери всех его завоеваний, полученных в ходе революции. Наша партия должна далее с особой ясностью доказать среднему крестьянству, что лишь очень временные и минутные интересы могут соблазнять его идти вместе с кулачеством и буржуазией и, наоборот, более длительные, более важные, более основные интересы диктуют ему, как трудящемуся классу, союз с городским пролетариатом. Наконец, борясь за социалистическое переустройство сельского хозяйства, мы не должны раздражать середняка неосторожностью и поспешностью своих мероприятий, всячески избегая насильственного притягивания его к коммунам и артелям. В настоящий момент основная задача коммунизма в России заключается в том, чтобы рабочие по своим, а крестьяне по своим мотивам разгромили контрреволюцию. Когда это произойдет, то для социалистического переустройства земледелия не будет никаких неодолимых преград. Что касается деревенской бедноты, то из пролетарских и полупролетарских ее слоев, хотя значительная часть этой бедноты как раз благодаря революции перестала существовать, поднявшись хозяйственно до уровня среднего крестьянства, тем не менее именно эта часть деревни продолжает оставаться наиболее последовательной основой в пролетарской диктатуре. Благодаря союзам бедноты, Советской власти удалось нанести ряд наиболее серьезных ударов кулачеству и оторвать от него середняка. Благодаря коммунистически настроенной бедноте, удалось создать аппарат Советской власти в деревне и провести первые, наиболее важные и решающие военные мобилизации крестьянства [1]. Наконец, беднота до последнего времени давала бóльшую часть членов в коммуны и артели и помогала проводить все земельные и не только земельные декреты Советской власти.

Главная задача коммунистической партии по отношению к деревенской бедноте заключается в том, чтобы вывести ее из того распыленного состояния, в котором она очутилась с роспуском комитетов бедноты. Лучше всего можно сплотить бедноту на производственной основе, прочней всего можно закрепить ее влияние в деревне, дав ей возможность окрепнуть на почве более совершенного способа сельского хозяйства. Этого можно достигнуть, если вся беднота перейдет к артельной или коммунальной обработке земли. Кулак силен в деревне потому, что он — хороший хозяин. Кулацкое хозяйство — это сливки мелкобуржуазного крестьянского хозяйства. Объединяясь в коммуны, беднота делается представительницей более совершенного способа производства, чем обычное крестьянское производство, экономически она делается сильней середняка и даже кулака. И вот на этой экономической основе, на этом-то материальном превосходстве коммунара над мелким хозяйчиком может быть построена диктатура бедноты в деревне. Но это будет уже не диктатура в собственном смысле бедноты, не господство «голи и дармоедов», как жаловался кулак в период комбедов, и не всегда безосновательно. Это будет господство передового слоя трудящейся деревни, обогнавшего большинство на два столетия.

Но сплотить всю бедноту в коммунах чрезвычайно трудно. В последнее время в коммуны и особенно в артели идет в большом количестве уже крестьянин-середняк. Необходимо создать ряд профессиональных

---

[1] При нашей агитации за деятельное участие крестьянства в гражданской войне необходимо подчеркивать именно к р е с т ь я н с к и е м о т и в ы участия в этой войне. Крестьянству не то интересно, что мы боремся за социализм, как за таковой, а то, что мы лишаем империализм возможности варварски эксплуатировать мелкого собственника и не даем посадить ему снова на шею помещика или купца.

объединений бедноты, как таковой, поскольку она еще не порывает с мелким хозяйством. Это объединение бедноты должно продолжать борьбу с кулачеством, незаконченную комбедом, беднота должна объединиться на почве взаимопомощи, она должна войти в экономические отношения с государством, поскольку она может брать от него определенные работы и получать взамен различные продукты на льготных условиях и вообще всякую экономическую поддержку. В России существует огромное количество самых различных объединений бедноты, но все они носят местный характер или же являются очень временными и случайными организациями. Надо сплотить эти организации в более крупные единицы. Огромное будущее принадлежит объединениям бедноты из непроизводящих губерний, занятым неземледельческими работами (гонка дегтя, смолы, рубка и складка дров, различные виды переработки дерева и проч.).

Задача коммунистической партии по отношению к бедноте заключается далее в том, чтобы тесней слить ее с городским пролетариатом, оторвать от мелкобуржуазных привычек и несбыточных надежд на самостоятельное индивидуальное крепкое хозяйство и создать всюду, где есть скопление бедноты, коммунистические ячейки и группы сочувствующих. Каждый бедняк должен стать коммунаром. Каждый коммунар — коммунистом.

ЛИТЕРАТУРА

Ф. Энгельс: «Крестьянский вопрос во Франции и Германии». Н. Ленин: «Аграрный вопрос и критика Маркса». Н. Ленин: «Аграрный вопрос в России к концу XIX века».

Из популярных брошюр, изданных после революции. Я. Жегур: «Организация коммунистических хозяйств в земледелии». КИЙ: «Сельская коммуна». Н. Мещеряков: «О сельскохозяйственных коммунах». Е. Преображенский: «О сельскохозяйственных коммунах». Ю. Ларин: «Урбанизация земледелия». Н. Мещеряков: «Национализация земли». Н. Ленин: «Речь об отношении к среднему крестьянству на 8-м съезде коммунистической партии». М. Суматохин: «Давайте жить коммуной». Н. Ленин: «Борьба за хлеб».

Многих брошюр, которые уже устарели, мы не указываем. Более подробный указатель имеется в брошюре В. Керженцова: «Библиотека коммуниста».

Глава XIV

ОРГАНИЗАЦИЯ РАСПРЕДЕЛЕНИЯ

§ 115. Ликвидация частной торговли. § 116. Потребительские коммуны. § 117. Кооперация прежде. § 118. Кооперация теперь. § 119. Другие органы распределения

§ 115. Ликвидация частной торговли

Каждому способу производства соответствует особый способ распределения. С уничтожением капиталистической собственности на орудие производства Советская республика неизбежно столкнулась с капиталистическим аппаратом распределения, т. е. с торговлей, и должна была приступить к ее постепенному уничтожению. Прежде всего были конфискованы крупные торговые склады. Это было необходимо еще и по причинам острого продовольственного кризиса и товарного голода. Припрятанные спекулянтами в ожидании повышения цен товары поступили в распределение трудящимся массам, и это несколько ослабило кризис в первые недели после октябрьского переворота.

Но национализация торговых складов была лишь первым шагом. Вслед за этим была проведена национализация крупной торговли. Это было сделано как для борьбы со спекуляцией и в целях учета имеющихся в республике товаров, так и для распределения товаров прежде всего между трудящимися классами. Советская власть ввела классовый паек не только на продовольствие, но и на мануфактуру и все предметы домашнего обихода.

Но, быть может, Советской власти было бы выгодней поступить так: конфисковать все запасы товаров у всех частных торговцев, распределить их по классовому пайку, но не разрушать самого торгового аппарата, наоборот, воспользоваться им, заставить его себе служить.

В действительности в значительной мере было сделано именно так. Товары были конфискованы, к сожалению, лишь слишком поздно, когда большая часть их уже была превращена в деньги, припрятанные их владельцами. Весь аппарат крупных магазинов целиком перешел к Советской власти и начал работать при содействии профессионального союза торговых служащих. Была устранена лишь хозяйская верхушка, которая теперь была бы в полной мере паразитическим элементом. В самом деле, раньше товар надо было закупать, разыскивая его, совершать сделки. С тех пор, как главным производителем товаров на национализированных заводах является само пролетарское государство, было бы бессмысленно, если бы оно само себе перепродавало товар, содержа на своей шее торговцев. С другой стороны, поскольку проводится хлебная монополия, между крестьянином и государством, с одной стороны, между государством и потребителем, с другой — совершенно излишни торговые посредники. Крестьян они ничем не могут соблазнить отдавать хлеб государству, покупателей для хлеба искать тоже нечего, их некуда девать.

Таким образом, поскольку пролетарская власть овладела производством ряда важнейших продуктов и значительная часть продовольствия заготовляется ее органами, ей необходимы свои аппараты распределения. Частной торговле здесь нечего делать.

Но как быть с мелкой частной торговлей, которая распределяет продукты мелкого самостоятельного кустарного производства? Этим производством Советская власть еще не овладела. Ей еще не удалось стать монопольным скупщиком его продуктов. Как быть с мелкой торговлей, которая перераспределяет среди населения такие продукты (конечно, по бешеным ценам), какие не могут заготовить по твердым ценам агенты Советской власти?

Вопрос этот, несомненно, более сложный, чем вопрос о крупной торговле, уничтожение которой было предрешено уже фактом экспроприации капиталом вообще. Советской власти нет никакого смысла просто запрещать мелкую торговлю, раз она сама не в состоянии всецело заменить эту торговлю деятельностью своих органов распределения. Были случаи, когда местные советы и ревкомы, особенно в местностях, очищенных от белогвардейцев, запрещали вольную торговлю, не создав своих продовольственных аппаратов или, что еще важней, не обеспечив хотя сколько-нибудь правильного снабжения населения через эти аппараты. В результате частная торговля делалась нелегальной, и цены повышались во много раз. Мелкая торговля будет убита лишь постепенно, по мере того, как все большее и большее количество продуктов, поступающих для снабжения населения, будет проходить через руки государства. Если теперь Наркомпрод существует рядом с пышно распустившейся Сухаревкой, то это значит лишь одно: война между капитализмом и социализмом в области распределения продолжается, она идет теперь на позициях мелкой торговли и будет закончена лишь тогда, когда государственная власть превратится в главного скупщика продуктов мелкой промышленности или, что будет позднее, сама превратится в производителя этих продуктов. Сюда не относятся, конечно, те случаи, когда мелкая частная торговля пускает в ход продукты, уже бывшие в руках продорганов, когда дело идет о борьбе с воровством и другими недостатками советского механизма распределения. Во всяком случае мелкая торговля будет существовать до тех пор, пока не восстановится крупное производство в городах и снабжение населения основными продуктами потребления не сделается на деле государственной монополией.

Таким образом, хотя уничтожение всех и всяких частных посредников в распределении составляет цель социализма и со временем эта цель будет достигнута, на ближайшее время полное уничтожение аппарата мелкой торговли невозможно.

§ 116. Потребительские коммуны

Поскольку главная масса продуктов, предназначенных для населения, проходит или будет проходить через продовольственные органы государства, должны существовать соответствующие социалистические органы распределения. Эти органы должны удовлетворять следующим требованиям: они должны быть централизованы. Это обеспечивает наиболее справедливое и равномерное распределение. Это уменьшает издержки на содержание аппарата, который при социализме должен во всяком случае требовать гораздо меньше сил и средств, чем частноторговый аппарат. Социалистический распределительный аппарат должен работать с наибольшей быстротой. Это чрезвычайно важно. Необходимо, чтобы не только сам аппарат требовал минимума сил и средств от государства, но чтобы он не отнимал ни минуты лишнего времени у потребителя. Иначе это приведет к огромной непроизводительной растрате сил всего общества. При существовании частной торговли потребитель в нормальной обстановке капиталистического хозяйства мог, имея деньги, приобрести что угодно и когда угодно. Социалистический аппарат в этом отношении не должен быть хуже частноторгового. Между тем именно в силу большой централизации этот аппарат может легко превратиться в очень громоздкую бюрократическую и чрезвычайно медленно работающую машину, которая может сгноить много товаров раньше, чем они дойдут до потребителя. Как же создать этот аппарат?

Перед Советской властью было два выхода: или создать заново весь аппарат распределения, или использовать все те органы распределения, созданные капитализмом, которые можно было заставить служить целям социалистического распределения.

Советская власть стала на второй путь. Создавая свои органы, где это было необходимо, особенно в первый период ломки капиталистических отношений, она обратила свое внимание на кооперацию, поставив себе целью использовать кооперативный аппарат для распределения продуктов.

§ 117. Кооперация прежде

При капиталистическом строе основная задача кооперации заключается в том, чтобы освободить потребителя от торгового посредника-спекулянта, оставить торговую прибыль в руках объединенного потребителя и гарантировать ему доброкачественность продуктов. Этой цели кооперация достигала более или менее успешно, но достигала только для своих членов, т. е. только для части общества. Что же касается ребяческих мечтаний кооператоров о мирном обновлении капитализма при помощи кооперации, то в этом отношении в действительности дело обстоит так; при всех своих успехах кооперация более или менее заметно вытесняет лишь мелкую торговлю и почти не задевает крупную, пользуясь сама ее услугами. Что же касается производительных предприятий кооперации, то в общей системе капиталистического производства она занимает совершенно ничтожное место и никакого влияния на ход и развитие капиталистической промышленности не оказывает. В общем гигантская организация капитала никогда не считала кооперацию серьезным конкурентом. Обладая полной возможностью задушить ее экономически как котенка, когда бы это оказалось нужным, она предоставляла идеологам кооперации мирно мечтать о вытеснении капитализма, а кооперативным бухгалтерам восторгаться барышами, отнятыми у мелких лавочников. Кооперация сама вполне приспособилась к капитализму и занимала в его системе распределения известное место. Она даже была выгодна для капитализма, уменьшая издержки на аппарат распределения и тем вытесняя часть излишнего торгового капитала в промышленность. С другой стороны, кооперация, сокращая число мелких торговых посредников и приближая потребителя к крупнокапиталистическому производителю, ускоряла торговый товарооборот, обеспечивала своевременную добросовестную уплату по обязательствам и в конечном счете делала еще более безнадежным положение резервной армии промышленности, из которой обыкновенно значительная часть безработных отливала в мелкую торговлю. Кроме того, рядом исследований установлено, что поскольку мы имеем дело с крестьянской кооперацией, то повсюду эта кооперация приносит наибольшие выгоды крепкому зажиточному крестьянству, почти не помогая бедноте. По своему классовому составу потребительская кооперация делится на рабочую кооперацию, крестьянскую и общегражданскую городскую, т. е. по существу мелкобуржуазную и чиновничью. Рабочая кооперация была всегда самой левой в общей сети кооперативных организаций и самой правой в сети классовых пролетарских организаций. В крестьянской кооперации задает тон крупное крепкое крестьянство. В городской кооперации руководит мелкобуржуазная интеллигенция, которая выступает в роли идеолога всей вообще кооперации и обещает ей великое будущее по части сокрушения капитализма ковригами кооперативного хлеба и картошки.

Истинная природа кооперации была вскрыта октябрьской пролетарской революцией в России. За исключением части рабочей кооперации вся остальная кооперация, особенно в лице своих интеллигентских и кулацких руководителей, заняла резко враждебную позицию по отношению к социалистическому перевороту. И наоборот, сибирская кооперация в лице закупсбыта и других союзов определенно стала на сторону белогвардейской контрреволюции и за подавление Советской республики силами мирового империализма.

На 1 октября 1917 года в России насчитывалось 612 союзных кооперативных объединений. Эта цифра, по-видимому, ниже действительности, потому что по некоторым данным к 1 января 1918 г. можно было допустить существование до 1000 союзных объединений. В Центросоюз входило на 1 января 1918 г. 281 объединение. Из 269 объединений насчитывалось 38 601 кооператив с числом членов 13 694 196. Но так как один кооператив нередко входит в два и три союза сразу, то число кооперативов в России, очевидно, меньше указанного, точно так же и число членов. Что касается промышленной деятельности русских кооперативов, то в 1918 г. все кооперативы и союзы кооперативов имели 469 предприятий, в большинстве мелких.

§ 118. Кооперация теперь

При господстве капитализма кооперация выполняла в общей его системе определенную роль. При Советской власти кооперативному аппарату суждено или постепенно отмирать вместе со всем другим аппаратом капиталистического распределения, или ему суждено войти в систему социалистического распределения, поднявшись до роли государственного распределительного аппарата. Старые хозяева кооперации — меньшевики, эсеры и всякого рода «социалисты» колчаковского типа — хотели бы оставить кооперацию независимой от пролетарского государства, т. е. обеспечить ей свободу умирания. Наоборот, Советская власть, считаясь с действительными интересами огромной массы трудящихся и, в частности, с массой кооперативных трудящихся, становится на другой путь. Не считаясь с настроениями верхушки интеллигентских кооперативов и не отбрасывая всего кооперативного аппарата из-за контрреволюционных поползновений этой верхушки, Советская власть стремилась постоянно влить кооперативный распределительный аппарат в общую систему своих органов распределения. Она стремилась не сузить, а расширить рамки деятельности кооперации. Практические задачи, которые стоят здесь перед Советской властью и коммунистической партией, сводились в общем к следующему.

Нормальный кооператив буржуазного типа есть добровольное объединение граждан, вносящих определенный пай в общество. Кооператив обслуживает, как правило, лишь своих членов и только в случае, когда это не вредно членам, допускает продажу продуктов всему населению. Мы считаем необходимым, чтобы все население было кооперировано, чтоб каждый член общества был приписан к какому-нибудь кооперативу. Только тогда распределение через кооперативы будет означать распределение среди всего населения.

В потребительском обществе дело нормально ведется на основе самоуправления всех членов общества. (Если на практике правит небольшая кучка правленцев,— в этом вина самих членов. Конституция кооператива предоставляет возможность общему собранию членов быть хозяином дела.) Когда все граждане республики приписаны к кооперативам, им предоставляется полная возможность контролировать снизу доверху весь распределительный аппарат пролетарского государства. Если массами будет проявлена достаточная самодеятельность, они могут вести самую решительную и успешную борьбу с злоупотреблениями и бюрократизмом всякого рода в деле распределения и добьются таким путем необходимой быстроты и аккуратности в работе государственно-кооперативной организации. Благодаря этому, благодаря участию самих потребителей в работе распределения, распределительные органы из висящих сверху над массами превратятся в органы самих этих масс, что, несомненно, будет способствовать развитию коммунистического сознания и сознательной товарищеской дисциплины среди трудящихся, а также поможет этим массам понять работу всего производственно-распределительного механизма социалистического общества в его целом. Далее необходимо после кооперирования всего населения, чтоб руководящую роль в кооперативах получали пролетарские слои населения. В городах это достигается путем наиболее деятельного участия в кооперативной деятельности городских рабочих, в проведении при выборах в правление коммунистического пролетарского большинства, а главное, путем превращения именно рабочих, а не общегражданских кооперативов в потребительские городские коммуны. Необходимо с той же целью стремиться к тесной связи между кооперативами и профессиональными союзами, т. е. между органами производства и распределения. Этой связи принадлежит огромное будущее. Со временем роль государства сведется к роли центральной счетной конторы и тогда живая связь производственных организаций с распределительными приобретет особо важное значение. Наконец, необходимо участие коммунистов в качестве сплоченной группы в кооперативном строительстве и завоевание в них руководящей роли.

В деревне необходимо вытеснение кулачества из правлений кооперативов, прекращение всяких привилегий при распределении в пользу наиболее имущей части деревни, переход всего аппарата деревенских кооперативов в руки бедноты и сознательного среднего крестьянства.

§ 119. Другие органы распределения

С момента октябрьского переворота в России возникло много различных распределительных органов, созданных революцией. В центре их — народный комиссариат продовольствия со всеми своими разветвлениями по губерниям и уездам. Продовольственные органы имели и имеют свои органы распределения в виде сети продовольственных лавок и магазинов. Роль распределителей одно время имели в деревнях комитеты бедноты, создавшие противовес кооперативному распределению: в то время, как кооперативы в большинстве распределяли получаемые продукты по большей части в интересах зажиточного крестьянства, комитеты бедноты старались большую и лучшую часть получаемых от государства продуктов распределить среди бедноты. Большую роль играют в распределении домовые комитеты больших городов и дома коммуны. Кроме того, распределением занимались профессиональные союзы и особенно фабрично-заводские комитеты.

Задача Советской власти состоит в том, чтоб все эти многочисленные органы распределения заменить единым распределительным органом или включить их в качестве звеньев в общий единый распределительный механизм. В этом отношении, например, домовые комитеты и дома коммуны играют полезную роль, позволяя потребителям получать продукты, не простаивая в очередях целые часы и дни.

Глава XV

ОРГАНИЗАЦИЯ БАНКОВ
И ДЕНЕЖНОЕ ОБРАЩЕНИЕ

§ 120. Национализация банков и единый народный банк; банк как центральная бухгалтерия. § 121. Деньги и отмирание денежной системы

§ 120. Национализация банков и единый народный банк; банк как центральная бухгалтерия

Относительно того, что такое банки и к чему сводится их роль в капиталистическом обществе, большинство рабочих имеет довольно смутное представление. Банк представляется каким-то огромным сундуком, куда богачи сносят свои капиталы. Рабочий, имеющий сбережения и отдававший их в банк, знает также, что за вложенные деньги платят проценты, а иногда вложенные в частный банк деньги вылетают в трубу и владельцы вкладов разоряются.

Прежде всего банк — это не денежный сундук. В каждый данный момент в банке наличных денег совсем немного. Суть работы банка вовсе не в том, чтобы служить несгораемым ящиком для людей, имеющих сбережения. Правда, через банк проходят сотни миллионов сбережений, но они не лежат без дела. Собранные в банках деньги непрерывно пускаются в оборот. Во-первых, их дают в ссуду предпринимателям, которые открывают фабрики, эксплуатируют рабочих и часть прибыли отдают банку за эту ссуду (а банк часть своей прибыли отдает вкладчику). Во-вторых, сами банки открывают новые предприятия на полученные от вкладчиков суммы или финансируют уже существующие. Наконец, банки дают взаймы деньги государствам [1]

---

[1] Например, нашему царскому правительству и правительству Керенского иностранные банки надавали в долг более 16 миллионов рублей. ·

и берут с них проценты, т. е. через правительства грабят народы этих государств. А так как банки принадлежат небольшим кучкам крупнейших капиталистов, то работа банков сводится в конце концов к выкачиванию прибавочной собственности посредством своего собственного капитала и капиталов, вложенных вкладчиками.

Но банки—это не только пауки, высасывающие прибавочный труд рабочих и крестьян. Они имеют и другое значение. Ведь если я, допустим, имею деньги и вношу их в банк, значит, я имел какие-то товары, которые продал и превратил в деньги. Если через все банки проходят все новые и новые суммы денег, и число всех капиталов во всем обществе растет, то это значит, что в обращение поступают все новые и новые массы ценностей. Деньги—это свидетельство на продукт, это своего рода паспорта продуктов. По движению денег в общем и целом можно приблизительно судить о движении продуктов. Таким образом банки неизбежно превращаются в своего рода учетные конторы капиталистического общества.

Отсюда видно, какую роль могут играть банки в социалистическом обществе и что должен делать с ними пролетариат, захвативши власть.

После социалистического переворота, или, вернее, во время социалистического переворота, рабочему классу необходимо захватить все банки и прежде всего центральный государственный банк. Это необходимо, во-первых, затем, чтобы конфисковать все денежные вклады буржуазии, все ценные бумаги и всякие денежные обязательства капиталистов. Этим захватом наносится удар в самое сердце капиталистической эксплуатации.

Мы так и поступили в октябрьскую революцию и в ноябре 1917 г. и этим нанесли сокрушительный удар капиталистическим классам России.

Что же должна делать пролетарская власть с захваченными банками? Она должна использовать все, что есть ценного в банковской организации капитала. Т. е. она должна сохранить банки, как аппараты учета производства и как распределители финансовых средств. Прежде всего должна быть произведена полная национализация банковского дела. Это значит, что не только все взятые у буржуазии банки превращаются в государственные учреждения пролетариата, но и все банковские операции на будущее время объявляются монополией государства. Никто другой, кроме государства, банков открывать не может.

Затем все банки должны быть объединены все вместе. Ненужные закрыты и оставлены лишь те, которые нужны как отделение единого банка Советской республики.

Вместо самых разнообразных способов счетоводства и самых разнообразных банковских операций, которые проделывались в буржуазных банках, в едином народном банке вводится единообразная и простая система учета. В результате пролетарское государство в состоянии будет иметь полную картину того, куда и сколько отпускается денег государством, откуда и сколько получено.

Но если в едином банке республики будут подсчитываться все доходы и расходы государства, то чем станет банк, когда само государство будет, чем дальше, тем больше, превращаться в правление единого огромного хозяйственного аппарата страны?

Ясно, что тогда банк будет тем же, чем бухгалтерская контора является при каком-либо хозяйственном предприятии. Банк, как таковой, постепенно будет уничтожаться и превращаться, как сказано в нашей программе, «в центральную бухгалтерию коммунистического общества».

§ 121. Деньги и отмирание денежной системы

Коммунистическое общество не будет знать денег. В нем каждый работник будет приготовлять продукты для общего котла и не будет получать ни свидетельства в том, что он продукт сдал обществу, т. е. не будет получать денег. Точно так же он не будет платить никаких денег обществу, когда ему нужно будет получить что-нибудь из общего котла. Другое дело — при социалистическом строе, который должен быть переходным строем от капитализма к коммунизму. Деньги неизбежно возникают и играют свою роль при товарном хозяйстве. Когда я, сапожник, хочу получить пиджак, я превращаю свой товар, т. е. сапоги, сначала в деньги, т. е. в товар, посредством которого, в обмен на который могу получить любой другой товар, в данном случае интересующий меня пиджак. Так поступает каждый товаропроизводитель. А в социалистическом обществе товарное хозяйство отчасти еще будет существовать.

Допустим, мы подавили успешно сопротивление буржуазии и превратили в трудящихся бывшие господствующие классы. У нас еще осталось крестьянство, которое не работает на общий котел. Каждый крестьянин будет стараться свой излишек перепродать государству, обменять его на нужный ему продукт промышленности. Крестьянин останется товаропроизводителем. И для расчета со своим соседом и для расчетов с государством деньги для него еще будут необходимы, как необходимы они будут государству для расчета со всеми членами общества, еще не вошедшими в общую производительную коммуну. Тем более невозможно было сразу уничтожить деньги, что в огромном размере практикуется еще частная торговля, которую Советская власть пока еще не в силах всецело заменить социалистическим распределением. Наконец, деньги уничтожить и не выгодно сразу, поскольку выпуск бумажных денег заменяет налоги и дает возможность пролетарскому государству держаться в невероятно трудных условиях.

Но социализм есть коммунизм в постройке, недостроенный коммунизм. По мере успехов строительства деньги должны выходить из употребления, и государству в один прекрасный момент придется, быть может, придушить умирающее денежное обращение. Это особенно важно для действительного уничтожения остатков буржуазных классов, которые продолжают на припрятанные деньги потреблять ценности, создаваемые трудящимися классами в том самом обществе, где провозглашается заповедь: «Нетрудящийся да не ест».

Постепенно деньги теряют свое значение с самого начала социалистической революции. Все национализированные предприятия, подобно предприятию одного большого хозяина (в данном случае пролетарского государства), имеют общую кассу, и им не приходится продавать или покупать друг у друга за деньги. Постепенно вводится безденежный расчет. Благодаря этому из огромной области народного хозяйства деньги вытесняются. По отношению к крестьянству деньги также все более и более теряют свое значение, и на первый план выдвигается товарообмен. Даже в частной торговле с крестьянами все более и более деньги отходят на задний план, и покупатель может получать хлеб лишь за какие-либо натуральные продукты, как одежда, материя, посуда, мебель и т. д. Постепенному уничтожению денег способствует также и огромный выпуск бумажных денег государством, при огромном сокращении товарообмена, вызванного расстройством промышленности. Все более и более растущее обесценивание денег есть в сущности их стихийное аннулирование.

Но наиболее сильный удар будет нанесен существованию денег введением бюджетных книжек и уплатой за труд работникам продуктами. В рабочую книжку будет записываться, сколько он сработал, т. е. сколько он имеет за государством. И по этой же книжке он будет получать в потребительской лавке продуктами. При этой системе неработающие ничего не могут получать за деньги. Но это может существовать лишь тогда, когда государство в состоянии будет сосредоточить в своих руках такое количество продуктов потребления, которого будет достаточно для снабжения всех работающих членов социалистического общества. Без восстановления разрушенной промышленности и без ее расширения это неосуществимо.

В общем процесс уничтожения денежного обращения вырисовывается в настоящее время в таком виде. Сначала деньги изгоняются из области продуктообмена внутри национализированных предприятий (фабрики, железные дороги, советское хозяйство и т. д.). Затем деньги исчезают из области расчетов между государством и работниками социалистического государства (т. е. между Советской властью, служащими и рабочими советских предприятий). Далее деньги отпадают, заменяясь товарообменом, в оборотах между государством и мелким производством (крестьянами, кустарями). Затем деньги исчезают в товарообмене внутри мелкого хозяйства, быть может, исчезнут окончательно лишь вместе с самим мелким хозяйством.

ЛИТЕРАТУРА

Литература по этому вопросу почти отсутствует, можно рекомендовать. Ю. Пятаков: «Пролетариат и банки». Сокольников: «К вопросу о национализации банков». Кроме того, ряд статей в «Экономической жизни» и в «Народном хозяйстве».

Глава XVI

ФИНАНСЫ В ПРОЛЕТАРСКОМ ГОСУДАРСТВЕ

§ 122. Государство — паразитический аппарат. § 123. Пролетарское государство — производительный аппарат. § 124. Бюджет пролетарского государства

§ 122. Государство — паразитический аппарат

Как уже говорилось выше, государство, это есть организация насилия и господства одного класса над другим или над другими. Если весь буржуазный класс по мере развития капитализма делается все более и более классом тунеядцев, который только потребляет и ничего не помогает производству, то что же сказать про буржуазное государство, охраняющее покой и доходы этих тунеядцев от эксплуатируемых и возмущенных масс? И полиция с жандармерией, и постоянная армия, и судейский аппарат, и все вообще аппараты управления страной — это сборище огромного количества людей, из которых никто не произвел ни пуда хлеба, ни аршина мануфактуры, ни иголки или булавки. Вся эта организация живет за счет прибавочного продукта, издаваемого рабочими и крестьянами. Это прибавочный продукт выкачивается государством в виде налогов прямых и косвенных. Например, наше царское правительство выколачивало таким путем из рабочих и крестьян более 3 миллиардов золотом. (Если это перевести на нынешние бумажные деньги и их покупную способность, это будет больше 300 миллиардов, т. е. в три раза больше того, сколько есть всех денег во всей России.) Лишь небольшая часть налогов шла на производство, напр., на постройку железной и шоссейной дорог, пароходов, мостов, государственных заводов и т. д.

Что касается пролетарского государства, то в тот

период, пока длится гражданская война, пока сопротивление буржуазии не сломлено, этому государству отчасти также приходится быть органом, стоящим над производством. Труд многих органов пролетарского государства не есть труд, создающий новые ценности. Наоборот, ряд государственных органов живет за счет продуктов, создаваемых рабочими и крестьянами. Таковы, например, весь наш военный аппарат и Красная армия, органы управления, органы борьбы с контрреволюцией и т. д. Но для пролетарского государства характерно как раз не это, т. е. не то, что делает это государство похожим на государства эксплуататоров. Для пролетарского государства характерно именно то, что эта организация постепенно перерождается из непроизводительного организма в организацию управления хозяйством.

§ 123. Пролетарское государство — производительный аппарат

Уже задолго до окончания гражданской войны пролетарское государство в главной своей части обслуживает производство и распределение продуктов. Это с полной ясностью обнаруживается при одном только перечислении центральных и местных комиссариатов. Самая крупная из советских организаций — это Высший Совет Народного Хозяйства со всеми его разветвлениями. Это — организация исключительно производственная. Затем следуют комиссариаты: земледелия, продовольствия, путей сообщения, труда,— организации также производственные, распределительные или обслуживающие рабочую силу. Далее Комиссариат народного просвещения с проведением программы Единой Трудовой Школы превращается в организацию по подготовке образованной рабочей силы. Здравоохранение в пролетарском государстве — орган охраны здоровья трудящихся, социальное обеспечение — обеспечение преимущественно бывших трудящихся или будущих трудящихся (приюты, колонии и т. д.). Даже Комиссариат управления превратился главным образом в организацию помощи и руководства для местного, главным образом, муниципального хозяйства. В общем и целом пролетарский государственный механизм превращается в огромную организацию, которая руководит народным хозяйством и с разных сторон, в различных областях обслуживает его. Это с полной очевидностью выступает из рассмотрения бюджета Советской республики. Вот наиболее характерные расходы.

Было ассигновано на 1-е полугодие 1919 г. в миллионах рублей:

Высший Совет Народного Хозяйства		. . . .	10 976
Народный Комиссариат продовольствия		. . . . . .	8 153
»	»	путей сообщения	5 073
»	»	просвещения	3 888
»	»	здравоохранения	1 228
»	»	социального обеспечения . .	1 619
»	»	земледелия	533
»	»	по военным делам	12 150
»	»	по морским делам	521
»	»	иностранных дел	11
»	»	национальных дел	17
»	»	юстиции	250
»	»	внутренних дел	857
Чрезвычайная Комиссия		. . . .	348

Из этих цифр мы видим, что обороны республики отнимают еще очень много средств. Но отбросьте этот расход, вызванный чрезвычайными обстоятельствами, и станет вполне ясно, что девять десятых расходов пролетарского государства — это расходы на производство, на управление им, на обеспечение его функционирования в будущем, на поддержание рабочей силы и т. п. чистохозяйственные расходы.

Этого мало. На коммунистических субботниках и работники производственных организаций, и красноармейцы, и военные комиссары отдают свой долг производительному труду, хотя вначале, конечно, в скромных размерах. До 1919 г. в мире еще не было государства, чиновники которого регулярно чинили бы паровозы и разгружали дрова для этого государства.

§ 124. Бюджет пролетарского государства

Выше мы видели, что чем дальше, тем больше расходы пролетарского государства делаются производительными расходами. Спрашивается, из каких же источников должны черпаться его доходы.

Финансы Советской республики России дают об этом некоторое представление.

Советская власть в начале своего существования имела некоторое количество доходов чрезвычайного характера: таковы были конфискованные вклады буржуазии в банках, наличные государственные средства, оставшиеся от старого правительства, суммы, поступившие от контрибуции на буржуазный класс, суммы, вырученные от продажи конфискованных запасов у частных торговцев и фирм и т. д. Но все эти доходы оказались крайне не велики в сравнении с необходимыми расходами. Правда, контрибуции на капиталистов некоторое время были единственным почти источником для существования местных советов, но для центральной власти эти контрибуции никакой существенной поддержки оказать не могли. Наконец, этот источник оказался слишком недолговечным, т. е. буржуазия была действительно обобрана или же, что было в большинстве случаев, разбежалась, припрятав свои сбережения. Прогрессивно-подоходный налог также не дал и не дает больших результатов. Поскольку он касается служащих и рабочих, то он не имеет никакого смысла, так как в виде налога государство берет часть того, что платит в виде жалованья. Поскольку он касается городской буржуазии, то ввиду того, что эта буржуазия официально почти не существует и легально не занимается своим ремеслом, его до крайности трудно собирать и фактически эти сборы оказались весьма ничтожными. Более успешно этот налог может собираться среди зажиточной части крестьянства, но для регулярных его поступлений нужна регулярная систематическая работа податных органов, поддержанных местными, главным образом волостными органами власти. Но весь этот аппарат еще недостаточно налажен, чтобы обеспечить успех дела. Что же касается среднего крестьянства, то обложение его, пока длится гражданская война, нежелательно по политическим соображениям, чтобы не оттолкнуть его от пролетариата. Попытка собрать чрезвычайный революционный налог в 10 миллиардов кончилась неудачей, так как было собрано менее 2 миллиардов с величайшими усилиями. Основным источником доходов государства оставалось печатание бумажных денег. Выпуск бумажных денег, поскольку на эти деньги можно еще покупать, является в сущности особой формой налога. Этот выпуск, приведя к обесцениванию денег, косвенно приводит к экспроприации денежного капитала буржуазии, сводя его покупательную способность к ничтожной части того, что можно было буржуазии за эти деньги купить раньше. Разумеется, выпуск бумажных денег не может долго служить источником доходов государства, которое стремится к уничтожению денег вообще. Перед пролетарским государством встает вопрос о том, как построить свои доходы на более прочном основании.

Таким прочным основанием является само производство. Если выпуск денег в качестве доходной статьи удавался, это происходило потому, что этот вид налога взимается незаметно. Точно так же совершенно незаметно возможно получение косвенных налогов от государственных монополий. Этот вид доходов государства и глубоко правилен по существу. Ведь стоимость производства любого продукта, выпускаемого государством, должна включать в себя также издержки по управлению производством. А такое управление и осуществляет пролетарский государственный аппарат. Практически значит, если перевозка пассажиров обходится миллиард рублей в год, государство может назначить проездную плату в таком размере, чтоб выручить на пассажирском движении миллиард двести миллионов. Если вся изготовляемая мануфактура стоит 5 миллиардов, можно продать ее за шесть мил. и т. д. Излишек должен идти на содержание государства. Эти доходы от монополий можно себе, конечно, представить не только в денежной форме, а и прямо в виде отделения определенного количества продуктов.

Если пролетарское государство превращается в орган управления всем социалистическим хозяйством в целом, то вопрос о его содержании, т. е. наш старый вопрос о бюджете весьма упрощается. Дело будет идти просто о выделении определенного количества средств на определенный хозяйственный расход.

Но если вопрос о государственном бюджете чрезвычайно упрощается, то не так просто обстоит дело с выяснением того, какая часть продуктов может быть потреблена, т. е. израсходована во всем хозяйстве. Надо будет с величайшим умением рассчитать, какое количество продуктов может быть потреблено без остатка, какое должно составить запас, какое должно служить для расширенного воспроизводства и т. д.

Так, вопрос о государственном бюджете, с уничтожением государства, как паразитического аппарата, превращается в общий вопрос о распределении всех продуктов социалистического общества, потому что государственный бюджет превращается в частицу общего бюджета социалистического общества в его целом.

Литературы по этому вопросу почти нет.

Можно указать. А. Потяев: «Финансовая политика Советской власти».

Глава XVII

ПРОГРАММА КОММУНИСТОВ В ЖИЛИЩНОМ ВОПРОСЕ

§ 125. *Жилищный вопрос в капиталистическом обществе.*
§ 126. *Жилищный вопрос в пролетарском государстве*

§ 125. Жилищный вопрос в капиталистическом обществе

Нигде привилегии буржуазного класса не выступают так ярко, как в области жилищ. Лучшие кварталы городов заселены буржуазией. Все лучшие улицы как по чистоте, по обилию садов и деревьев заселены имущими классами. Наоборот, рабочий класс во всех решительно странах загнан на окраины. Он загнан туда совсем не потому, что большинство заводов обыкновенно располагается на окраинах города. Если завод расположен в центре города, рабочие этого завода все равно ютятся где-нибудь в рабочих слободках, на окраинах. А фабриканты предприятий, построенных на концах города, живут все равно в центре.

Буржуазные семьи занимают целые особняки или квартиры с числом комнат, превышающим число жильцов, пользуются садом, ваннами и всеми удобствами жизни.

Рабочие семьи сбиваются в подвалах, отдельных комнатах, маленьких квартирках или, что очень часто, живут в общих бараках, как арестанты общих камер тюрьмы. Вдыхая весь трудовой день в свои легкие фабричный дым, опилки, стружки, пыль, рабочий должен вдыхать всю ночь в комнате, где часто спят 5—6 детей.

Неудивительно, что статистика очень скоро подметила, насколько быстрей мрут люди в рабочих кварталах, у которых рабочий день длинен, но коротка лачуга и коротка жизнь. Вот данные. В Англии на каждые 1000 человек смертность 22 человека в год. В буржуазных кварталах смертность падает до 17, в специально рабочих округах повышается до 36, а в кварталах, населенных беднейшей частью рабочих, смертность возрастает до 40—50 на тысячу. В столице Бельгии Брюсселе в рабочих кварталах умирает один человек из 29, в лучших буржуазных кварталах один из 53, т. е. смертность в рабочих кварталах почти в два раза больше, чем в буржуазных.

Средняя продолжительность жизни буржуа, живущих в светлых, сухих и теплых квартирах, почти в полтора раза выше, чем продолжительность жизни у обывателей окраины с их подвалами и чердаками.

В Будапеште средняя продолжительность жизни была у лиц, умерших в возрасте свыше 5 лет:

У имевших		1-2 жителя на комнату	— 47,16 лет
»		2—5 » » »	— 39,51 »
»		5—10 » » »	— 37,10 »
»	более	10 » » »	— 32,03 »

Еще более увеличивается смертность среди рабочих детей в сравнении со смертностью буржуазии. В буржуазных квартирах, имеющих не более одного жильца на комнату, смертность детей в возрасте до 1 года вчетверо меньше, чем в квартирах, где на каждую комнату приходится более 3 жильцов. В возрасте от 1 года до 5 л смертность в буржуазных квартирах вдвое меньше, чем в рабочих.

Но рабочие не только вынуждены умирать раньше буржуа на 15 лет в среднем в своих гнилых и душных квартирах, они вынуждены еще платить за это удовольствие капиталистам-домовладельцам. За каждый угол, за каждый подвал, за каждый чердак, не говоря уже о настоящей комнате или квартире, надо платить подать домовладельцам. Не заплатишь — будешь выгнан на улицу. Плата за квартиру всегда съедала у рабочих значительную часть дохода,— от 15 до 25% всего месячного дохода рабочего. Этот расход не только не уменьшался или не уменьшается, а увеличивается в капиталистических странах. Например, в Гамбурге из каждых ста марок дохода (марка около 50 коп. по довоенному курсу) уходило на квартирную плату:

	1868 г.	1881 г.	1900 г.
У получавших доход в год от 900— 1200 мар	19,8%	24,1%	24,7%
» » » 1200— 1800 »	19,9»	18,9»	23,2»
» » » 1800— 2400 »	20,3»	19,5»	21,6»
» » » 6000— 9000 »	16,5»	15,7»	15,1»
» » » 30000—60000 »	6,7»	8,1»	6,0»
» » » свыше 60000 »	3,7»	3,9»	3,0»

Таким образом, чем меньше доход, тем больший процент дохода падает на квартиру и тем быстрей растет эта доля с каждым годом. Наоборот, у буржуазии на квартиру процент расхода почти в шесть раз меньше на каждую сотню рублей дохода, и этот процент не увеличивается, а скорее уменьшается.

§ 126. Жилищный вопрос в пролетарском государстве

Пролетарская революция произвела полный переворот в жилищных отношениях. Советская власть приступила к национализации буржуазных домов, отменила долги рабочих за квартиру в одних случаях, понизила ее в других. Мало этого. На очереди составлен, а отчасти проведен в жизнь план отмены всякой квартирной платы для рабочих, живущих в национализированных домах. Затем в наиболее крупных городах началось систематическое переселение рабочих из подвальных помещений, полуразрушенных домов и нездоровых кварталов в буржуазные особняки и огромные дома центральных кварталов. Кроме того, началось систематическое снабжение рабочих мебелью и всеми предметами домашнего обихода.

Задача коммунистической партии состоит в том, чтобы продолжать и далее эту политику, усовершенствовать домовое хозяйство, бороться с запущенностью национализированных домов, не допуская ухудшения постановки в них дела с ремонтом и соблюдения чистоты, поддерживать в сохранности все приспособления вроде провода, канализации, парового отопления и т. д.

В то же время Советская власть, проводя в широких размерах национализацию крупного капиталистического домовладения, не имеет ни малейшей необходимости затрагивать интересы мелкого домовладения: домовладельцев из рабочих, служащих и просто обывателей. Попытки провести самую широкую национализацию также и небольших домов, имевшие место в провинции, привели только к тому, что за национализированными домами и домиками некому было смотреть, они стали разрушаться, и часто не имелось даже охотников в них жить. Между тем среди мелкого домовладения это возбуждало ропот и возмущение против Советской власти.

Советская власть, поставленная перед лицом тягчайшего квартирного кризиса в городах, вызванного прекращением новых строек, проделала также огромную работу по справедливому распределению всех граждан во всех домах. Квартирные Отделы Советов берут на учет свободные квартиры городов, вселяя в них квартирантов по определенному плану. В то же время эти Отделы выясняют наличность и вместимость всех домов каждого крупного города и уплотняют квартиры тех семейств и отдельных лиц, которые пользуются количеством комнат сверх нормы.

С ликвидацией гражданской войны и производственной разрухи начнется усиленный рост городского населения. Разбежавшийся по деревням пролетариат начнет возвращаться в город. Туда же потянется избыточное население деревни. Перед Советской властью встанет тогда вопрос о новых постройках,— о таких постройках, которые должны удовлетворять жилищным потребностям коммунистического общества. В настоящий момент трудно еще сказать, какой тип постройки явится наилучшим: огромные ли дома со всеми удобствами, садом, общей столовой и проч. или же благоустроенные небольшие рабочие домики. Ясно лишь одно: программа жилищная не должна будет противоречить программе соединения промышленности с земледелием. Она должна способствовать рассасыванию города по его сельским окрестностям, а не увеличивать скученность на одном месте сотен тысяч и миллионов людей, лишенных возможности дышать свежим воздухом, оторванных от природы и обреченных на преждевременное вымирание.

ЛИТЕРАТУРА

Ф. Энгельс: «Жилищный вопрос». Федорович: «Жилые помещения рабочих». Э. А. Дементьев: «Фабрика, что она дает населению и что от него берет». В. Светловский: «Жилищный вопрос на Западе и в России». М. Покровская: «Улучшение рабочих жилищ в Англии».

Глава XVIII

ОХРАНА ТРУДА
И СОЦИАЛЬНОЕ ОБЕСПЕЧЕНИЕ[1]

§ 126. Что такое охрана труда? § 127. Главные области охраны труда. § 128. Что сделано в области охраны труда в России? § 129. Что такое социальное обеспечение? § 130. Главные области социального обеспечения. § 131. Что сделано в области социального обеспечения. § 132. Другие мероприятия по улучшению рабочего класса. § 133. Дальнейшие задачи партии

§ 126. Что такое охрана труда?

Рабочий класс борется за коммунистический строй потому, что этот строй избавит его от эксплуатации и позволит развить производительные силы настолько, что человеку нечего будет корпеть целыми днями над производством самых необходимых вещей. Поэтому все завоевания, которые рабочий класс делает на своем пути к коммунизму, по сути дела являются прямо или косвенно охраной труда: они ведь способствуют улучшению положения рабочей силы. Возьмем, напр., политическую свободу рабочего класса при Советской республике и положение рабочего класса, как господствующего класса. Ясно, что это политическое положение есть в то же время шаг вперед в смысле охраны труда. То же можно сказать решительно о всех завоеваниях рабочего класса. Однако от этого широкого понятия «охраны труда» следует отличать более специальное понятие. Здесь речь идет не о положении рабочего класса вообще, а о положении рабочего класса на фабрике, заводе, руднике, другими словами, о положении его в процессе самого труда. В самом деле, работа на фабриках и заводах, при многих машинах, часто среди ядовитых испарений, это — громадная опасность. Эта опасность еще более усиливается долгим рабочим днем, который утомляет рабочих, выматывает

---

[1] Эта глава написана Бухариным.

все силы, ослабляет внимание и тем способствует росту несчастных случаев. Но и сам по себе длинный рабочий день страшно истощает организм.

Этих нескольких примеров достаточно, в сущности, чтобы выяснить, как от обстановки труда и от его условий зависит состояние работающих. Но здесь все же необходимо остановиться па этом несколько более подробно.

1. Прежде всего вопрос о «несчастных случаях». Вот некоторые цифры. На Невском Судостроительном заводе в Петербурге несчастные случаи исчислялись таким образом:

	Число несчастных случаев	Число рабочих	На 1000 раб. несчастных случаев
в 1914 г.	4386	6186	709
» 1915 г.	4689	7002	669
» 1916 г.	2830	7602	371
» 1917 г.	1269	6059	210

Падение числа несчастных случаев вызывалось, главным образом, рядом специальных мер. Но и то 210 несчастий на 1000 рабочих, это цифра громадная.

Несчастные случаи по своему числу иногда доходят до 70% всего числа рабочих. По свидетельству одного врача полевые работы в Екатеринославской губернии приводили к тому, что земские больницы напоминали приемные покои военного времени. Несчастные случаи наблюдались не только в России, но, разумеется, повсюду. В английском парламенте социалист Мэкдональд приводил однажды расчет, что из 1200 человек, убитых в рудниках, 1100 погибло только потому, что капиталисты не приняли самых необходимых мер безопасности.

Этот последний пример показывает нам, что при желании можно чрезвычайно сократить количество несчастных случаев. Но капиталистам было невыгодно тратиться на ряд необходимых приспособлений.

2. Вредная обстановка труда и связанные с ней профессиональные болезни, смертность и т. д.— второй основной вопрос.

Возьмем, напр., фосфорные заводы. По свидетельству Лазарева на этих заводах в России, где не было никаких усовершенствований, пяти лет работы оказывалось достаточным, чтобы превратить человека в «ходячий труп». На химических, стеклянных заводах, на рудниках и т. д. производство связано с рядом так называемых профессиональных заболеваний. Но и в других производствах можно наблюдать сходные явления: расширение вен у работающих стоя, поражение челюстей у работающих с фосфором, отравление ртутью и мышьяком, туберкулез (чахотка) во многих отраслях и т. д.

Приведем несколько цифр.

Ежегодно в Англии умирало от чахотки (в 1900—1902) по расчету на 1000 человек:

у духовенства		55 чел. на 1000	
в земледелии и скотоводстве .	76	» »	»
у адвокатов и нотариусов . .	92	» »	»
» чиновников	129	» »	»
в стеклянном производстве .	283	» »	»
» гончарном и фарфоровом .	285	» »	»
у наборщиков	300	» »	»
в щетинном производстве .	325	» »	»
» производстве ножей и вилок .	533	» »	»
у рудокопов	.579—		
	816	» »	»

По данным доктора Баранова, смертность от чахотки среди пролетариата равнялась:

у папиросниц	63,4%
» граверов	58,3%
» наборщиков	53,1%
» портных	50,9%
» камнетесов	50,6%
» слесарей, токарей, сапожников, переплетчиков, жестянщиков	46—47%
» коробочников и столяров	45—45,5%

По данным германской статистики, смертность от чахотки среди шлифовальщиков металла в Золингене была в 4 раза больше средней смертности от той же болезни.

3. Кроме явных заболеваний в связи с плохими условиями труда стоит и вырождение рабочего класса вообще. Это находит свое отражение в росте числа бракуемых при приемах на военную службу. С каждым годом увеличивается число слабогрудых, низкорослых и т. д., причем среди пролетариев их гораздо больше, чем среди остальных слоев населения. В Швейцарии число забракованных рабочих равняется — $39^1/_2\%$ общего числа явившихся, число же забракованных жителей деревни только 25%. То же наблюдается и в других странах. У женщин общее вырождение часто связывается с полной потерей способности рожать.

Все это, вместе взятое, как видит всякий, связано

с условиями производства. Класс капиталистов не был заинтересован в охране труда и вел по отношению к рабочей силе х и щ н и ч е с к у ю политику: выжать человека — и выбросить шелуху вон. Такова политика и самого «прогрессивного» капитала американского. Там принимают на фабрику только здоровых, осматривая и ощупывая их мускулы со всех сторон. Слабосильных рабочих не впускают даже в страну, считая, что это — плохой рабочий скот. Но в Америке рабочие редко-редко доживают до 45-летнего возраста. Из них самым «прогрессивным» образом буквально вытягивает жилы господин Капитал.

Само собой разумеется, что д и к т а т у р а п р о л е-т а р и а т а впервые дает возможность поставить дело охраны труда на настоящую ногу. Рабочий класс прямо заинтересован в с б е р е ж е н и и рабочей силы. Он должен поставить вопрос о самом тщательном отношении к этой драгоценнейшей и важнейшей производительной силе. Коммунистический строй будет покоится не на бессмысленной, преступной, вредной р а с т р а т е человеческих сил, а на высокой т е х н и к е, цель которой с б е р е ч ь эти силы. Вот почему охрана труда получает такое громадное значение в переходный к коммунизму период жизни человечества.

И т а к, под о х р а н о й т р у д а п о д р а з у м е в а е т-с я о х р а н а р а б о т а ю щ и х о т в р е д н ы х у с л о-в и й п р о и з в о д с т в а.

§ 127. Главные области охраны труда

Наиболее важным условием сохранения рабочего класса и предупреждения его вырождения, заболеваемости, повышенной смертности и т. д. является н о р-м а л ь н ы й р а б о ч и й д е н ь. Немудрено поэтому, что рабочий класс постоянно ставил во главу угла своей борьбы как раз борьбу за сокращение рабочего дня. Рабочий день определяет ту трату человеческой энергии, которая превращается в продукты, а в капиталистическом обществе и в прибыль капиталиста, который поэтому так заинтересован в удлинении рабочего дня. П р и п е р е р а с х о д е своих сил рабочий подрывает возможность дальнейшей работы: он «снашивается» быстрее, его организм ослабляется, он легче заболевает и скорее умирает. Ненормально длинный рабочий день есть хищническая растрата человеческой энергии, установление нормального рабочего дня это первая область охраны труда.

Второй областью является охрана наиболее слабых элементов рабочего класса. Рабочий класс состоит не только из взрослых мужчин. Он состоит и из стариков, и из детей, и из подростков, и из женщин всех возрастов. Понятно, что сопротивляемость вредным условиям различна у разных частей рабочего класса. Что может без труда и без ущерба для своего здоровья сделать взрослый мужчина, то крайне вредно может отразиться на женщине (напр., переноска тяжестей) и быть абсолютно гибельным для подростка. Женщины, кроме того, нуждаются в особой охране в некоторые моменты своей жизни (беременность, роды, период кормления грудью и т. д.). Здесь, следовательно, нужны особые меры. Такова охрана труда женщин и детей.

Наконец, в-третьих, очень важна область технического и санитарного оборудования фабрик и заводов. В борьбе с несчастными случаями, с вредным влиянием производства, с плохими условиями работы вообще (пыль, отсутствие света, холод, сквозняки, грязь и т. д., и т. д.) можно и должно сделать чрезвычайно много.

Таковы три главные области, где действует «охрана труда».

§ 128. Что сделано в области охраны труда в России?

Диктатура пролетариата создала такие условия, что можно было полностью провести те требования, которые выставлялись всеми социалистическими партиями. В этом отношении ни одно законодательство в мире не может спорить с законодательством Советской республики. Наши несчастия, которых у нас хоть отбавляй, зависят здесь не от плохих законов, а от того, что у нас всего мало, что многого не хватает. Но это, как мы видели выше, зависит от той борьбы, которую ведет против нас мировой империализм, и от той империалистской бойни, которую вели враги рабочего класса между собой.

В общем, подводя итоги тому, что сделано в области охраны труда и что стало законами Советской республики, мы получаем такую картину.

а) Ограничение рабочего времени

Здесь Советская власть провела целый ряд мероприятий.

1. Окончательно установлен 8-ми ч а с о в о й рабочий день, закрепленный законом (чего усиленно избегало соглашательское правительство) и 6-ти часовой — для умственного и конторского труда.

2. Запрещены, как правило, с в е р х у р о ч н ы е р а б о т ы, разрешаемые лишь в исключительных случаях и в ограниченном количестве, с оплатой в полуторном размере.

3. Сокращен рабочий день в особо вредных производствах, напр. до 7 часов в табачном, до 6 часов в газовом.

4. Установлен нормальный 42-х часовой отдых в неделю (с этой целью по субботам рабочий день сокращен повсюду до 6 часов). Кто не пользуется воскресным днем, тому предоставляется какой-либо другой день среди недели.

5. Каждому трудящемуся предоставляется раз в году отпуск с полным сохранением содержания (по кодексу труда на один месяц, в настоящее тяжелое время — (осень 1919 — на две недели).

6. В особо вредных производствах и для подростков, едущих в колонии, предоставляется дополнительный двухнедельный отпуск.

б) Охрана женского и детского труда

1. Женщинам, как правило, запрещены ночные, сверхурочные и поденные работы.

2. Запрещены приемы на работу малолетних, не достигших 16 лет. Проводится постепенное снятие их с работы (в первую очередь с вредных производств) с одновременным предоставлением им материального обеспечения и размещением их по школам.

3. Сокращен рабочий день несовершеннолетним (для оставляемых на работе малолетних — 4 часа, для подростков от 16—18 лет — 6 часов).

4. Запрещены сверхурочные, ночные и поденные работы для всех, не достигших 18-летнего возраста.

Специально относительно о х р а н ы м а т е р и н с т в а проведены следующие законы:

1. Установлено пособие всем беременным и роженицам, как самим работницам, так и женам рабочих, в течение всего времени освобождения от работы по беременности и родам, в размере полного заработка.

2. Беременные отпускаются за 8 недель до родов — занимающиеся физическим трудом и за 6 недель — умственным и конторским.

3. Роженицы отпускаются также соответственно на 8 и 6 недель после родов.

4. Матери, кормящие грудью, пользуются освобождением от работы через каждые 3 часа на полчаса.

5. Всем матерям выдается дополнительное пособие на предметы ухода за ребенком в размере 720 р. и на кормление ребенка в размере 24 р. в день в течение 9 месяцев со дня родов.

В этих проведенных в жизнь мероприятиях есть кое-какие отступления от «Кодекса Законов о Труде». Эти отступления состоят в том, что в исключительных случаях допускаются сверхурочные работы, с ограничением их 50 днями в году; в том, что разрешен труд малолетних от 14 до 16 лет с ограничением рабочего дня 4 часами; в том, что месячные отпуска временно заменены двухнедельными; в том, что продолжительность ночных работ пришлось увеличить до 7 часов.

Все эти отступления вытекали из того крайне тяжелого положения, в которое республика Советов была поставлена благодаря зверскому натиску всех сил империализма.

в) Техническое и санитарное оборудование фабрик

Здесь проведены такие меры:

1. Издан ряд обязательных постановлений в области технической безопасности, санитарии и профессиональной гигиены, направленных к значительному улучшению условия труда на фабриках и заводах.

2. Во всех вредных производствах проведена выдача специальной одежды, защищающей от пыли, газов, сырости и т. д.

3. Для всех рабочих выдается производственная одежда, являющаяся собственностью предприятия и предоставляющаяся в пользование рабочего на время работы.

4. Для действительного проведения в жизнь всех начинаний в области Охраны Труда учреждена Инспекция Труда, избираемая широкими рабочими конференциями. Для отдельных профессий, отличающихся особыми условиями труда или распыленностью работающих (транспорт, строительные, земледельческие и т. д.)

избирается соответствующими союзами специальная поучастковая инспекция труда.

Насколько подвинулось вперед дело участия с а-м и х рабочих в этой области, видно из цифр, которые показывают с о с т а в новых инспекторов. Они показывают, что к 1 авг. 1919 года 53$^1/_2$% всех инспекторов составляли р а б о ч и е. Действительная цифра должна быть гораздо выше, потому что относительно многих их «профессия» не выяснена. Если считать число рабочих (выясненных) по отношению к общему числу в ы я с н е н н ы х, то этот процент повысится до 62$^1/_2$; вместе со служащими он доходит до 88$^1/_2$!

Вот более подробные данные (К 1 авг. 1919 г.).
По профессиям инспектора распределялись следующим образом:

Рабочих . .	.112 чел.	или 54$^1/_2$%	всего числа	(62$^1/_2$%выяснен).
Мастеров, тех-ников, чер-тежн. . .	21 »	» 10 »	»	»	11$^1/_2$ »	»
Служащих (торг. и кон-тор) . . .	28 »	» 13 »	»	»	15$^1/_2$ »	»
Фельдшеров .	4 »	» 2 »	»	»	2 »	»
Фармацевтов .	1 »	» $^1/_2$ »	»	»	$^1/_2$ »	»
Учителей . .	5 »	» 2 »	»	»	2$^1/_2$ »	»
Студентов . .	4 »	» 2 »	»	»	2 »	»
Врачей . . .	5 »	» 2$^1/_2$ »	»	»	2$^1/_2$ »	»»
Инженеров .	1 »	» $^1/_2$ »	»	»	$^1/_2$ »	»
Юристов . .	1 »	» $^1/_2$ »	»	»	$^1/_2$ »	»
Не выяснено	28 »	» 13 »				

Таким образом, у нас действительно появляется настоящая р а б о ч а я инспекция, рабочая и по своим целям, и по своему составу.

Однако как раз в области охраны труда на самих фабриках остается сделать еще очень много. В массе случаев у нас процветают еще ужасные условия работы, в особенности в отсталых предприятиях, где рабочие плохо организованы, малосознательны и малокультурны. В таких дырах все или почти все осталось по-старому. Часто, правда, нельзя сделать необходимых улучшений, требующих новых приспособлений и нового оборудования. Но много м о ж н о еще сделать и без этого, если вовлекать все более широкую массу в дело улучшения трудовой обстановки.

§ 129. Что такое социальное обеспечение?

Капиталистический строй, как мы видели, ставил своею целью выжимание из рабочего класса прибыли. Наемный рабочий, пролетарий, был просто-напросто средством наживы для капиталиста. И как только это живое средство портилось или оказывалось негодным либо лишним, его беспощадно выбрасывали, как выжатую лимонную корку или яичную скорлупу. Бедствия безработицы, болезнь, старость, увечье — ни с чем не считался капитал: он вышвыривал громадные массы людей за борт, вовсе даже н е с т а р а я с ь и м п о м о ч ь или помогая лишь наиболее преданным элементам вроде благонадежных чиновников, из которых он уже выжал все жизненные соки.

В Советской республике трудящиеся и бедняки не являются предметом эксплуатации. Но из этого не следует, чтобы у нас не было громадных бедствий. В нашей стране, истерзанной врагами, блокируемой со всех сторон, отрезанной от угля, нефти и сырья, бедствий великое множество. Не капиталист выбрасывает с фабрики, но эту фабрику приходится иногда закрывать, потому что нет топлива или сырья — вот вам и безработица. Это не безработица прежнего вида; она происходит от совсем других причин, но она есть. Нам остались от империалистической войны инвалиды и увечные; у нас масса жертв контрреволюции; старики, больные, дети, — все это требует забот и затрат. Рабочее правительство не смотрит на помощь всем этим элементам, как на подачку, милостыню или благотворительность. Это есть прямая о б я з а н н о с т ь рабочего государства поддержать их, в особенности тех, кто вышел из строя трудовой или Красной Армии.

Нашей конечной целью является такое состояние общества, когда все люди, потерявшие почему бы то ни было трудоспособность, не могущие работать, были бы полностью обеспечены: чтобы старики имели покойную старость, все удобства жизни; чтобы дети имели все нужное в их возрасте; чтобы больные и увечные жили в лучших и самых подходящих для них условиях; чтобы усталые и истощенные лечились так, как в прежние времена самые богатые буржуа; чтобы не было у людей постоянной, судорожной заботы о «черном дне».

Конечно, на это ни в малой степени не похоже наше теперешнее положение. Мы сейчас нищая страна по милости всесветных разбойников. У нас нет самых обыкновенных вещей: лекарств, например, их не ввозят империалисты — они нас ведь блокируют... Но в одном нельзя отказать Советской власти: о н а н е ж а л е е т с р е д с т в, чтобы хоть как-нибудь помочь нетрудоспособным и обеспечить их.

§ 130. Главные области социального обеспечения

Главных областей социального обеспечения д в е. Это, во-первых, обеспечение лиц, которые потеряли трудоспособность или же лишились работы б у д у ч и з а н я т ы м и к а к и м - л и б о т р у д о м (физическим или умственным). Сюда относятся случаи безработицы, случаи потери трудоспособности; либо временной (болезнь, ранение, беременность, роды), либо постоянной (инвалидность, старость, хроническая, постоянная болезнь). Во-вторых, это обеспечение лиц, п о с т р а д а в ш и х и л и л и ш и в ш и х с я т р у д о с п о с о б н о - с т и н е н а р а б о т е, не в производстве. Сюда относятся инвалиды старой войны, раненые красноармейцы, семьи красноармейцев, пострадавшие от контрреволюции, пострадавшие от каких-либо стихийных бедствий или несчастий (пожары, наводнения, эпидемии и т. д.). Наконец, необходимо иметь в виду и других нетрудоспособных, жертв старого общественного порядка и гнусных общественных отношений. К этой категории принадлежат нищие, беспризорные и бесприютные, дефективные (вырожденцы, слабоумные и т. д.).

Кроме того, помощь требуется в случае смерти членов семьи.

Все эти элементы, подлежащие обеспечению, составляют огромное количество людей. Первая категория их (потерявшие трудоспособность или лишившиеся работы, но связанные с производством так или иначе) состоят в ведении комиссариата труда, который фактически находится в руках профессиональных рабочих союзов; вторая категория — в ведении комиссариата социального обеспечения.

§ 131. Что сделано в области социального обеспечения?

Советская власть провела, в общем и целом, обеспечение трудящихся при всех видах потери трудоспособности, в том числе и при безработице, чего нет нигде в мире.

Вот каковы мероприятия, проведенные для обеспечиваемых первого вида:

1. Все лица, занятые «наемным трудом», освобождены от расходов на социальное страхование.

2. От дела организации социального обеспечения и охраны труда совершенно устранены предприниматели, а все органы существуют на основе представительства рабочих организаций.

3. Введено обеспечение во всех случаях потери трудоспособности и при безработице.

4. Введено обеспечение членов семейств трудящихся в случае смерти последних.

5. Введена выдача пособия в размере полного заработка трудящегося при болезни, увечьи, карантине и проч. случаях временной нетрудоспособности.

6. Установлена пожизненная пенсия в размерах до 1800 р. в месяц (по г. Москве) всем инвалидам труда, независимо от причин, вызвавших инвалидность (старость, увечье, профес. болезни и т. п.) и независимо от числа лет работы.

7. Введена выдача пособий на похороны трудящихся в размере 1440 р., а на членов семейств от 400 р. до 800 р. в зависимости от возраста.

8. При смерти трудящихся семье назначается пожизненная пенсия в размере до 1200 р. (по г. Москве) в месяц в зависимости от числа членов семьи.

9. Для более целесообразного разрешения вопроса о назначении пенсий при Отделах Труда созданы особые рабочие комиссии, назначающие пенсию и пособия.

10. Во всех губерниях созданы Бюро Экспертизы под председательством рабочих, которые и определяют степень инвалидности.

11. Во всех уездах созданы контрольные комиссии под председательством рабочих для наблюдения за лечением и для контроля за больными.

12. Для приближения обеспечения к местам во всех местностях, где живут рабочие, создаются пункты для приема заявлений по делам о пособиях и пенсиях и для выплаты пособий и пенсий, а в крупных предприятиях установлена выдача пособий в самих предприятиях.

13. Отменены ограничительные сроки для пособий.

Теперь по болезни платится пособие до выздоровления, а при инвалидности до смерти.

14. Социальное обеспечение распространено на всех без исключения лиц, занятых наемным трудом и, вводится для кустарей, ремесленников и крестьян.

15. На вторую половину 1919 г. на обеспечение рабочих и служащих республика отпустила аванс в 5 миллиардов руб.

Из второй категории обеспечиваемых особенно важно обеспечение семей красноармейцев и самих красноармейцев.

Красноармеец-инвалид получает при полной потери трудоспособности (свыше 60%) пенсию в размере среднего заработка той местности, где он живет; размеры пенсии понижаются в зависимости от степени потери (при 15—30% получает $\frac{1}{3}$ заработка); земля красноармейца должна быть запахана, и его хозяйство снабжено посевным материалом; семьям должен выдаваться паек в размере, который зависит от количества нетрудоспособных членов семьи; члены семей красноармейцев освобождаются от уплаты за квартиру, получают дополнительную продовольственную карточку; в случае смерти красноармейца, нетрудоспособные и необеспеченные члены его семьи получают пенсию в размере 60% среднего в данной местности заработка при одном нетрудоспособном и полного заработка при трех и более нетрудоспособных и т. д., и т. д.

На денежные пособия красноармейским семействам за первую половину 1919 г. был израсходован миллиард двести миллионов, на второе полугодие было ассигновано $3\frac{1}{2}$ миллиарда рублей. По данным тов. Винокурова, к осени 1919 г. получают пособия около $4\frac{1}{2}$ миллионов красноармейских семейств.

Кроме того, с 4 июля по 1 декабря 1919 г. было переведено в губернии больше . . . . $2\frac{1}{2}$ миллиардов р.
На сельскохоз. помощь разассигновано . 200 миллионов р.
   » квартирное довольствие   » . 150   »   »
   » пенсии красноармейцам   » . 100   »   »
   » на помощь инвалид. войны » 168   »   »

Одним из крупнейших недостатков в деле соц. обеспечения является у нас плохо действующий аппарат: плохой учет обеспечиваемых, плохая доставка денежных знаков на места, волокита в учреждениях комиссариата социального обеспечения и т. д. Улучшение организационного аппарата — непременная задача партии.

§ 132. Другие мероприятия по улучшению положения рабочего класса

Кроме тех мер, о которых говорилось выше, громадное значение для положения рабочего класса имеет и целый ряд других мероприятий, вошедших в сборник (Кодекс) Законов о Труде. Эти меры непосредственно вытекают из того, что пролетариат является господствующим классом, и потому они идут гораздо дольше тех требований, которые выставлялись в программах социалистических партий. Это, главным образом, три мероприятия:

во-первых, у ч а с т и е р а б о ч и х о р г а н и з а ц и й в р е ш е н и и в о п р о с а о н а й м е и л и у в о л ь н е н и и. Этот вопрос зависит от фабрично-заводских комитетов и рабочих правлений;

во-вторых, государственное р е г у л и р о в а н и е з а р а б о т н о й п л а т ы. Самое интересное здесь то, что расценки (тарифы) вырабатываются профессиональными союзами и проводятся через комиссариат труда, который фактически составляется из представителей профессионального движения;

в-третьих, о б я з а т е л ь н о е п р и и с к а н и е р а б о т ы б е з р а б о т н ы м особыми органами при советах и профессиональных союзах (так называемые отделы распределения и учета рабочей силы).

Все эти мероприятия тесно связаны с господствующим положением всех рабочих организаций и прежде всего профессиональных союзов.

§ 133. Дальнейшие задачи партии

Самой важной задачей является возможно более полное и широкое проведение в жизнь декретов и постановлений Советской власти. Очень часто бывает, что действительность расходится с декретом, что на бумаге стоит одно, а в жизни другое. Полное, точное, правильное проведение в жизнь всех мероприятий обеспечивается в первую голову правильно поставленным организационным аппаратом, где центр связан с местами, а места с центром, где вся машина в ходу. Это, в свою очередь, возможно лишь в той мере, в какой к работе будут привлекаться сами массы. В этих целях необходимо:

1) у с и л и т ь   р а б о т ы   п о   о р г а н и з а ц и и   и   р а с ш и р е н и ю   и н с п е к ц и и   т р у д а; туда необходимо вливать все новые и новые добавочные силы из самих рабочих; никто лучше самих рабочих, прекрасно знакомых с условиями труда, не сможет замечать все недостатки и предпринимать практические меры к их устранению;

2) необходимо   р а с п р о с т р а н и т ь   и н с п е к ц и ю   н а   м е л к у ю   и   д о м а ш н ю ю   п р о м ы ш л е н н о с т ь. Эта промышленность постоянно оставалась в загоне. А между тем здесь как раз процветают часто самые ужасные условия труда. Р а б о ч а я инспекция помогла бы в этой области сделать очень многое;

3) необходимо также   р а с п р о с т р а н и т ь   о х р а н у   т р у д а на все его виды, в том числе на строительных рабочих, сухопутный и водный транспорт, прислугу и сельскохозяйственных рабочих. Эти отрасли труда, разбросанные, менее поддающиеся организации, должны быть тоже включены в общую систему;

4) Далее, необходимо окончательно   с н я т ь   с   р а б о т ы   м а л о л е т н и х и провести   б о л ь ш е е   с о к р а щ е н и е рабочего дня для подростков.

В о с ь м и ч а с о в о й   р а б о ч и й   д е н ь, который стоит в основе всей охраны труда, вовсе не является, с точки зрения нашей партии, пределом, ниже которого не может опускаться количество рабочих часов. С этой точки зрения такой заранее данной границы нет. Все здесь зависит от состояния производительности труда. Сейчас, при крайней степени падения общего производства и продолжающейся разрухе, рабочий день не может понижаться, как общее правило; иногда он может даже (в связи с военным положением и т. д.) повышаться. Но при малейшей возможности мы должны будем осуществить нормальный   ш е с т и ч а с о в о й рабочий день для   в с е х рабочих, как он существует уже теперь для многочисленного слоя служащих.

С другой стороны, чтобы добиться этого повышения производительности, и постоянно улучшать   к а ч е с т в о рабочей силы полезно введение   п о о щ р и т е л ь н о й   с и с т е м ы   о п л а т ы.

Общие задачи социального обеспечения партия решает отнюдь не в духе благотворительности или поощрения паразитизма и тунеядства; помочь, кому нужно, это обязанность пролетарской власти, точно так же, как ее обязанностью является облегчить ряду опустившихся лиц возвращение к трудовой жизни.

ЛИТЕРАТУРА

С. Каплун: Охрана Труда и ее органы. Н. Малютин: По пути к светлым далям коммунизма. Д-р Гельфер: Пролетарская революция и социальное обеспечение трудящихся. Проф. Пресс: Что такое социальная техника? Статьи в Вестнике Труда и в изданиях комиссариата соц. обеспечения. А. Гольцман: Системы премирования в металлической промышленности.

Глава XIX

ОХРАНА НАРОДНОГО ЗДОРОВЬЯ

§ 134. Необходимость специальной охраны народного здоровья. § 135. Национализация медицинских предпринимательских учреждений. § 136. Трудовая повинность медиц. работников. § 137. Ближайшие задачи в области охраны народного здоровья

§ 134. Необходимость специальной охраны народного здоровья

Капитализм всегда держал рабочий класс в грязных кварталах, кишевших заразой. Только под угрозой, что она сама падет жертвой эпидемий, предпринимала буржуазия кое-какие меры для того, чтобы хотя немного оздоровить кварталы своих наемных рабов. Еще в 1784 году английский парламент расщедрился и стал заботиться о рабочих; это было потому, что специальная парламентская комиссия выяснила следующий факт: ужасная эпидемия тифа ш л а с ф а б р и к. Капитализм заботился об охране здоровья населения ровно в той мере, чтобы предупредить свое собственное «заболевание».

Последствия империалистской войны резко ухудшили положение широких рабочих масс. Общие условия, голод, холод и т. д. породили громадные эпидемии, косившие народ направо и налево: холера, сыпной тиф и, наконец, н о в а я болезнь, «испанка», появлялись одна за другой. «Новая» болезнь явно стояла в связи с войной. Истощенные, истрепанные, ослабевшие человеческие организмы не могут сопротивляться болезням. Смертность необычайно повышается во всех странах и приобретает характер настоящего бедствия.

Но война оставила и еще одно наследие: невероятное распространение венерических болезней, в том числе сифилиса. Солдаты болели этими болезнями массами, а потом разносили их по деревням и селам.

Никогда еще не было такого распространения венерических болезней, как теперь.

Все это, вместе взятое, требует особой деятельности по охране народного здоровья. Конечно, многое по борьбе с болезнями делается другими путями: громадное значение имеет, например, правильное решение в жизни жилищного вопроса: с улучшением рабочих жилищ исчезают источники заразы; такое же громадное значение имеет охрана труда; всякому понятно, что от того или другого состояния продовольственного дела, от питания населения зависит почти все, и т. д.

Но это нисколько не исключает необходимости предпринимать и ряд особых, в общественном масштабе проводимых мероприятий.

А теперь, когда обстоит очень плохо с элементарными условиями существования, всякая добавочная помощь в борьбе со злом должна быть оказана. Так возникает настоятельная необходимость в особой отрасли общественной работы: в работе по охранению народного здоровья.

§ 135. Национализация медицинско-предпринимательских учреждений

Капиталистическое общество имело в своем распоряжении и капиталистически организованную систему медицинской работы. Частные больницы, курорты, санатории, водо-, электро- и светолечебные заведения, аптеки, лечебницы и т. д. были организованы на началах, преследовавших цели барыша. Громаднейшее их количество предназначалось исключительно для излечения от жиру, подагры и других аристократических болезней, свойственных господствовавшим классам капиталистического общества. По курортам рабочие ездить не могли; в санаториях никаких рабочих не было.

Аптечное дело служило точно так же целям получения прибыли. Все эти сведения в экономическом отношении ничем не отличались от другого рода предприятий.

Их нужно было перевести со службы капиталистическому карману на службу трудящимся. Первым шагом к этому была национализация этих учреждений.

§ 136. Трудовая повинность медицинских работников

Громадное количество эпидемических заболеваний и потребность их быстрой ликвидации должна была поставить на очередь вопрос о планомерной, организованной и ведущейся в крупнейшем объеме борьбе с этими эпидемиями. При сравнительно небольшом количестве медицинских работников, само собой разумеется, возникла острая потребность в их у ч е т е и в их м о б и л и з а ц и и на фронт борьбы с эпидемиями в первую голову.

Благодаря такой мере, когда были использованы чуть ли не все медицинские силы, начиная от крупнейших профессоров и кончая студентами первых курсов и фельдшерами, удавалось останавливать грозные эпидемии: холеру и сыпняк.

Трудовая повинность медицинских работников имеет, однако, не только это «пожарное» значение. Она является, наряду с национализацией медицинских предпринимательских учреждений, одним из зародышей будущей о р г а н и з о в а н н о й общественной санитарии и социальной гигиены.

§ 137. Ближайшие задачи в области охраны народного здоровья

При чрезвычайной недостаче в самых необходимых вещах (продовольствии для больниц и госпиталей; в лекарствах, в медицинских принадлежностях и инструментах и т. п.) работа до крайности затруднена. Эта работа сводится, главным образом, к трем основным областям, где развитие ее является целью нашей партии.

Во-первых, решительное проведение ш и р о к и х с а н и т а р н ы х м е р о п р и я т и й. Здесь следует упомянуть оздоровление населенных мест; через загрязненные колодцы, канавы, ямы для стока воды, зловонные «свалки», выгребные ямы, клозеты и т. д. распространяются болезни; охрана почвы, воды и воздуха составляет первейшее условие общественного здоровья. Затем сюда относится постановка общественного питания на научно-гигиенических основах; при скудости наших продовольственных запасов это является пока задачей весьма мало выполнимой; но гигиеническая постановка варки кушаний в общественных столовых, детских столовых, больницах и всех вообще общественных местах — дело выполнимое уже и сейчас. Необходима далее организация мер, предупреждающих развитие заразных болезней; санитарный надзор за учреждениями, частными жилищами, училищами; фильтровка воды, организация доставки кипяченой воды, дезинфекции, обязательные дезинфекции носильного платья и т. д. и т. п.

Во-вторых, необходима планомерная борьба с так называемыми «социальными болезнями» т. е. с теми, которые носят массовой характер и вызваны глубокими общественными причинами. Таковы, прежде всего, три болезни: туберкулез, вызываемый плохими условиями труда, венеризм, распространявшийся, главным образом, вместе с войной, и, наконец, алкоголизм, порождаемый дикостью, забитостью и варварством — с одной стороны и паразитическим вырождением — с другой. Эти болезни не есть только болезни, касающиеся нас. Они окажут свое колоссальное влияние и на наших потомков. Человечеству угрожает серьезнейшая опасность, особенно грозная потому, что сейчас, в силу истощения, эти болезни действуют особенно разрушительно.

Наконец, в-третьих, необходимо обеспечить население общедоступной и бесплатной медицинской и лекарственной помощью. Трудность теперь заключается в абсолютной недостаче лекарств. Эта недостача вызывается не столько разрухой в нашем производстве, сколько блокадой; «гуманные» союзники хотят нас душить не только тем, что они отрезают от нас сырье и топливо и не только «костлявой рукой голода», но и эпидемиями. Здесь вопрос упирается в нашу общую борьбу с мировым империализмом.

ЛИТЕРАТУРА

Н. Семашко: «Основы советской медицины». Проф. Линдеман: «О мерах борьбы с сыпным тифом». Сб.: «Год работы нар. комиссариата здравоохранения».

БОГ, НАЦИЯ, ТРУД

АЗБУКА
ФАШИЗМА

СОСТАВЛЕНО Г. В. ТАРАДАНОВЫМ
(ПРИ УЧАСТИИ В. В. КИБАРДИНА)

**Под редакцией
и с дополнениями
К. В. Родзаевского**

ПРЕДИСЛОВИЕ

к первому изданию

Либерализм и социализм больше не находят последователей. Их идейное и фактическое банкротство с каждым годом становится все очевидней. Два мировоззрения вступают сейчас в «последний и решительный бой», только два, без всяких промежуточных, социализм в последней, крайней его форме — мировоззрение сталинского коммунизма, представляющее собой последний вывод из всех предыдущих политических учений старого мира и первая декларация рождающегося нового мира — мировоззрение молодого фашизма.

Вот почему «Азбуке коммунизма» должна быть сейчас противопоставлена «Азбука фашизма»: *собрание ответов на элементарные вопросы, возникающие в уме каждого мыслящего русского человека при слове «фашизм».*

Каждый фашист должен знать эту азбуку также твердо, как буквы родного алфавита, ибо свободное чтение этой азбуки даст нам и всем русским людям Родину, ныне находящуюся в страшном еврейском плену.

100 вопросов, положенных в основу этой книги, даны мною, ответы на них написаны пом. зав. Высшей партийной школы В.Ф.П. соратником Г. В. Тарадановым, ближайшее участие в этой работе принял В. В. Кибардин. Их прекрасный труд, которому суждено стать трудом историческим — просмотрен, дополнен и прорадактирован мною с тем, чтобы дать членам нашей партии и сочувствующим русским людям более или менее исчерпывающее пособие, четко обрисовывающее сущность фашизма вообще, отличие фашизма от других направлений политической мысли и главнейшие контуры русского фашистского движения.

Книга эта писалась не один год, но тем не менее она

нуждается в исправлениях и дополнениях, которые и будут вноситься по мере развития русской фашистской мысли в последующих изданиях. Это же издание — первый опыт учебника русского фашизма — я настойчиво рекомендую тем, кто не хочет идти в жизни с завязанными глазами, кто хочет принять участие в борьбе с коммунистами и в будущем национальном строительстве, кто хочет знать конкретный план и принять участие в его осуществлении.

ВСЕ ФАШИСТЫ — ЗА ФАШИСТСКУЮ УЧЕБУ! Готовьте кадры агитаторов и организаторов — строителей будущего Общего Дома, нового Российского Государства! Оттачивайте наше оружие — идею, светящуюся как стальной клинок в ярких лучах весеннего солнца!

Харбин, лето 1934 года   К. В. РОДЗАЕВСКИЙ

ПРЕДИСЛОВИЕ
ко второму изданию

Первое издание «Азбуки фашизма» разошлось без остатка. Непрекращающиеся требования о высылке «Азбуки» заставили нас поторопиться со вторым изданием.

«Азбука фашизма» сыграла огромную роль в деле идеологической подготовки членов партии, внеся в эту подготовку определенную систему и план. «Азбука фашизма» явилась кратким учебником российского фашизма, по ней соратники изучали российский фашизм, с ее помощью становились сознательными фашистами, знающими, за что они борются, во имя каких идеалов идут.

Первое издание «Азбуки» имело ряд недостатков. Среди них можно указать на трудный в некоторых случаях язык «Азбуки», на расплывчатость некоторых формулировок и т. д. Все эти недостатки по возможности ликвидированы в новом издании.

«Азбука фашизма», в новом своем издании, подверглась изменению в самой системе расположения вопросов и ответов. Первое издание имело три части. Второе издание «Азбуки» делится на две части. В первой части главы: 1) Общее представление о фашизме. 2) Враги фашизма. 3) Положение в СССР. Вторая часть посвящена российскому фашизму, конкретному раскрытию его идеологических, программных, тактических и организационных установок.

Значительно сокращено число вопросов, относящихся к мировому фашизму. Здесь формулируются только общие основы. Особое внимание обращено на российский фашизм. Понятие о корпоративном государстве, его основных принципах, организации, хозяйственной политике фашизма и т. д. даны применительно к русским условиям. Главы о тактике и организации изложены с учетом нашего генерального плана — фашистской трехлетки.

Выпуская второе издание «Азбуки фашизма», мы пользуемся случаем призвать соратников к максимальному вниманию в деле своей идеологической подготовки. Каждый соратник обязан стремиться изучать идеологию, программу и тактику нашего движения — стать сознательным фашистом.

Только соратник, который не только знает, но и умеет объяснить причины своего пребывания в партии, который поэтому ясно себе отдает отчет во всей ответственности, налагаемой на него званием российского фашиста, может стать настоящим национал-революционером, действительным бойцом за благо и счастье своей Родины, солдатом грядущего национального рассвета.

Г. ТАРАДАНОВ

ЧАСТЬ I

Глава I

ОБЩЕЕ ПРЕДСТАВЛЕНИЕ О ФАШИЗМЕ

1. Причины возникновения фашизма

— Фашизм родился из разочарования во всех прежних политических и социальных системах, доказавших полную свою несостоятельность и банкротство, из искания новых путей и решительной переоценки всех обанкротившихся ценностей.

2. Что такое фашизм как мировое движение?

— Фашизм как мировое движение стремится к переустройству современных либерально-демократических (капиталистических) и социалистических (коммунистических) государств на началах: господства духа над материей (религии), нации и труда (социальной справедливости)—фашизм есть—религиозное, национальное, трудовое движение.

3. Откуда идет слово «фашизм» и что оно буквально означает?

— Слово «фашизм» появилось в Италии, где впервые возникло фашистское движение. Происходит оно от итальянского слова «фашио», что буквально означает «связка», «пучок». Затем, подобно многим словам политического словаря, оно вошло во все языки современного мира.

4. Где и когда впервые возник фашизм?

— Фашизм впервые возник в Италии. Основоположником итальянского фашизма был сын кузнеца, бывший социалист Бенито Муссолини.

Будучи вначале членом социалистической партии и редактором социалистической газеты «Аванте» («Вперед»), он под влиянием пробудившегося национального сознания решительно с ней рвет и приступает к выпуску собственной газеты—«Пополо д'Италия»

(«Народ Италии»). В 1919 году, вскоре после возвращения из армии, в которую Муссолини во время Великой Войны пошел добровольцем, видя неминуемую гибель своей Родины от развивающегося коммунизма, он основывает фашистскую партию. Опираясь главным образом на бывших участников войны, на молодежь, рабочих и крестьян, Муссолини в короткое время достигает колоссального успеха.

В 4 года итальянская фашистская партия под умелым его руководством из небольшой группы превращается в мощный организм, организованный наподобие армии, с железной дисциплиной в своем основании, сокрушает все разрушительные силы во главе с коммунизмом, чуть не увлекшие Италию, наподобие нашей Родины, в катастрофу; приходит в 1923 году к власти и направляет, наконец, Итальянское государство на здоровый путь национально-трудового строительства.

В настоящее время Италия из отсталой и в хозяйственном и в культурном отношении страны превратилась в страну во всех отношениях передовую, сильную, а итальянский народ благоденствует.

5. Примеры фашистских движений в разных странах
— Пример Италии вызвал повсеместные отклики. Фашизм, возникший сначала в Италии, с молниеносной быстротой стал распространяться по всему миру. *В настоящее время нет ни одной страны, не охваченной фашистским движением.*

— *В Германии* торжествует германский фашизм, носящий название национал-социализма. Вождь германских фашистов — *Адольф Гитлер*. Германская национал-социалистическая рабочая партия возникла в 1920 году. В 1933 году германские «наци» приходят, после долгой, упорной и тяжкой борьбы с коммунистами, демократами и евреями, к власти.

Фашистский режим обеспечил Германии, так же как и Италии, возрождение государства, сделал Германию вновь сильной великой державой, принесшей благосостояние всему народу, особенно его трудящимся массам.

Во Франции имеется ряд пока не объединенных в единую партию фашистских организаций, как то: *«Франсисты», «Женес Патриотик» («Молодые патриоты»), «Круа-ДЭ-ФЭ»* («Огненный крест») и др.

В Англии фашизм представлен двумя организациями: «*Британской фашистской имперской лигой*» и «*Британским фашистским союзом*» (Мослея).

Фашизм начинает завоевывать себе симпатии широких масс Ниппон, где фашистские начала: Религии, Нации и Труда особенно популярны в армии, будучи основой «Яматоизма». В Ниппон существует ряд фашистских организаций, из которых следует отметить: Союз молодых *офицеров армии и флота* и «*Коку-Хонся*» (*Объединение патриотов*). Выразителем «Яматоизма» является ген. *Араки*.

Фашистские организации существуют также: в Австрии, Прибалтийских странах, Румынии, Испании, Португалии, Польше, Ирландии, Швейцарии, Чехословакии, САСШ, Южной Америке.

В настоящее время нет страны, где не было бы фашистского движения.

6. Что нового несет фашизм, что старое он сохраняет?

— Фашизм есть соединение лучшего от прошлого и необходимого, диктуемого существующей обстановкой, нового.

Из старого фашизм берет все то, что дорого сердцу каждого человека, он сохраняет завещанную предками религию и духовную семью человека — Нацию. На основе исторически сложившейся нации, на ее корнях, он создает новый специальный строй, оставаясь верным традициям прошлого, бережно их охраняя, он в то же время обеспечивает возможность постоянного совершенства социально-политических форм, применения их к последним потребностям жизни.

Фашизм создает новый социальный строй, построенный на принципе примирения классовых интересов посредством корпоративной системы. Фашизм примиряет труд и капитал. Он обеспечивает каждому гражданину и каждому классу в отдельности возможность улучшать свое личное благополучие, обеспечивает им здоровое развитие в пределах нации. Фашизм несет установление полной гармонии между личностью и классом, с одной стороны, и нацией — с другой.

7. Что такое нация?

— *Нация есть духовное единение людей на основе сознания общности исторической судьбы в прошлом, общей национальной культуры, национальных традиций и т.д. и стремления продолжать свою историческую жизнь в будущем.*

Жизнь нации выявляется в национальном духе, национальном сознании — чувстве патриотизма, объединяющих членов нации. От крепости национального духа зависит крепость нации. Крепость национального духа во многом отношении зависит от богатства национальной культуры и прочности национальных традиций.

Нация, прежде всего — духовное единство. Но образованию нации благоприятствуют и другие факторы: расовая и племенная близость, а также общий язык, территория, религия и т. д.

Нормально развивающаяся нация должна быть тесно связана с государством. Нация всегда рождается в недрах государства, в начале своего существования всегда непосредственно связана с государством.

В процессе исторической жизни нация может терять эту непосредственную связь с государством. Одна и та же нация может дробиться, входя в несколько государств (польская нация в 19 веке), но это всегда наносит урон крепости и духовному единству нации и ведет нацию к разложению. Поэтому первым залогом здорового существования и процветания нации служит создание национального государства, объединяющего членов нации, закрепляющего ее духовное единство тесной реальной политической связью.

Понимание нации как духовного единства, однако, усвоено не всеми фашистскими движениями. Некоторые фашистские движения (например, немецкие национал-социалисты) придерживаются расового понимания нации, считают, что главнейшую роль в образовании нации играют биологические элементы, расовая, кровная связь, которые и определяют уже духовный лик нации.

8. Что такое класс с фашистской точки зрения?

— *Класс есть определенная группа людей, поставленная в одинаковые социальные условия и объединенная общими хозяйственными интересами.* Классы взаимно дополняют друг друга, их общее сотрудничество в хозяйственной жизни необходимо для их собственного благополучия и процветания Нации и Государства. С фашистской точки зрения, классы представляют из себя отдельные органы единого организма — Государства.

Принадлежность человека к тому или иному классу определяется его профессией, бытовыми условиями, известным чувством классовой солидарности, которое рождается в стремлении отстаивать свои классовые интересы.

Фашизм не стремится убить общности классовых интересов, но он требует, чтобы проявление этих классовых интересов не противоречило интересам национального целого. *Вначале нация, затем уже класс.*

9. Что такое труд и трудящийся с фашистской точки зрения?

— Труд с фашистской точки зрения *есть создание духовных или материальных ценностей.* Трудящийся — творец этих ценностей.

Трудящимися, следовательно, являются не только рабочие физического труда, но также и рабочие умственного труда — интеллигенция, и крестьянство, и предприниматели, вносящие в производство свой организаторский талант, свою предпринимательскую инициативу, и торговцы, служащие обмену товарами между производителями, и духовенство, создающее молитвенное общение между верующими и Творцом всего сущего, и т. д.

10. Что такое капитал и отношение к нему фашистов?

— *Капитал есть богатство, необходимое для производства новых богатств. Капитал может выражаться в деньгах, движимых и недвижимых имуществах, товарах, оборудованиях фабрик и т. д.*

Фашизм различает два вида капитала: *капитал здоровый, производительный и капитал паразитарный.* Паразитарный капитал — есть финансовый анонимный капитал, выражающийся в акциях, облигациях и т. д. Его опасность состоит в том, что он, отрываясь от национального производства, очень легко попадает в руки представителей финансового интернационала, еврейских капиталистов и ведет к установлению господства международных еврейских финансовых кругов над хозяйством отдельных стран, закабалению его в еврейские руки.

11. Что фашизм несет взамен классовой борьбы, каким путем фашизм примиряет труд и капитал?

— Взамен классовой борьбы и классового угнетения фашизм несет *классовый мир и сотрудничество между классами на основе здорового соревнования*.

Фашизм организует живые силы страны — народ в самоуправляющиеся национальные группы — союзы и корпорации, *примиряя труд с капиталом через корпоративную систему*, при которой рабочие имеют свои объединения рабочих, а работодатели свои, причем однородные объединения рабочих и работодателей объединяются вместе, разрешая все спорные вопросы, все конфликты внутри таких объединений — *путем междуклассового арбитража* с участием представителей всех заинтересованных сторон.

12. Как фашизм смотрит на государственную власть?

— *Государственная власть с точки зрения фашизма должна быть национальной, надклассовой и независимой ни от каких личных влияний*. Только власть, опирающаяся в равной степени на все элементы населения, на все классы, может обеспечить здоровое развитие нации и целостность и единство Государству.

Государственная власть должна выражать волю нации. К государственной власти фашизм предъявляет требования, чтобы проводимая ею политика вполне бы отвечала историческим национальным заданиям, духу нации.

Надклассовая сущность государственной власти при фашизме непосредственно вытекает из необходимости установления полной классовой солидарности в фашистском государстве, ибо только тогда эта солидарность будет достигнута на деле, когда государственная власть будет в равной степени опираться на все классы общества, а не опираться только на один какой-нибудь класс. Государственная власть не может быть орудием того или иного класса или группы общества, ее цель — руководить организованным служением нации (через Государство).

13. Какое государство стремятся создать фашисты?

— Фашистское государство есть организованное объединение членов нации, фактическое выявление духовного единства нации. Фашистское государство представляет из себя оформление нации, оно неразрывно связано с нацией.

Фашистское государство стремится к организованному служению нации. Поскольку его задачей является обеспечить крепость и единство нации, оно должно создать такой социальный строй, при котором все органы организма, все классы населения представляли бы из себя тесно спаянную единую национальную семью. Поэтому фашистское государство стремится уничтожить классовый антагонизм, примирить классовые интересы, заменить классовую борьбу классовым сотрудничеством на благо нации.

Фашистское государство требует от каждого гражданина выполнения всех обязанностей, возлагаемых на него пребыванием в составе нации,— только выполняя эти обязанности можно претендовать на получение тех или иных прав. Вначале обязанности, потом права! Права в фашистском государстве проистекают из выполняемых обязанностей.

Личность и класс — на службу нации! — таков основной лозунг фашистского государства. Только выполнение всех своих национальных обязанностей может обеспечить каждому отдельному гражданину и собственное личное благополучие.

Фашистское государство есть национально-трудовое государство.

14. Что такое партия вообще и что такое фашистская партия?

— Политическая партия есть объединение одинаково политически мыслящих людей, ставящих себе целью путем прихода к власти или влияния на власть установления того или иного направления социально-политической жизни.

Отличие политической партии от других организаций заключается в том, что политическая партия всегда в той или иной степени стремится к участию в государственной власти, в водительстве общеполитической жизнью государства.

Фашистская партия является отнюдь не обычной политической партией, так как стремится не только к установлению определенного политического (государственного) строя, но и к коренному переустройству всей жизни, имеет новый социальный строй и новое содержание жизни — индивидуальной и общественной.

Фашистская партия резко отличается от других партий тем, что в основе ее деятельности лежит принцип служения. Фашистская партия это не объединение политиканов, т. е. лиц, сделавших из политической деятельности себе профессию (что мы видим во всех других партиях), а объединение людей, поставивших себе целью жертвенное служение национальному государству. «Не ищите у нас ни почестей, ни личных материальных выгод, к нам идут, чтобы служить и чтобы повиноваться»—эти слова Муссолини, характеризующие сущность итальянской фашистской партии, могут быть характерными и для всех остальных фашистских партий.

Фашистская партия всегда опирается на все здоровые силы нации, на все классы общества в равной степени, стремясь стать отбором нации, ведущим ее авангардом.

Фашистская партия—против всякой партийности, существования многих борющихся между собой партий, считая, что в каждом народе должен быть один ведущий отбор, одна национально-государственная партия, носительница и воплотительница государственной идеи.

15. С кем борются фашисты?

— Фашисты всех стран борются с теми, кто открыто или скрыто выступает против Бога, нации и труда, против фашизма, являются его идейными и фактическими врагами.

Враги фашизма—*социалисты* всех оттенков, и прежде всего *коммунисты, интернациональные капиталисты и либералы, плутократия без отечества,* и стоящие за спиной всех их *масоны и евреи.*

ВОПРОСЫ ДЛЯ САМОПОВТОРЕНИЯ

1. Почему возник фашизм? 2. Что такое фашизм как мировое движение? 3. Откуда идет слово «фашизм»? 4. Что оно буквально означает? 5. Где впервые возник фашизм? 6. Кто был основоположником итальянского фашизма? 7. Что принес фашизм Италии? 8. В каких странах, кроме Италии, есть фашизм? 9. Как называются фашисты в Германии и кто их вождь? 10. Перечислите фашистские организации Франции, Англии, Ниппон. 11. Что старое сохраняет фашизм? 12. Что новое несет? 13. Что такое нация? 14. Как возникает нация? 15. Каковы взаимоотношения наций и государства? 16. Почему нация должна быть тесно связана с государством? 17. Как понимают нацию расисты? 18. Что такое класс? 19. Как относятся к классам фашисты? 20. Что такое труд с фашистской точки зрения? 21. Кто является трудящимися с фашистской точки зрения? 22. Что

такое капитал? 23. Какие виды капитала вы знаете? 24. В чем опасность паразитарного капитала? 25. Что несут фашисты взамен классовой борьбы? 26. Как фашисты примиряют труд и капитал? 27. Какой должна быть государственная власть с фашистской точки зрения? 28. Почему государственная власть при фашизме должна быть надклассовой? 29. Что такое фашистское государство? 30. Роль личности и класса в фашистском государстве? 31. Что такое партия? 32. Что такое фашистская партия? 33. Чем отличается фашистская партия от других партий? 34. С кем борются фашисты?

Глава II

ВРАГИ ФАШИЗМА

16. Основные направления общественно-политической мысли

— Основных направлений общественно-политической мысли в настоящее время три: *либерализм, социализм и фашизм.*

Кроме носящих ярко выраженный либеральный, социалистический и фашистский характер учений, государственных систем и политических партий существует ряд других, представляющих сочинения этих трех основных направлений: либерализма и социализма, либерализма и фашизма и т. д.

17. Что такое либерализм и в чем его опасность?

— *Либерализм* (от французского слова «либертэ» — свобода) исходит из признаний за каждым человеком *неотчуждаемых прав на свободу его личности и неприкосновенности его частной собственности.* Основной ценностью для либерализма является *личность.* Государство в либеральном понимании представляется как совокупность этих личностей, имеющая только одну цель — защищать их частные интересы.

Либеральные принципы впервые были провозглашены в Америке, а затем во Франции во время французской революции и были изложены в *«Декларации прав человека и гражданина»,* провозгласившей отдельные формальные свободы: свободу слова, собраний, печати, союзов, экономическую свободу и т. д. — основы либерального государства. Предварительно они были выработаны в тайниках масонских лож.

Либерализм, провозглашая личность высшей ценностью, ведет к тому, что люди забывают свой долг перед Нацией и Государством и друг перед другом, начинаются заботиться только о личном благе, — господство либеральных принципов ведет к разложению Нации и Государства, через построенные на их основаниях государственную систему — демократию и экономический строй — капитализм.

18. Что такое демократия и в чем ее ложь?

— Демократия происходит от греческого слова *«демос»* — *народ* и *«кратия»* — *правление* — значит *«народоправство»*, т. е. демократическое государство формально есть государство, где правит народ.

Как же осуществляется народоправство по демократической теории? Через так называемых *народных представителей*, выражающих *«общую волю» народа*. Совокупность народных представителей образует народное представительство или *парламент*; народные представители *выбираются голосованием* — всеобщим, *прямым, равным и тайным (т. наз. демократическая четыреххвостка)*.

Демократическое государство одной из своих основ признает либеральные принципы, выражающиеся в признании за человеком права на отдельные формальные свободы: свободу слова, печати, собраний, экономическую свободу и т. д. Демократическое государство стремится к охране этих свобод.

Так как народ в демократии не знает за кого голосовать, к нему «на помощь» приходят политические партии, предлагающие готовых кандидатов. Для того чтобы победить на выборах, партии нуждаются в деньгах, так возникает зависимость партий от отечественного и зарубежного капитала. В конечном счете «народные представители» оказываются представителями различных финансовых групп, защищающих вовсе не интересы народа, а интересы тех финансистов, что субсидируют данную партию.

Демократия, как показывает опыт ее проведения на практике (Италия до фашизма, Германская республика до Гитлера, Франция, САСШ), оказывается народоправством только *формально*, почему и называется «формальной», а на деле *лженародоправством: особой формой* «диктатуры плутократии без отечества». Через парламенты демократические государства закабаляются международным финансовым капиталом, *Фининтерном — финансовым интернационалом*. Демократия облегчает захват мира еврейством, захватывающим движущую силу «народоправства» — деньги — в свои руки.

19. Что такое капитализм и к чему он ведет?

— Либерализм в приложении к экономике порождает капиталистический строй. Капиталистический строй построен на принципах священности и неприкосновенности частной собственности и полного невмешательства государства в хозяйственную деятельность. При капитализме государство только «ночной сторож», наблюдающий за тем, чтобы никто не посягал на неприкосновенную частную собственность. Хозяйственная жизнь строится на полной свободе конкуренции между предпринимателями.

Взгляд на частную собственность как на неотчуждаемое право личности и на государство как на «ночного сторожа», не могущего совершенно вмешиваться в хозяйственную жизнь, ведет к тому, что *свобода конкуренции превращается в свободу эксплуатации, к угнетению капиталистами рабочих и к борьбе их между собой — порождает классовую рознь.* Капиталисты стремятся получить свои барыши не только за счет увеличения и удешевления производства, но и за счет уменьшения заработной платы рабочим.

Капитализм, до известного предела, представляет собой положительное явление, но безграничное превознесение частной собственности в конце концов обращается против нее самой: в *акционерных обществах, трестах, концернах*, где, по существу, капитал превращается в анонимный, интернациональный капитал.

Капитализм ведет к тому, что капитал перерастает национальные границы: на смену национальному производственному и торговому капиталу идет *капитал интернациональный, международный финансовый капитал*, который почти полностью находится в еврейских руках, т. обр. капитализм закабаляет народы под власть *мирового еврейства*.

Крайности капитализма порождают стихийный протест — социализм, который так же ловко используется «ловцами рыбы в мутной воде», теми же евреями.

20. Что такое социализм?

— *Социализм есть такое направление социально-политической мысли, которое стремится устранить все социальные несправедливости путем решительной ломки всего существующего строя, уничтожения религии, нации, семьи и собственности и передачи хозяйства в руки общества.*

Наибольшего развития социализм достиг в *марксизме*, так наз. «*научном социализме*», основоположником которого был *Карл Маркс* (еврей Мордухай Маркс).

Марксизм исходил из признания того, что в основе жизни лежит экономический фактор — способ производства благ, который определяет и характер общественного строя, социальное деление общества и т. д. История мира, по мнению марксистов, есть постоянная борьба классов. Сейчас существует капиталистический строй — экономическая власть, а следовательно, вытекающая из нее политическая власть находится в руках капиталистического класса.

Капиталисты владеют всеми средствами производства, эксплуатируют, угнетают пролетариат — рабочих, вынужденных продавать капиталистам свой труд, чтобы не умереть с голоду. Капиталисты живут за счет рабочих, сами ничего не производя, капиталисты обворовывают рабочих, пользуясь своей властью, давая им только часть того, что они вырабатывают своим трудом.

Пролетариат стремится освободиться от угнетения, поэтому между капиталистами и рабочими происходит постоянная борьба. Капиталистический строй в недрах своих готовит себе гибель. Он построен на полной свободе экономической деятельности: каждый капиталист, в погоне за собственной выгодой, стремится производить как можно больше. Поэтому периодически происходит перепроизводство, товары не находят себе покупателей, и наступают экономические кризисы.

Экономические кризисы все более учащаются и усиливаются и в конечном итоге наступит такой кризис, который окажется гибельным для капиталистического строя, капитализм будет уничтожен, и вся экономическая и политическая власть перейдет в руки пролетариата.

Этому будет способствовать, с одной стороны, то, что капиталы будут сосредоточиваться в немногих руках и число капиталистов все время будет уменьшаться, будет происходить так наз. концентрация капитала, с другой — обнищание трудящихся классов и рост у них классового сознания — ненависти против капиталистов.

После свержения капиталистического строя устанавливается «диктатура пролетариата» — господство пролетариата, которое в конце концов приведет к установлению так называемого «бесклассового общества» и полного коммунистического строя.

После свержения капиталистического строя экономическое благосостояние пролетариата должно во много раз улучшиться, так как грабить их будет уже некому, и к ним вместе с политической властью перейдут и все средства производства.

21. В чем провокация социализма?

Марксизм есть всецело продукт еврейской психологии. Его создатель и творец Карл Маркс сознательно или бессознательно отразил в марксизме основные чаяния еврейства.

В своем учении о грядущей победе интернационального пролетарского класса он представлял этот класс как бы один народ, подпавший под зависимость и господство других народов, таким образом отождествляя его с мировым еврейством, рассеянным по всему миру и не имеющим своего отечества. Интернациональный пролетариат — это как бы избранный народ, коллективный «миссия».

Марксизм есть продукт еврейской озлобленности на нееврейский мир. Его характерная черта это ненависть, которую он разжигает в массах. Эта ненависть выражается в разрушении и уничтожении, которые несет социалистическое движение, воплощающее идеи марксизма в жизнь (пример — Россия). Марксизм совершенно лишен возможности дать какую-либо почву для созидательной работы. Все попытки марксистов от разрушения перейти к творческому созиданию не приводят ни к чему. Марксизм может только разрушать, его пафос — пафос крови и пожара.

Недаром Карл Маркс, столь блестящий в критиках, весьма слаб в той части, где он пытается нарисовать картину грядущего строя, который придет на смену капиталистическому, указать новые пути. Здесь он ограничивается такими общими фразами, как «прыжок из царства необходимости в царство абсолютной свободы», и т. д.

В настоящее время все построения марксизма разбиты по всем швам, все его идеи подвергнуты самой жесточайшей критике.

Краеугольным камнем всей марксистской теории является учение об историческом материализме. Марксизм учит, что способ производства материальных благ определяет характер социальной, политической и интеллектуальной жизни. Другими словами, в основе всего лежит экономический фактор.

В действительности мы вовсе не наблюдаем такой картины. Экономический фактор вовсе не является решающим, определяющим все остальное фактором. Все факторы социальной жизни находятся во взаимной зависимости. Это значит, что если экономика влияет на социальный и политический строй, на религию, то и социальные и политические отношения, и религиозные верования людей влияют на экономику, на экономические отношения. История дает нам целый ряд ярких примеров, когда поведение людей определялось идеями, далеко стоящими от экономики независимо от нее и даже в разрез с их экономическими интересами. Часто человек ради блага своей нации жертвовал своими личными экономическими интересами.

Марксизм, определяя экономический фактор как технику производства благ, совершенно не дал точного определения, что он понимает под техникой производства. Если он понимал технику в тесном смысле слова, то он совершенно упускал из виду, что техника производства всегда предполагает известную идею, творческую мысль, которая предшествует производственному процессу. Даже каменотес, прежде чем совершить свою работу, вырабатывает определенный план, как провести ее с минимумом затрат.

Если марксизм понимает технику производства вообще как общие условия производства, включая сюда географические условия, природные богатства и т. д., то теория оказывается очень неопределенной, т. к. понятия общих условий можно расширять до бесконечности.

Абсолютно неверно и учение марксизма о классовой борьбе. Марксизм как бы делит мир на два лагеря, с одной стороны ставя пролетариат, с другой стороны — капиталистов.

Он прежде всего глубоко ошибается в этом своем построении. В мире не два, а много классов. То, что понимается марксистами под одним капиталистическим классом, в действительности не представляет из себя нечто целое, тут можно указать на целый ряд отдельных классов. Рабочих тоже можно разбить на несколько отдельных групп с ярко выраженными противоположными интересами, прежде всего квалифицированных рабочих и чернорабочих. Существуют классы: ремесленников, земледельцев и т. д.

Между всеми этими классами происходят конфликты, которые далеко не ведут к победе рабочих. Марксизм не дал точного определения класса. Это приводит к тому, что на практике под пролетарским классом понимаются все поддерживающие социалистическое движение, независимо от их социального происхождения, все же остальные причисляются к капиталистам. В результате этого «французский» фабрикант-миллионер Леон Блюм считается пролетарием», в то время как крестьянин в России, имеющий пару коров, причисляется к «буржуям».

Марксизм учит, что и по мере приближения пролетарской революции число капиталистов будет все более и более уменьшаться, все богатства сосредоточатся в конце концов в руках небольшой кучки капиталистических тузов. Параллельно будет расти обнищание пролетариата.

Неверно и это утверждение: класс собственников, как показывают факты, вовсе не уменьшается, а наоборот, в результате появления крупных акционных обществ, распространения акций в широких кругах число их возрастает. Растет число и земельных собственников.

Благосостояние пролетариата также в общем улучшилось по сравнению с тем временем, когда был написан «Капитал» Карла Маркса.

Ярче всего банкротство марксизма демонстрирует русский опыт. Русский опыт также показывает, что социалистическое движение было захвачено в еврейские руки, которые используют его в своих еврейских целях, далеко стоящих от интересов рабочих, за которые официально борются марксисты.

Марксисты учат, что всякий продукт есть результат физического труда, ценность производственного продукта, по марксизму, определяется временем, затраченным на его производство. Они считают, что всякий труд есть результат физических усилий, и забывают о том, что всякому труду предшествует умственное усилие. Даже небольшая и самая простая работа предшествуется составлением определенного плана работы. (Например: человек, прежде чем убрать какой-нибудь камень, думает, как его лучше и легче убрать.) *Всякая работа слагается из сотрудничества мозга и рук.*

Понимая труд как результат мускульных усилий, марксисты считают, что владельцы предприятий не принимают никакого участия в труде. Продукты на фабриках и заводах создаются рабочими, но предприниматели часть этих произведенных продуктов оставляют у себя (прибавочную ценность), грабят рабочих.

С уничтожением капиталистов рабочих, по марксистской теории, будет уже некому грабить, и поэтому положение рабочих должно во много раз улучшиться. В России предприниматели уничтожены, но положение рабочих не только не улучшилось, но, наоборот, во много раз ухудшилось.

Предпринимателей, заинтересованных в продуктивности производства, заменили государственные чиновники, совершенно не заинтересованные в этом, в результате этого — экономическая разруха, наблюдаемая в России.

Во главе коммунистической партии в России стоят почти сплошь евреи, которые меньше всего заботятся об интересах пролетариата, рабочих и крестьян, а заботятся лишь о своих шкурных интересах, о своем личном благополучии, в конечном результате действуя, сознательно или бессознательно, совместно с остальным еврейством, которое смотрит на закабаление России, на уничтожение российской нации как на первый шаг к своему мировому господству.

22. Фашизм как смена либерализму и социализму

— Фашизм противопоставляет себя либерализму и социализму, он идет на смену им.

Либерализм в обеих своих формах — политической и экономической — в виде демократии и в виде капитализма — ярко демонстрирует разлад слова и дела, теории и жизни, обостряет противоречия между личностью и обществом, рождает классовую борьбу и классовое насилие, превращает государство в игрушку в руках различных групп финансового капитала, разлагает религию и нацию, — заходит в конце концов в тупик, разжигает социальные противоречия и терпит идейный крах.

Разочарованные в либерализме массы ищут ответа на мучающие их социальные вопросы в социализме, который, обещая разрешение социальной проблемы, на деле приводит к ее еще большему заострению — классовую борьбу превращает в классовое угнетение, вместо улучшения жизни трудящихся приводит к ухудшению ее.

В настоящее время социализм также потерял всякий кредит у народных масс, человечество ищет новых путей и находит их в фашизме.

Фашизм есть новое мировоззрение, новая политическая и социальная система, новое движение, властно завоевывающее себе все новые и новые позиции, становящаяся ведущей идеей всех народов.

23. Чем фашизм отличается от либерализма и фашизма?

В противовес либеральной идее личности и марксистской идее класса фашизм выдвигает идею нации. Нация, национальное целое есть та социальная категория, которой принадлежит решающая роль в социальном процессе. Личность и класс существуют только в пределах нации, и их интересы всецело подчиняются ее интересам.

Либерализм приводит к господству материализма, социализм утверждает его, как бы узаконивает, фашизм провозглашает господство духовных начал — культ духа.

Либерализм приведет к классовой борьбе, социализм ее разжигает и несет классовое угнетение — господство одного класса, фашизм стремится к классовой солидарности, классовому миру, примерения интересов классов во имя нации.

Либерализм провозглашает священность и неотчуждаемость частной собственности, социализм ее отвергает, фашизм признает ограниченную частную собственность, он оставляет человеку собственность, но требует, чтобы он этой собственностью распоряжался, не вредя интересам государства.

24. Почему фашисты относятся отрицательно к еврейству?

Евреи являются органическими врагами всякого национального государства.

Евреи издавна не имеют своего государства и живут

в среде других наций. Рассеянные по всему миру, они тем не менее, благодаря своим расовым и бытовым особенностям, тесно связаны между собой, представляют единую интернацию. В каждой нации, в среде которой они живут, евреи стремятся занять господствующее положение, пролезть на социальные верхи и в конечном итоге подчинить все нации своему влиянию, установить *мировое еврейское господство*.

Путь захвата власти еврейством в мире: разложение других наций, внесение в их среду розни при помощи своих капиталов, своей экономической мощи.

Поэтому все фашистские движения (за исключением итальянских фашистов, т. к. в Италии почти нет евреев) решительно борются с еврейством, которое всегда стоит на пути национального возрождения отдельных стран.

25. Почему фашисты борются с масонством?

— Масонство представляет из себя *тайный международный союз* различных тайных обществ, объединенных ритуалом, иерархией и общей целью. Прикрываясь различными целями, главным образом целями филантропии, научности, взаимопомощи, братской любви, эти общества *через уничтожение религии, нации, захват политической и экономической власти в различных государствах, через капитализм и революцию, через либерализм и социализм стремятся к власти над миром*.

Масонство руководится, как свидетельствуют многочисленные факты и документы, евреями, будучи проводником еврейского плана всемирного владычества, каковое якобы обещано евреям Богом.

Масонство является, таким образом, **еврейским орудием постепенного** завоевания мира главным образом не еврейскими руками.

Борьба с масонством ведется во всех фашистских странах. В Италии и Германии масонские ложи запрещены.

ВОПРОСЫ ДЛЯ ПОВТОРЕНИЯ:

1. Перечислите основные направления политической мысли. 2. Что такое либерализм? 3. В чем опасность либерализма? 4. Что такое демократия? 5. Как осуществляется мнимое народоправство при демократии? 6. Почему в демократическом государстве неизбежны политические партии? 7. Кто фактически правит в демократии и как? 8. Что такое капитализм? 9. Роль государства при капиталистической

системе хозяйства? 10. К чему ведет капитализм? 11. Что такое социализм? 12. Что такое марксизм и кто его основоположник? 13. Изложите вкратце учение марксизма. 14. Почему в марксизме выражены основные чаяния еврейства, как и где? 15. Почему марксисты ошибаются в своем учении о превосходстве экономического фактора — техники производства над всеми остальными факторами? 16. В чем ошибочность учения марксистов о классовой борьбе и грядущей победе пролетариата? 17. О чем говорит русский опыт? 18. В чем неправильность понимания труда у марксистов? 19. К чему стремятся еврейские вожди коммунистической партии в России? 20. Почему фашизм идет на смену либерализму и социализму? 21. Чем отличается фашизм от либерализма и социализма? 22. Почему фашисты относятся отрицательно к еврейству? 23. Какими путями еврейство стремится к своему мировому господству? 24. Что такое масонство? 25. Связь масонства с еврейством.

Глава III

ПОЛОЖЕНИЕ В РОССИИ

26. Почему российские фашисты борются с существующей в СССР властью?

— Российские фашисты объявляют коммунистической власти борьбу потому, что она есть власть антирусская, враждебная русскому народу, разрушающая русскую нацию — власть еврейская, власть международного еврейства над российской страной, власть обманывающая, угнетающая и эксплуатирующая русских трудящихся.

27. Что такое ВКП(б)?

— ВКП(б) — Всероссийская Коммунистическая Партия (большевиков) — господствующая и единственная партия в СССР (все остальные партии запрещены), проводящая коммунистическую идею, осуществляющая официально «диктатуру пролетариата», на деле диктатуру над пролетариатом своего еврейского руководства, — ВКП(б) фактический владелец России.

28. Расскажите вкратце историю ВКП(б).

— ВКП(б) возникла первоначально в виде РСДРП (Российской Социал-Демократической Рабочей Партии) в девяностых годах прошлого столетия из объединения первых марксистских кружков в России; основоположниками ее были евреи, некоторые русские дворяне и интеллигенты, как-то: *Зиновьев-Апфельбаум, Каменев-Розенфельд, Ленин-Ульянов, Троцкий-Бронштейн, Гоц, Дан, Плеханов, Бухарин, Чичерин и др.*

В 1902 году РСДРП из-за разногласий по тактическим вопросам раскололась на меньшевиков и большевиков.

С момента учреждения партия, получая все более

и более значительную поддержку от еврейского капитала (главным образом от банковского дома Кун Ле эб и К-о из Америки), а также от некоторых русских капиталистов, С. Д., особенно большевики, развивают энергичную работу по вовлечению в свои ряды русских рабочих, молодежи, организуют тайные кружки, создают революционное профессиональное движение, издают множество агитационной литературы и т. д.

С помощью еврейского капитала РСДРП(б) не трудно было в октябре 1917 года захватить власть над Россией в виде так называемой «Октябрьской революции».

В том же 1917 г. РСДРП(б) переименовалась в РКП(б), или Российскую коммунистическую партию (большевиков), а в 1922 г. в ВКП(б)—Всесоюзную коммунистическую партию (большевиков).

29. Что такое Коминтерн?

— Коминтерн, или Коммунистический интернационал, есть международное собрание представителей коммунистических партий различных стран.

Коминтерн тесными узами связан с совнаркомом СССР и Политбюро ВКП.

Через Коминтерн, используя Россию как плацдарм, мировое еврейство стремится к мировому владычеству под флагом «мировой пролетарской революции», через лозунг—«пролетарии всех стран, соединяйтесь!».

Коминтерн называется третьим интернационалом, в отличие от первого интернационала, основанного Марксом в 60-х годах прошлого века, и второго интернационала, состоящего из представителей социал-демократических партий в Европе.

Третий и второй интернационалы, расходясь по вопросам тактики, демонстрировали как бы вражду друг с другом, но грозный рост фашизма заставил их обнаружить тайную связь: на почве борьбы с фашизмом объединились оба интернационала.

Исполнительный орган коминтерна называется ИККИ (Исполнительный Комитет Коммунистического Интернационала).

30. Что такое СССР?

— СССР, или Союз Советских Социалистических Республик, или кратко Советский Союз, называемый иногда ошибочно в эмиграции Советской Россией, фактически есть еврейское государство, расположенное на месте прежней России, захватившее русское богатство, владеющее русским народом в качестве рабовладельцев и помещика.

СССР — вотчина ВКП(б), а следовательно — мирового еврейства.

СССР следует отличать от Подъяремной России, называемой нами «Второй Россией» в отличие от «России первой» — дореволюционной, и «Третьей России» — будущей Фашистской.

Подъяремная Россия входит в качестве основного элемента в состав СССР, но будучи элементом угнетенным, подавленным, уничтожаемым, не имеет никакого самодовлеющего значения в структуре и жизни советского государства.

31. Расскажите вкратце историю СССР.

— Еврейско-большевистский захват власти в октябре 1917 года прекратил существование России, распавшейся на ряд отдельных государственных образований, ставших ареной кровопролитной гражданской войны.

Русские патриоты не могли допустить гибели России: так, возможно, возникло белое движение, объединяющее самые разнородные элементы.

Однако пламенный идеализм белого фронта оказался бессильным против мирового еврейства, поддерживающего большевиков не только в Москве, но и в тылу белых армий через так называемых «интервентов».

Интервенционные войска, двинутые якобы для помощи белому движению, Франции, Англии, СШСА и др. фактически помогали большевикам, благодаря чему (а также из-за отсутствия социальной программы), — белое движение и пришло к краху.

Первоначально коммунисты провозгласили «самоопределение народов», в результате чего на месте России появились *РСФСР, УССР, ВССР, ДВР и др.*

После окончания белого движения московские евреи нашли ненужным эту маску, в результате чего в 1922 году последовало «объединение» всех «республик» в союзное государство — СССР, состоящее формально из *РСФСР (Российская Федеративная Социали-*

стическая Союзная Республика), УССР (Украинская Советская Социалистическая Республика), ЗФССР (Закавказская Федерация Советских Социалистических Республик), БССР (Белорусская Советская Социалистическая Республика) и еще несколько мелких республик.

32. Что такое пятилетка?

— В 1929 году была объявлена «пятилетка»: «социалистическая реконструкция промышленности», или «индустриализация страны» в пять лет. Заметив нарождение новых творческих сил в русском народе, коммунисты направили их в свое русло; еще раз русские трудящиеся, на этот раз главным образом молодежь, были обмануты призраком лучшей жизни: «догнать и перегнать Америку».

Цель пятилетки была военная: под предлогом последующего улучшения жизни укрепить диктатуру ВКП путем вызматывания народной энергии и обессиливания народа, с одной стороны, путем развития военной промышленности, с другой.

Первую пятилетку для агитационного эффекта большевики провели в 4 года, провалившись потом по всем разделам пятилетнего плана.

Когда для всех стало слишком ясно, что завершение первой пятилетки не принесло никакого улучшения жизни, советские евреи придумали вторую пятилетку (с 1933 по 1937 г.).

33. Что такое сплошная коллективизация и ее результаты.

— «Пятилетний план» потребовал «сплошной коллективизации» — превращение России сплошь в «колхозы», коллективные хозяйства вместо единоличных. Т. к. крестьянство, понимая губительность коллективных хозяйств, в колхозы не пошло добровольно, то началась принудительная коллективизация — фактически уничтожение крестьянства как класса, под псевдонимом «уничтожения кулачества как класса на основе сплошной коллективизации». Не согласные войти в колхоз крестьяне объявлялись «кулаками», уничтожались, ссылались (попадая в так называемые «лишенцы»). Эта кровавая расправа с крестьянством — «ликвидация кулачества на основах сплошной коллективизации»—была объявлена генеральной линией ВКП(б).

Цель коллективизации—уничтожение крестьянства, уничтожение сельскохозяйственной базы России—явно имела в виду искусственное создание голода для дальнейшего ослабления русского народа и уничтожения «излишков населения» на пути превращения России в новую Палестину для колонизации международным еврейством.

Колхозы, как коллективные хозяйства, следует отличать от совхозов (советских хозяйств)—дальнейшей ступени закабаления, где уже нет крестьянина вовсе, а есть сельскохозяйственный рабочий.

Колхоз есть принудительное объединение крестьян для ведения общего хозяйства, с передачей в руки колхоза всего сельскохозяйственного инвентаря. Совхоз есть официальное государственное учреждение, где крестьяне являются простыми наемными служащими. В колхозе крестьянин еще сохраняет призрачную собственность на землю, в совхозе он ее совершенно утрачивает, превращаясь открыто в батрака.

34. Охарактеризуйте действительное положение в СССР.

— СССР формально как бы управляется трудящимися, официально в СССР вся власть принадлежит советам, выбранным населением, т. е. существует советская власть. В селах существуют сельсоветы, в городах—горсоветы, высшими органами государства являются: всесоюзный съезд Советов и действующий между съездами Совет комиссаров, выбранный из состава ЦИК союза СССР, а также совет народных комиссаров, назначаемый ЦИК-ом.

Выборы в советы официально осуществляются населением, на деле, благодаря самой системе выборов и давлению ГПУ, все выборы происходят по указке коммунистической партии.

Советская система в России есть лишь только красивая ширма, пышная декорация, прикрывающая безраздельную диктатуру коммунистической партии.

Не народ, не трудящиеся через советы правят в России, а еврейство через коммунистическую партию и ГПУ, ныне переименованное, для втирания очков иностранцам, в Наркомвудел.

35. Охарактеризуйте настроение русского народа.

— Вначале русский трудовой народ, поддавшись на ловкую провокацию марксистов, поддерживал большевистскую власть, но по мере того, как становилась ясна истинная сущность этой власти, в среде народа все более и более возрастало недовольство, которое ныне вылилось в ненависть к коммунистической власти и к еврейству, охватывающую почти все слои населения России.

Сейчас коммунистическая власть держится почти исключительно при помощи террора ГПУ, от нее начинают отступать даже те социальные группы, которые до недавних пор еще считались верным оплотом коммунистической диктатуры, в коммунистических идеях начинает разочаровываться и переходить на рельсы оппозиции молодое советское поколение — комсомол, становясь наиболее враждебным власти элементом.

Ненависть к коммунистической власти выливается в активную борьбу с ней: в восстания, бунты, открытую оппозицию, повстанчество, террор и т. д. Однако благодаря наличию в руках коммунистической власти организованного аппарата угнетения все открытые восстания, носящие, по большей части, неорганизованный характер, подавляются, и всех участников их постигает жестокая расправа.

Задача российских фашистов — дать русскому народу единую идею, единую программу и единый план, и на основе их создать организованность и единство действий всех активных сил подъяремной России.

ВОПРОСЫ ДЛЯ ПОВТОРЕНИЯ

I. Почему российские фашисты борются с коммунистической властью? 2. Что такое ВКП(б)? 3. Что такое РСДРП? 4. Кто был основателем РСДРП? 5. Когда РСДРП раскололась на большевиков и меньшевиков и почему? 6. Когда РСДРП была переименована в РКП(б) и затем в ВКП(б)? 7. Что такое коминтерн? 8. Когда был основан 1-й интернационал и кем? 9. Что такое СССР? 10. Когда большевики захватили власть? 11. Кто пробовал бороться с коммунистами? 12. Когда был основан Союз ССР? 13. Сколько республик входит в СССР и какие? 14. Что такое первая пятилетка? 15. К чему привела первая пятилетка? 16. Почему коммунисты стали проводить вторую пятилетку? 17. Что такое сплошная коллективизация? 18. Какие цели преследуют коммунисты, проводя политику коллективизации сельского хозяйства? 19. Что такое колхоз и совхоз? 20. Кто официально правит в СССР? 21. Кто правит в СССР на деле? 22. Через какие органы осуществляется мнимое правление трудящихся в СССР? 23. Какую роль играет коммунистическая партия? 24. Как русский народ относится к коммунистам сейчас? 26. Почему русский народ не может самостоятельно освободиться от коммунистической власти? 27. Что должны делать Российские Фашисты для того, чтобы помочь русскому народу освободиться от коммунистических пут?

ЧАСТЬ II

Глава I

ПРИЧИНЫ ВОЗНИКНОВЕНИЯ И ОСНОВНЫЕ ЦЕЛИ РОССИЙСКОГО ФАШИЗМА

36. Что такое идеология, программа и тактика российского фашизма?

— *Идеология российского фашизма есть совокупность положений, определяющих основные идеи и конечные цели российского фашизма.*

— *Программа есть план воплощения идеологии в жизнь.* Программа российского фашизма рисует проект того политического и социального строя, к которому стремятся российские фашисты: государственное устройство будущей России, организация российского народного хозяйства, положение отдельных социальных групп русского народа и т. д.

— *Тактика российского фашизма есть методы (способы) действия, избираемые для наилучшего и скорейшего достижения задач, поставленных перед российским фашизмом.*

Главное отличие идеологии над тактикой заключается в том, что идеология не подлежит изменению, тактика же меняется в зависимости от места, времени и обстановки.

37. О чем говорит неудача белого движения?

— Неудача белого движения наглядно показывает, что бороться с существующей властью в России можно только при наличии разработанной социальной программы, противопоставляемой разрушительной коммунистической программе, и при широкой ее пропаганде для привлечения симпатий актива нации и национально-трудовых масс русского народа.

Эта программа должна отразить требования русских подъяремных масс, главным образом рабочих, крестьян и молодежь, должна быть выразителем их чаяний и стремлений.

Участники белого движения были объединены лишь

одной ненавистью против коммунистической власти и совершенно не предрешали будущего политического, а главное, социального устройства Российского государства. Они не давали конкретных ответов на вопросы, что они несут русским рабочим, русским крестьянам, и своим полным невниманием к социальным вопросам оттолкнули от себя широкие массы, которые пошли не за белыми героями, а за демагогами коммунистами и обеспечили последним победу.

Отсутствие программы не давало возможности в широких масштабах развить антикоммунистическую агитацию. Белые армии боролись лишь штыками, в то время как у большевиков главным средством борьбы являлось моральное разложение белых фронтов через коммунистическую пропаганду.

Уроки белого движения свидетельствуют о губительности непредрешенчества и о том, что против идеи, чтобы ее сокрушить, надо противопоставить другую идею, против пропаганды, чтобы ее нейтрализовать,— другую, более сильную и жизненную пропаганду.

38. Чему учит опыт Италии и Германии?

— Опыт Германии и Италии подтверждает значение пропаганды в деле борьбы с коммунистической властью, этот опыт также учит, что для успешности этой борьбы необходимо наличие *жертвенной и энергичной национал-революционной партии*, опирающейся на поддержку широких трудящихся масс.

Такой партией может быть только фашистская партия—партия энергичного инициативного меньшинства, поставившего себе целью добиться национального возрождения, не останавливаясь перед жертвами и опасностями.

Для фашистских партий вообще характерен боевой активизм—самая жертвенная и упорная борьба за торжество своей идеи. Активизм фашистских партий вытекает из самой сущности идей фашизма. Фашизм исходит из признания, что история всегда творится инициативным меньшинством, поскольку в этом меньшинстве олицетворяется «большинство решимости и воли» (слова Гитлера).

39. Положение в эмиграции до возникновения российского фашизма.

— Положение в эмиграции до возникновения российского фашизма можно охарактеризовать как состояние почти полной апатии и пассивности в деле борьбы с коммунистической властью.

Политическая мысль эмиграции шла по различным путям: большая часть ее сохраняла непредрешенческие позиции, некоторая, правда незначительная, часть оставалась верна либерально-демократической идеологии и, наконец, многие политические группировки эмиграции жили реставраторскими настроениями. Отдельные проявления активности со стороны эмиграции не приводили ни к чему за отсутствием у нее импонирующему русскому населению идеи и умения наладить организованную борьбу с коммунизмом.

Совокупность всего этого диктовала необходимость появления в эмиграции организации, которая имела бы в своей основе идеологию и программу, отражающие настроения и волю русского подъяремного населения и способную перебросить свою идею и программу на территорию России для активной революционной борьбы с коммунизмом.

Такой организацией стремится стать Всероссийская Фашистская партия — носительница идей российского фашизма.

40. Причины возникновения российского фашизма.

— *Русский фашизм родился в результате пробуждения российской эмиграции от спячки, стремления активно проявить свой национализм, свою любовь к Родине. Российский фашизм явился результатом разочарования в старых эмигрантских путях непредрешенчестве, либерализме и из отрицания реставраторских стремлений.*

Российский фашизм чертит совершенно новый путь пореволюционного активизма, путь самоотверженной борьбы с иудо-коммунистической властью.

41. Что такое российский фашизм.

— Российский фашизм есть одновременно идея и движение (движение в смысле определенной организации.)

Материалистическую, антинациональную, покоящуюся на классовой борьбе и классовой ненависти марксистскую идею должна заменить здоровая идея российского фашизма, стремящегося построить жизнь русского народа на основах религии, нации и труда, стремящегося создать национально-трудовое государство.

Российское фашистское движение должно воплотить идею российского фашизма в жизнь, дать русскому народу духовную, национальную и трудовую свободу.

Российский фашизм противопоставляет материалистическому мировоззрению религиозное мировоззрение, требующее от человека служения высшим началам.

Российский фашизм высшей социальной ценностью признает нацию, подчиняя ей личность и класс. Российский фашизм стремится к организованному служению российской нации через великое национально-трудовое государство.

Российский фашизм несет уничтожение классовой борьбы и взамен классовую солидарность и классовое сотрудничество на основе признания общих национальных интересов, самоорганизацию классов через корпоративную систему и их дружную работу на благо Российского государства.

Российский фашизм почитает труд священнейшей обязанностью всех граждан, считая, что трудовыми усилиями членов нации создаются национальные, материальные и духовные ценности, создается национальная культура и укрепляется национальное хозяйство.

42. Почему неосновательно утверждение, что российские фашисты копируют итальянский и немецкий фашизм?

— Указание на то, что российский фашизм идет путем копирования итальянского и немецкого фашизма, ни на чем не основано. Между всеми фашистскими движениями существует чисто формальная общность.

Итальянские, немецкие и русские фашисты стремятся к воплощению в жизнь своих основных идей к созданию государства, имеющего в своей основе духовно-религиозное мировоззрение, принцип служения нации и социальную систему, покоящуюся на признании ценности труда и классовой солидарности — в этом их общность. Но каждое фашистское движение каждой страны идет к осуществлению этих идеалов своими сугубо национальными путями. Каждая страна вкладывает в фашистское движение свое собственное содержание.

Внутренняя сущность российского фашизма определяется его стремлением к служению российской нации, к созданию российского национально-трудового государства — государства российской нации и существующими в России условиями и обстановкой.

43. Особые пути российского фашизма.

— Главнейшее отличие российского фашизма от других фашистских движений заключается в том, что российский фашизм должен прийти на смену коммунизму, в то время как фашизм в Италии и Германии заменил собой либерально-демократическое государство и капиталистический строй. Поэтому российский фашизм в своей практической политике должен идти путем раскрепощения, путем предоставления русскому народу известной сферы внешней свободы, конкретно выражающейся в признании частной собственности, свободы труда, свободы вероисповеданий, научного творчества и даже, в определенных пределах, свободы слова, печати и т. д.

Все это диктуется существующими в СССР условиями, где народ, задыхающийся в страшных тисках коммунистической диктатуры, по рукам связывающей все отрасли жизни, жаждет свободы и раскрепощения.

Итальянский и немецкий фашизм шли от либерализма к фашизму, мы идем от коммунизма к фашизму, таким образом, мы как бы двигаемся к одной и той же цели с противоположных сторон.

44. Связь российского фашизма с русским историческим прошлым.

— Российский фашизм не является исключительно новым, пореволюционным течением. Российский фашизм имеет глубокие корни в русском историческом прошлом.

Отдельные проявления идей русского фашизма, ныне выкристаллизовавшихся и оформившихся, мы можем наблюдать на протяжении всей русской истории.

Наиболее полной фашистская идеология проявила себя во времена царя Алексея Михайловича, когда весь государственный строй того времени представлял не что иное, как прототип современной корпоративной системы: все население России было организовано по чинам (классам) — корпоративным объединениям. Земский собор, выражавший народную волю, представлял из себя собрание представителей отдельных чинов — классов — современный орган представительства в корпоративном государстве.

45. Почему мы именуем себя «фашистами»?

— *Мы именуем себя «фашистами» потому, что это слово наиболее полно выражает сущность нашего движения, отражает нашу идеологию и потому, что оно чрезвычайно популярно в СССР.*

Называя себя российским фашистом, русский патриот тем самым уже вкратце формулирует свои убеждения.

Коммунисты в настоящее время больше всего кричат о фашизме. Советское радио, советская пресса выставляют фашизм как главного врага коммунизма, этим самым популяризируя его в глазах недовольного коммунистической властью населения.

Со словом «фашизм» теперь в СССР связано представление об единственном движении, которое может принести русскому народу освобождение.

Многих смущает иностранное просхождение слова — «фашизм». На это можно сказать, что в русском языке, как и в других языках, есть много слов, которые имеют иностранное происхождение, но которые со временем как бы вошли в плоть и кровь русского языка и нашли самое широкое распространение. Среди таких слов можно указать: «патриот», «монархия», «легитимизм» и др.

К этим словам, по существу, принадлежит теперь и слово «фашизм».

46. Что такое всероссийская фашистская партия?

— *Всероссийская фашистская партия есть авангард (передовой отряд) российского фашистского движения, она наиболее полно выражает идеологию российского фашизма и представляет из себя наиболее активную организацию, поставившую себе целью проведение этой идеологии в жизнь.*

Другие организации, могущие быть отнесенными к частичным представителям российского фашизма, выражают его неполно и имеют ряд неправильных точек зрения по отдельным вопросам, часто совершенно искривляющих их фашистское направление, убивающих их активизм или направляющих его в совершенно ненужную сторону.

Так, можно указать на Союз Младороссов, который по своей идеологии очень близок к российскому фашизму, но своей тактической линией, обязывающей его последователей, в случае войны СССР с какой-нибудь другой державой, стать на сторону Коминтерна, вступает на нефашистский путь, предает российский фашизм.

47. Что такое российское национально-трудовое государство?

Когда группа людей—общество, поселенное на определенной территории, прочно организовано под руководством единой верховной власти, то это есть государство, когда же таким образом объединяются члены определенной нации, то это государство национальное.

Российское национально-трудовое государство должно объединить членов российской нации, руководить организованным служением их общим национальным российским интересам.

Российское национально-трудовое государство есть одновременно трудовое государство, потому что оно считает труд священной обязанностью всех членов российской нации. Трудовыми усилиями членов российской нации создаются духовные и материальные ценности нации, национальная культура и национальное богатство. Национально-трудовое государство ставит себе целью координировать трудовые усилия отдельных членов нации, направить их на служение общему национальному благу.

Российское национально-трудовое государство, как государство фашистское, есть корпоративное государство. Через корпоративную систему на деле достигается единство всех членов российской нации, как политическое, так и экономическое.

Корпоративная система несет полное сотрудничество всех членов российской нации и отдельных входящих в нее социальных групп — классов во всех областях жизни: политической, культурной, бытовой и экономической.

При корпоративной системе все население организовано. Каждый гражданин знает себе место в государстве и свои обязанности и права.

Корпоративная система дисциплинирует хозяйственную жизнь, не уничтожая личной заинтересованности, признавая частную собственность, она вносит в хозяйство определенным порядком определенную систему, в пределах которой каждый гражданин может проявлять свою частную инициативу.

48. Что такое российская нация?

— *Российская нация есть духовное единение всех русских людей на основе создания общности исторической судьбы, общей национальной культуры, традиций и т. д.*

В российскую нацию, таким образом, входят не только великороссы, белорусы и малороссы, но и другие народы России: грузины, армяне, татары и т. д.

49. Почему в российскую нацию должны входить все народы, населяющие Россию?

Российские фашисты считают, что хотя основными элементами российской нации являлись великороссы, малороссы и белорусы, которые и сделали наиболее ценный вклад в русскую национальную культуру и больше всего способствовали созданию российского национального государства, но в российскую нацию входят также и другие народы России, принимавшие также участие в ее исторической жизни. Связь этих народов с центральным ядром российской нации со временем все более и более усиливалась и укреплялась.

Процесс самоорганизации российской нации протекает на основе долгой совместной исторической жизни, в пределах одного государства и экономических связей, тесно соединявших все народы российской нации.

Таким образом, все народы России представляют из себя единый национальный организм, и нашим историческим заданием является укрепление этого организма в дальнейшем.

Все народы России должны входить в единую российскую нацию, ибо только в том случае, если они будут представлять из себя тесно спаянную семью, сознающую необходимость крепкого единения и сплоченности, можно создать мощное национальное государство, которое сможет противостоять как всякому внешнему давлению, разлагающим внутренним влияниям, так и всех формаций иудо-масонского воздействия, и обеспечить всей нации в целом и отдельным входящим в нее народам спокойствие и процветание.

50. Задача российских фашистов по отношению к России.

— Коммунистическая власть своей главнейшей целью ставит разрушение российской нации; для этого она прежде всего стремится внести антагонизм между отдельными элементами, составляющими российскую нацию,— отдельными народами, путем поддержания отдельных национальных сепаративных стремлений: украинского сепаратизма, белорусского, кавказских и т. д. В своей разрушительной политике коммунисты уже достигли известных результатов, действительно в значительной степени разложив российскую нацию.

Поэтому задачей российских фашистов после свержения коммунистической власти в первую очередь явится всемерная пропаганда идей единой российской нации, национального единства всех народов России — на почве общих исторических связей и национальной агитации воссоздания российского национального духа, объединяющего все русское население.

51. Что несет российский фашизм отдельным народам России?

— *Все народы России, которые примут участие в национальной революции, получат культурную, административную и политическую автономию.*

Каждый народ в российском национально-трудовом государстве будет пользоваться известной долей независимости и самостоятельности, поскольку эта самостоятельность не будет идти вразрез с общенациональными интересами.

Культурная автономия даст возможность каждому народу воспитывать подрастающее поколение на своем языке, иметь литературу на нем и т. п.

Таким образом, российские фашисты допускают возможность устройства российского национально-трудового государства на федеративных началах, считая, что федеративная организация сможет явиться наиболее целесообразной при существующих условиях формой политического объединения российской нации.

52. Положение евреев в национально-трудовом государстве.

— *Полноправными членами российской нации считаются только те народы, которые вошли в состав России с собственными землями, а так как еврейская зе-*

*мля находится за пределами России — в Палестине, то
евреи никакими правами, предоставленными отдельным
народам России, не пользуются.*

Российские фашисты считают евреев главнейшими
виновниками разрушения российской нации, поэтому
будут терпеть их на территории России только как нежелательных иностранцев.

Российские фашисты являются сторонниками активной борьбы с еврейством. Принимая во внимание,
что русское население в настоящее время охвачено антисемитизмом, ненавистью к еврейству, только фашистское разрешение еврейского вопроса может быть
принято русским народом, и объединить его на борьбу
с коммунистической властью, послужив крепким фун-
даментом и дальнейшего тесного сотрудничества в национальном строительстве, воссоздании российской
нации и ее оплота — Российского государства.

**53. Обязанности каждого российского гражданина по
отношению российского национально-трудового государства.**

— Российские фашисты руководствуются принци-
пом — «Благо Отечества высший закон» и поэтому тре-
буют от каждого русского гражданина служения высшим национальным интересам.

Каждый гражданин российского национально-
трудового государства должен принимать активное
участие во всех отраслях национальной жизни: политической, хозяйственной и культурной.

От того, насколько хорошо каждый гражданин будет выполнять свои обязанности по отношению к нации, зависит его ценность для нации и определяются его права в российском национально-трудовом государстве.

**54. Что даст российское национально-трудовое госу-
дарство каждому российскому гражданину?**

— Российское национально-трудовое государство
дает каждому российскому гражданину прежде всего
национальную и трудовую свободу.

Национальная свобода выражается в праве участвовать в политической жизни страны. Участие в политической жизни через национальные советы есть одновременно и обязанность и право.

Трудовая свобода выражается в праве свободно

трудиться, своим трудом создавая свое личное благополучие.

В национально-трудовой России не должно быть ни эксплуатации, ни угнетения. Только свободный труд может быть творческим, созидательным и плодотворным для национального хозяйства.

Каждый гражданин имеет право владеть частной собственностью, проявлять свои предпринимательские способности и таланты, накапливать богатства, если это накопление не носит спекулятивный, ростовщический, таким образом, вредящий всему национальному хозяйству характер.

Национально-трудовое государство самой системой хозяйства обеспечит каждому российскому гражданину известный минимум личного благосостояния и благополучия, оно даст ему сытую и привольную жизнь.

Из права на национальную свободу, права быть полноправным членом российской нации вытекают, в известных пределах,—свобода слова, собраний и т. д.

Национально-трудовое государство несет также каждому российскому гражданину полную свободу совести (исповедования по своему усмотрению той или иной религии), свободу мысли и т. д.

55. Роль и значение семьи в будущем национально-трудовом государстве

— Семья, с точки зрения фашизма, есть основная клеточка государственного организма, от крепости этой клеточки зависит крепость и всего организма. Поэтому российские фашисты ставят задачей всемерное укрепление семейных основ и понятий морали в русском населении.

Коммунисты разрушение России начали с разрушения семьи, русские фашисты созидание российского национально-трудового государства начнут с возрождения крепких семейных очагов.

Для охраны крепкой семьи будут изданы специальные государственные законы, будут приняты меры поощрения браков—путем пособий от государства и т. д.

ВОПРОСЫ ДЛЯ ПОВТОРЕНИЯ

1. Что такое идеология, программа и тактика российского фашизма? 2. В чем заключается главнейшее отличие идеологии от так-

тики? 3. О чем говорят неудачи белого движения? 4. Что необходимо для успешной борьбы с большевиками и почему? 5. Чему учат уроки Италии и Германии? 6. Почему для успешной борьбы с коммунистами необходима жертвенная, энергичная, национальная революционная партия, и почему такой партией может быть только фашистская партия? 7. Охарактеризуйте положение в эмиграции до возникновения российского фашизма. 8. Почему русская эмиграция не проявляла никакой активности в деле борьбы с большевиками? 9. Причины возникновения российского фашизма? 10. Что такое российский фашизм и за что он борется? 11. Почему неосновательно утверждение, что российский фашизм есть копия итальянского и германского фашизма? 12. Что есть общего между российским и иностранным фашизмом и в чем заключается различие? 13. Особые пути российского фашизма. 14. Почему российские и иностранные фашисты идут к одной и той же цели как бы с разных сторон? 15. Укажите примеры проявления фашизма в русской истории. 16. Почему мы должны именовать себя «фашистами»? 17. Что такое всероссийская фашистская партия? 18. Почему В. Ф. П. полнее и лучше всего отражает идеи российского фашизма? 19. Что такое российское национально-трудовое государство? 21. Почему российское фашистское государство — трудовое государство? 22. Почему в основе российского национально-трудового государства должен лежать корпоративный строй? 23. Что такое российская нация? 24. Почему в российскую нацию должны входить все народы России? 25. Какова политика большевиков по отношению российской нации? 26. Что должны делать российские фашисты для воссоздания российской нации? 27. Что несет российский фашизм отдельным народам России? 28. Почему российские фашисты признают возможность строительства российского государства на федеративных основаниях? 29. Почему евреи в российском национально-трудовом государстве будут считаться иностранцами? 30. Каковы обязанности каждого российского гражданина по отношению российского национально-трудового государства? 31. Что даст российское национально-трудовое государство каждому российскому гражданину? 32. Почему российские фашисты стоят за крепкую семью? 33. Значение семьи для государства.

Глава II

КАКОЙ ГОСУДАРСТВЕННЫЙ СТРОЙ НЕСУТ РУССКОМУ НАРОДУ РОССИЙСКИЕ ФАШИСТЫ

56. Основные принципы государственного устройства будущей фашистской России.

— *Государственный строй национально-трудовой России должен быть корпоративным строем, при котором все население, текущее поколение нации организовано в национальные союзы (в Италии — синдикаты) и корпорации и через органы которых оно участвует в политической (управление страной), экономической (хозяйстве) и культурной жизни государства.*

Органами союзного (корпоративного) государственного самоуправления в будущей фашистской России будут *национальные советы* — из представителей национальных союзов.

Корпоративный строй обеспечивает государственной власти надклассовый — независимый от классовых и личных влияний — характер, он один может превратить государственную власть в подлинного стража общих национальных интересов, интересов всей российской нации.

57. Что такое лозунг «Россия для России».

— Коммунисты считают Российскую территорию, на которой ныне расположен Союз ССР, плацдармом для мировой революции, базой коммунистического движения, которое в конце концов должно покорить весь мир. Антирусская сущность коммунистической власти вытекает из самых основ коммунистического движения.

Коммунистическая власть — антирусская власть по своему национальному составу; коммунистическая власть — еврейская власть, ибо евреи стоят во главе коммунистической партии и управляют советской страной, занимая главнейшие посты в партийном и государственном аппарате.

Лозунг «Россия для России» значит, что *российские фашисты стремятся создать на территории России русское государство — настоящую русскую власть, которая будет заботиться о русских национальных интересах, интересах российской нации, и по своему национальному составу будет русской властью!* Российским государством должны управлять сами русские. И хозяйство русского государства должно служить интересам русских людей, и культура его должна быть исторической русской национальной культурой.

Практически это может осуществиться лишь посредством корпоративной системы, при которой в управлении страной будут участвовать только члены корпоративных объединений, т.е. члены российской нации.

58. Как воплотится в жизнь корпоративная система в России?

— Корпоративная система будет воплощена в жизнь в России через национальные союзы, корпорации и национальные советы. В основу будущих национальных союзов и советов российские фашисты положат существующие коммунистические профсоюзы и советы, реформированные в процессе национальной революции (прежде всего изгнанием из них евреев и коммунистов).

Российские фашисты считают, что в момент национальной революции надо по возможности избегать ломки существующего, во избежание анархии приспосабливая имеющиеся учреждения к новым целям, беря их как основной скелет будущей корпоративной системы, но внося в них совершенно новое содержание и изгоняя предателей нации и трудящихся — жидо-коммунистов фракции Сталина — Кагановича.

59. Что такое национальные союзы и их отличия от национальных корпораций.

— Национальный союз есть объединение членов нации на основе общности профессиональных интересов.

Национальные союзы строятся по профессиональному признаку, далее объединение идет по производственному.

Пример: каждый рабочий или служащий той или иной фабрики или завода входит сначала в соответствующую профессиональную ячейку на своем производстве: слесаря в ячейку союза металлистов, чернорабочие в ячейку союза чернорабочих, служащие в ячейку союза служащих, инженеры — в ячейку союза инженеров и т. д., все же эти ячейки рабочих и служащих данного производства в совокупности образуют ячейку соответствующей Национальной корпорации данного вида производства.

Таким образом, ячейки рабочих *одной профессии разных предприятий* образуют национальный союз; ячейки работников *разных профессий одного предприятия* образуют ячейку национальной корпорации.

Союз национальных союзов с противоречивыми интересами (например, рабочих и работодателей) одной определенной отрасли народного хозяйства составит национальную корпорацию.

Национальные союзы будут созданы путем реформы существующих коммунистических профсоюзов через изгнание коммунистов и евреев, превращение их в естественные свободные объединения трудящихся. Для тех классов населения, которые при коммунистах не имели своих профессиональных объединений, будут созданы дополнительно союзы (например, союзы предпринимателей).

60. Кто в национально-трудовом государстве будут считаться трудящимися?

— Исходя из принципа, что трудящимися признаются создатели духовных и материальных ценностей, российские фашисты к трудящимся причисляют крестьян, рабочих, спецов, предпринимателей, чинов армии, духовенство и т. д.,— деятельность всех населяющих народов будет признана полезной для российского национально-трудового государства.

Таким образом, в российском национально-трудовом государстве будут существовать национальные союзы: рабочих и интеллигенции различных профессий, казаков, крестьян, предпринимателей различных профессий, т. е. всех трудящихся.

61. Задачи национального союза.

— Каждый национальный союз будет иметь следующие задачи:

1) *Представительство* и защита их интересов; от имени национальных союзов будут заключаться коллективные договора между рабочими и предпринимателями, определяться условия работы, заработная плата и т.д. Национальный союз будет всемерно защищать интересы своих членов во всех отношениях.

2) *Национальное и профессиональное воспитание членов.* В национальных союзах членам союзов — российским гражданам будет прививаться национальное самосознание, в них будет выковываться национальный дух, культивироваться любовь к Родине: к российской нации и государству. Национальные союзы будут стремиться также пополнять профессиональные знания членов — путем устройства различного рода школ, лекций и т.д.

3) *Взаимопомощь.* Национальные союзы будут оказывать своим членам всемерную моральную и материальную поддержку. Национальный союз — это объединение, которое прежде всего построено на принципе взаимопомощи, тесного дружественного единения.

4) *Арбитраж.* Национальные союзы будут участвовать в примирительном разбирательстве по различным конфликтам между представителями отдельных классов, защищая интересы своих членов, в примирительных корпоративных комиссиях (см. ниже о корпорациях).

5) *Власть трудящихся.* Национальные союзы будут посылать представителей в национальные советы, выборы в которые будут осуществляться через национальные союзы.

62. Что такое национальный совет?

— Существующие в СССР коммунистические советы должны быть реорганизованы путем изгнания из них евреев и коммунистов и превращения их в свободные органы подлинного народного представительства.

Выборы в национальные советы при фашистском строе будут производиться закрытым голосованием, без всякого давления извне, что обеспечит им подлинное представительство многообразных народных интересов.

Выборы будут производиться по союзам, так что в совете будет представлено все население, организованное по профессиям.

Национальные советы организуются по территориальному признаку. Основными ячейками национально-советской системы фашизма явятся сельские и городские национальные советы.

Каждый союз посылает то или иное число делегатов в зависимости от своей численности и своего значения.

63. Что такое национальная корпорация?

— Национальная корпорация есть объединение национальных союзов с противоположными интересами (напр., рабочих и предпринимателей) определенной отрасли народного хозяйства.

Ячейки корпораций создаются на каждом производстве, корпорации в городском, областном, краевом и всероссийском масштабах.

В руководящие органы корпораций входят на паритетных началах представители объединенных в корпорации национальных союзов.

Главнейшая задача корпораций — примирять интересы членов объединенных в корпорацию национальных союзов. Помимо этого, на корпорацию ложится обязанность общего контроля над отраслью производства, работников которой она объединяет (например: корпорация предпринимателей и рабочих тяжелой промышленности). Корпорации должны всячески способствовать лучшей организации своей отрасли производства и могут с этой целью издавать обязательные для всех работников этой отрасли правила.

Все споры между входящими в национальную корпорацию национальными союзами разрешаются в специальных примирительных комиссиях, в которые, также на паритетных началах, входят представители заинтересованных союзов.

Если тот или иной спор не может разрешать низшая корпорация (например, городская или областная корпорация, объединяющая рабочих и предпринимателей определенного производства), то спор передается в высшее корпоративное объединение, вплоть до корпорации того или иного производства во всероссийском масштабе.

64. Как будет организована верховная государственная власть?

Верховным учредительным и законодательным органом российского национально-трудового государства явится всероссийский национальный совет.

Выборы во всероссийский национальный совет будут происходить по принципу представительства отдельных национальных союзов, т. е. на тех же основаниях, на каких будут происходить и выборы в сельские и городские советы. Во всероссийском национальном совете будут представлены все категории населения России, все его социальные группы, все народы российской нации.

Главное отличие высшего органа представительства народных интересов в фашистском государстве от демократического парламента именно заключается в том, что здесь представляется не аморфный «народ», т. е. на деле различные группы финансового капитала через политические партии, а отдельные части нации, выполняющие ту или иную работу (рабочие, интеллигенция, крестьяне, предприниматели, армия, духовенство).

Всероссийский национальный совет утверждает российское национальное правительство.

65. Роль всероссийской фашистской партии в государственной жизни будущей фашистской России.

— Российские фашисты стоят на той точке зрения, что исторический процесс всегда творится инициативным меньшинством. Таким инициативным меньшинством, которое возьмет на себя задачу освобождения России и дальнейшего руководства ее национальной жизнью, должна явиться всероссийская фашистская партия, сегодня авангард эмиграции, завтра — авангард нации.

Всероссийская фашистская партия должна стать ведущим отбором российской нации. В российском фашистском государстве В. Ф. П. должна быть фактическим руководителем национально-государственной, общественной, хозяйственной и культурной жизни. Все главнейшие руководящие посты государства, общества, хозяйства и культуры должны быть заняты российскими фашистами, носителями российской национальной идеи, партийная организация должна пропитать всю государственную ` организацию — В. Ф. П.

должна быть представлена во всех государственных корпоративных органах: национальных союзах, советах и корпорациях.

66. Отношение фашистов к форме правления.

— Российские фашисты не предрешают ту или иную форму правления, считая, что это не играет существенного значения для жизни государства, т. к. важна социальная сущность, социальная природа государственного строя, а не форма. Важно гарантировать всем слоям русского народа участие в государственной власти, а совершенно не важно, как внешне будет оформлен высший орган этой власти, какое звание будет носить глава государства.

Государства могут иметь одну и ту же форму правления, но по своему социальному содержанию, внутреннему существу представлять два противоположных типа государства. Как на пример можно указать на Италию и Англию. В Италии и в Англии монархическая форма правления, но в Италии мы видим корпоративный фашистский строй, Англия же представляет из себя либерально-капиталистическое государство.

67. Какой суд должен существовать в национально-трудовой России?

— *В российском национально-трудовом государстве должен существовать свободный и независимый национальный суд.* Суд национально-трудовой России абсолютно не может являться орудием той или иной группы населения, средством угнетения одних другими, он должен быть лучшим стражем и хранителем национальной и социальной справедливости, блюстителем блага российской нации.

Национальный суд будет лучшим защитником интересов населения, охраняя его от произвола. Если в настоящее время в России любой гражданин может быть арестован и сослан без всякого вмешательства суда, по постановлению органов Наркомвнудела, то в будущей России аресты российских граждан будут производиться только с санкции судебных властей. Только беспристрастный авторитет суда может лишить российского гражданина свободы, если это потребует благо российского национального государства.

Судьи в будущей России должны быть абсолютно независимы и стоять на высоте своего положения по своим моральным качествам. Поэтому они смогут быть смещаемы со своего поста только по постановлению суда и за проступки, предусмотренные специальными законодательными постановлениями. Будут приняты меры к соответствующему воспитанию судебных деятелей, культивированию у них духа беспристрастности, духа служения общенациональным интересам.

Для того чтобы все российские граждане могли всегда быть в курсе работы суда и следить непосредственно за судебными разбирательствами, все судебные дела будут слушаться при открытых дверях; на них смогут присутствовать все желающие.

68. Какие цели будет преследовать российское национально-трудовое государство в деле национального воспитания и просвещения?

— *Задачей воспитательно-просветительной деятельности будущей российской национальной власти будет являться подготовка национально-полезных граждан.*

Школа будущей России будет иметь две задачи: первую — дать необходимые знания как общеобразовательного, так и специального характера; вторую — воспитание и культивирование национального духа у своих питомцев.

Последняя задача особенно важна, она является характерной для фашистского государства. В фашистском государстве школа должна прежде всего подготавливать национальную элиту, ведущий отбор нации, этот отбор должен быть примером стойкости национального духа и крепости национальных устоев.

69. Что значит лозунг — «Дорогу способностям и талантам»?

— Этот лозунг означает, что продвижение по социальной лестнице, занятие того или иного положения в российском национально-трудовом государстве будет всецело определяться только способностями и талантами русских людей.

В фашистском государстве не допускается никаких привилегий, связанных с происхождением, богатством и т. п.

Российские фашисты провозглашают принцип полного равенства возможностей — от каждого гражданина будет зависеть использовать предоставленные ему возможности.

В российском национально-трудовом государстве каждый бедный, но способный гражданин сможет рассчитывать на такой же успех в деле продвижения по социальной лестнице, занятия того или иного общественного положения, как и гражданин, обладающий материальными богатствами. Бедным и способным российским гражданам будет предоставлена полная возможность получения не только среднего, но и высшего образования: государство придет им на помощь как предоставлением степеней, так и материальной поддержкой — обеспечив им на время учения определенное жалованье от государства.

70. Религия в российском национально-трудовом государстве.

— Российские фашисты стоят за полную свободу религии. Православной религии, как вере большинства русского народа и главнейшей создательнице нашей духовной культуры, будет оказываться всяческая помощь и поддержка.

Остальные религии, за исключением изуверских сект, сатанинских, безнравственных и иудействующих псевдорелигий, будут также пользоваться полной поддержкой российской национальной власти.

Российский фашизм провозглашает союз церкви и государства в деле морального и религиозного оздоровления русского народа.

ВОПРОСЫ ДЛЯ ПОВТОРЕНИЯ

1. На каких принципах будет покоиться государственный строй будущей России? 2. Что принесет корпоративный строй? 3. Что значит лозунг — «Россия для россиян»? 4. Как воплотится в жизнь корпоративная система в России? 5. Почему в основу будущему государственному строю должны быть положены существующие профсоюзы и советы? 6. Как будет реформирована существующая профсоюзная и советская система? 7. Что такое национальный союз? 8. Кто войдет в национальные союзы? 9. Кто в российском национально-трудовом государстве будут считаться трудящимися? 10. Задачи национальных союзов, перечислите и охарактеризуйте их. 11. Что такое национальный совет? 12. Что такое национальная корпорация? 13. Задачи национальной корпорации? 14. Высший государственный орган национально-трудовой России? 15. Чем отличается всероссийский национальный совет от демократического парламента? 16. Роль всероссийской фашистской партии в государственной жизни будущей России? 17. Почему российские фашисты не предрешают ту или иную

форму правления? 18. Почему для современных государств не играет никакого значения та или иная форма правления? 19. Какой суд должен существовать в российском национально-трудовом государстве? 20. Задачи национального суда по отношению российских граждан? 21. Что обеспечит независимость и беспристрастность национального суда? 22. Каковы задачи просвещения и воспитания в фашистской России? 23. Что значит лозунг — «Дорогу способностям и талантам»? 24. Почему российские фашисты стоят за полную свободу религии? 25. Отношения церкви и государства в фашистской России?

Глава III

НАРОДНОЕ ХОЗЯЙСТВО И ПОЛОЖЕНИЕ ОТДЕЛЬНЫХ КЛАССОВ В РОССИЙСКОМ НАЦИОНАЛЬНО-ТРУДОВОМ ГОСУДАРСТВЕ

71. Хозяйственная политика российского фашизма.
— Хозяйство России должно служить интересам российской нации.

Основной принцип хозяйственной политики российских фашистов — полная хозяйственная самостоятельность России. Российское хозяйство ни в какой мере не должно зависеть от международного и вообще от иностранного капитала. Хозяйственная жизнь российского государства должна определяться исключительно российскими интересами и идти по пути воссоздания и укрепления хозяйственной мощи России.

Хозяйство России должно представлять из себя гармоническое целое, поэтому каждая отрасль хозяйства должна развиваться в зависимости от потребностей населения.

После падения коммунистического режима российские фашисты считают необходимым обратить особое внимание на легкую промышленность, на изготовление предметов широкого потребления, так, чтобы в первую очередь удовлетворить элементарные насущные нужды русского народа.

Каждому российскому гражданину поэтому будет предоставлена полная возможность обогащения, улучшения своего материального благосостояния, ибо от степени благосостояния отдельных граждан будет зависеть благосостояние всего хозяйства. Национально-трудовое государство будет только следить за тем, чтобы рост благосостояния шел равномерно, чтобы в руках отдельных лиц не сосредотачивать большие состояния за счет остального населения. Российские фашисты совершенно отрицают возможность накопления богатств при помощи спекуляции и другими нетрудовыми, с точки зрения фашизма, путями.

Хозяйство национально-трудового государства должно покоиться на равномерном распределении богатств между всеми слоями населения.

72. Отношение фашистов к частной собственности.

— Российские фашисты стоят за ограниченную частную собственность. Частная собственность является лучшим стимулом к плодотворной хозяйственной деятельности, рождая личную заинтересованность в человеке.

Лучшим показателем значения личной заинтересованности может служить современное положение в России, где личная заинтересованность совершенно уничтожена, где все хозяйство находится в руках государства. Руководители промышленных предприятий в СССР являются простыми государственными чиновниками и относятся к своему делу как чиновники, результатом чего и является та дикая анархия и бестолковщина, которая царит в хозяйственной жизни СССР.

Частная заинтересованность играет огромную роль в плодотворном развитии хозяйства, но она должна быть ограничена, иначе она может пойти во вред национальным интересам, что мы и видим в современных капиталистических странах. Погоня за выгодой здесь затмила все, отодвинув на второй план благо нации и государства, подчинив их шкурным интересам отдельных групп финансового капитала.

Российские фашисты за ограниченную частную собственность.

73. Роль государственной власти в хозяйстве национально-трудового государства.

— Российские фашисты стоят за вмешательство государственной власти в хозяйственную жизнь. Предоставляя частной заинтересованности широкую инициативу, они эту инициативу ограничивают рамками государственного регулирования и плана, так, чтобы она не шла во вред государству и нации — российские фашисты стоят за регулирование, контроль и планирование хозяйства.

Хозяйственная жизнь будущей России должна идти

по определенному, заранее выработанному плану. Этот план, однако, должен составляться из учета потребностей и интересов всех групп населения и всего хозяйства в целом. Его отличие от коммунистического плана будет заключаться в том, что он будет устанавливать только общие вехи, указывая общие пути, предоставляя полную возможность отдельным предпринимателям проявлять свои предпринимательские таланты.

Контроль над хозяйством будет осуществляться через специальные государственные органы и корпорации.

Каждая корпорация той или иной отрасли производства должна не только разрешать конфликты различных работников этой отрасли, но и следить за организацией самого производства, всемерно улучшая его. Корпорация сможет издавать различного рода правила, относящиеся к подведомственной ей отрасли производства.

Каждый предприниматель национально-трудовой России должен будет помнить, что государство, давая ему возможность распоряжаться собственностью, как бы дает ему ссуду, эту ссуду он должен возвратить государству сполна, своей хозяйственной деятельностью; преследуя свои личные интересы, он в то же время должен приносить пользу национальному хозяйству.

74. Каким образом к участию в хозяйственной жизни национально-трудового государства будут привлечены частные предприниматели?

— Коммунистическая власть уничтожила класс собственников-предпринимателей в России. Российские фашисты считают необходимым для восстановления хозяйства и для направления его по здоровому руслу возродить предпринимательский класс.

Предприниматели будущей России должны выйти из всех слоев населения, представляя из себя отбор наиболее энергичных, наиболее предприимчивых граждан. Государство будет приходить на помощь молодому российскому предпринимательскому классу, всеми мерами содействуя проявлению всякой частной инициативы.

Признавая роль и значение частных предпринимателей и частной предпринимательской инициативы, российские фашисты тем не менее будут бороться с беспредельным накоплением богатств, с превращением творческого предпринимательского капитала в анонимный капитал, с образованием акционерных обществ, трестов, синдикатов и пр.

Целый ряд отраслей хозяйства должен постепенно перейти в руки частным предпринимателям, в первую очередь внутренняя торговля и легкая промышленность.

75. На каких основаниях должна будет покоиться финансовая система национально-трудового государства?

— Финансовая система национально-трудового государства должна покоиться на принципах бюджетного равновесия, т. е. государственные расходы будущей России будут покрываться государственными приходами.

Государственные доходы национально-трудового государства будут состоять из налогов и пошлин и доходов от эксплуатации государственного имущества и предприятий.

Денежный рынок России должен быть изолирован от иностранного денежного рынка, денежные знаки России не должны допускаться к обращению в иностранных государствах.

Бумажные деньги должны иметь внутри страны прочную, не колеблющуюся и не меняющуюся ценность. Денежная валюта национально-трудового государства должна быть прочно обеспечена.

76. Торговля в национально-трудовой России.

— Национально-трудовое государство несет полную свободу внутренней торговле. Внешняя торговля — в интересах России — в большей своей части сохраняется в руках государства.

Только тогда можно обеспечить бесперебойное снабжение всем необходимым и удовлетворение всех нужд населения, когда внутренняя торговля будет передана в частные руки.

В торговле огромное значение имеет умение применяться к рынку.

Частный торговец, заинтересованный в том, чтобы у него больше покупали, всегда будет применяться к потребностям и интересам покупателей, будет заботиться о том, чтобы у него находился всегда запас всего необходимого для покупателя и в достаточном количестве.

Вред нахождения торговли, в особенности на предметы широкого потребления, в государственных руках ярко демонстрируется примером СССР, где продавец — государственный чиновник не заинтересован совершенно в деятельности своего предприятия и привлечении новых покупателей, совершенно не считается с их требованиями, с потребностями рынка, проявляя чисто канцелярски-бюрократический подход к покупателю.

В СССР покупатель должен приобретать не то, что он желает, а то, что ему предложат в казенных магазинах. Снабжение же казенных магазинов меньше всего происходит по принципу применения к рынку, потребностям покупателей.

Всем известны примеры из советской торговли, когда совмагазины совершенно не имели самых элементарных предметов широкого потребления: одежды, обуви и т. д., и в то же время их полки ломились от никому не нужных вещей: ваз, цветов, пудры и т. д. Советский потребитель ходил без ботинок и был вынужден приобретать совершенно ему не нужные предметы.

Внешняя торговля в большей своей части остается в руках государства, что является лучшей гарантией от подпадания хозяйства всего государства под влияния международного капитала, так как самым фактом монополии внешней торговли русских граждан с иностранцами всякие торговые сношения с заграницей могут осуществляться только посредством государства и через государственные органы, непосредственно контролироваться ими.

77. Роль отдельных классов в национальном хозяйстве.

— Здоровое развитие хозяйства мыслимо лишь при сотрудничестве всех классов государства. С точки зрения фашизма, каждый класс играет определенную роль в хозяйственно-производственном процессе — хозяйственное благополучие государства создается дружной совместной созидательной работой всех классов. Все классы взаимно зависят друг от друга: предприниматели зависят от рабочих, рабочие от предпринимателей, и те и др. вместе от крестьян и т. д.

Если рабочий будет аккуратно выполнять свои обязанности, предприниматель интересоваться и руководить своей фабрикой или заводом, крестьянин будет получать все необходимые для него продукты промышленности. Если крестьянин будет обрабатывать землю, промышленность будет обеспечена бесперебойным снабжением сырья, рабочий без затруднений будет приобретать необходимые для него сельскохозяйственные продукты. Стоит лишь только одному классу уклониться от выполнения своих функций в хозяйстве, как наступит хозяйственная анархия.

Яркий пример: первые годы коммунистического режима, когда был совершенно уничтожен класс предпринимателей и поэтому промышленность пришла в полную разруху; крестьяне отказывались обрабатывать землю, снабжать город необходимыми сельскохозяйственными продуктами, что привело к стихийному голоду.

78. Что несет российский фашизм русским рабочим?

— Рабочий в СССР—нищий, раб. Он получает официально высокую заработную плату, на деле это заработная плата едва дает ему возможность вести самое нищенское существование, русский рабочий раздет, разут и голодает.

Лозунг большевиков, выкинутый в начале революции,— «фабрики и заводы рабочим»—оказался наглой ложью. Русский рабочий вместо владения фабриками и заводами получил рабство на этих фабриках. В СССР существует сейчас фактически такое положение, при котором рабочий прикреплен к тому производству, на котором он работает, не имея права с него уйти.

7-часовой рабочий день русского рабочего превратился в 10- и даже 11-часовой, благодаря различного рода соревнованиям и ударничеству.

Большевистская власть принесла эксплуатацию и угнетение рабочих, вместо диктатуры пролетариата она дала самую беспросветную, самую ужасную диктатуру над пролетариатом—полное закабаление его.

Российский фашизм несет освобождение российских рабочих от коммунистической эксплуатации, он стремится создать такие условия, при которых рабочий был бы гарантирован и от эксплуатации капиталистической.

Коммунизм превратил русского рабочего в раба, российский фашизм сделает его *собственником, совладельцем того предприятия, на котором он работает.* Это будет достигнуто путем создания в капитале всех предприятий, как частных, так и государственных, специальной *рабочей части*.

Участие в прибылях предприятия вполне возможная и реальная вещь и именно только в фашистском государстве. Опыт в этом направлении уже блестяще проделан в Германии. Пример: заводы Крупп (крупнейшие заводы в Германии) за 1934 год получили прибыль в сумме 7 000 000 марок, которая и была распределена между рабочими предприятий.

Рабочий в фашистской России будет не только участником в прибылях предприятий, он будет также *участвовать и в управлении* того предприятия, на котором он будет работать.

Это будет достигнуто путем создания на каждом производстве *Делового совета*, куда войдут и представители рабочих. Участие рабочих в Деловых советах даст рабочим возможность следить за состоянием дела на своем предприятии, контролировать его. Это повысит сознательность рабочих, приведет к выработке чувства ответственности перед государством за состояние своего производства.

Привлечение рабочих к управлению производством уже также фактически осуществлено в Германии, что принесло огромную пользу производству, заставив рабочих интересоваться состоянием дела на производстве и заботиться об его улучшении.

Рабочий в фашистском понимании — сотрудник предприятия, занимающий одинаковое положение с предпринимателем на фоне национального труда.

Российские фашисты будут стремиться к реальному повышению заработной платы рабочих, русский рабочий должен иметь возможность на получаемую им заработную плату приобретать все необходимое, вести сытую и привольную жизнь.

Русские фашисты позаботятся о действительном сокращении рабочего дня.

Рабочий национальный союз будет представлять состоящих в нем рабочих во всех отношениях. От имени национального союза будут заключаться коллективные договора, через национальные союзы русские рабочие будут выбирать своих представителей в органы государственной власти. Национальные союзы будут посылать рабочих представителей в корпоративные примирительные комиссии.

Рабочий национальный союз — реальный оплот и защита рабочих интересов!

Российский фашизм несет самое широкое социальное страхование: на случай смерти, ранения, болезни, безработицы и т. д.

В национально-трудовом государстве будет совершенно запрещен труд малолетних. Женский труд будет обеспечен особой защитой, специальными законодательными постановлениями.

79. Что несет российский фашизм русским крестьянам?

— Принудительная коллективизация привела к полному закабалению российского крестьянства. Русский крестьянин сейчас фактически батрак в колхозах и совхозах.

В колхозе вся земля и инвентарь считаются коллективной собственностью всего колхоза. За исключением небольших участков, остающихся в индивидуальном владении крестьян, на деле фактически ими распоряжаются руководители колхозов — представители коммунистической партии — аппарата угнетения всех русских трудящихся. У российского крестьянства фактически отнимаются все произведенные им сельскохозяйственные продукты под видом непомерно высокого продналога, хлебозаготовки, принудительной продажи государству излишков и т. д. В совхозах закабаление крестьянства примет еще более сильные формы.

Ярким показателем положения крестьянства может служить систематический голод в СССР, от которого, по приблизительным подсчетам, погибло за последние годы около 10000000 крестьян.

Проведение принудительной коллективизации привело к стихийному сокращению урожая, к гибели почти половины рабочего скота. Обработка земли сельскохозяйственными машинами не принесла никакой пользы благодаря неумелому их применению. Порча ценных машин сразу же после их поступления на места приобрела в СССР стихийный характер.

Российские фашисты стремятся к раскрепощению крестьянства. Они выбрасывают лозунг расколлективизации. Вся земля — российскому крестьянству в полное, наследственное, ненарушимое и неделимое пользование и владение.

Каждый крестьянин, сидящий ныне на земле, получит участок земли, которым он фактически будет полным распорядителем.

Российские фашисты стоят за индивидуальное, хуторское хозяйство, за создание сильного и зажиточного класса российского крестьянства.

Выступая решительными врагами коллективизации, российские фашисты меньше всего стремятся восстановить дореволюционную форму владения землей — общину, считая, что общинное владение уже отжило свой век.

Надо создать заинтересованность крестьянства в лучшей обработке своей земли, что совершенно отсутствует в колхозах, чего нет также в общине с временным владением землей.

Неделимость крестьянского надела необходима во избежание бесконечного дробления крестьянской земли и образования таких мелких участков, эксплуатация которых будет совершенно невыгодна с хозяйственной точки зрения и не приносит достаточный доход их владельцам.

Размер крестьянского надела определяется в зависимости от почвы, климата, рода хозяйства, наличия земельных угодий и т. д.

Вся земля крестьянству и только крестьянству! Российские фашисты против возвращения земли бывшим помещикам. Российские фашисты не дадут возможности образоваться новому классу помещиков, решительно борясь со спекуляцией на землю, массовой скупкой земли у крестьянства отдельными лицами.

В национально-трудовой России каждый крестьянин получит возможность безбедного существования, так как он будет полным распорядителем произведенных им сельскохозяйственных продуктов, выплачивая лишь незначительный сельскохозяйственный налог государству. Государство обеспечит сбыт сельскохозяйственных продуктов по приемлемой для крестьянства цене, также всемерно борясь со спекуляцией в этой области.

Крестьяне в фашистской России будут организованы по своим крестьянским национальным союзам для совместной защиты своих крестьянских интересов. Организованность русского крестьянства лучше всего обеспечит крестьянство от произвола других групп населения, имеющих те или иные хозяйственные взаимоотношения с крестьянством.

На обязанности крестьянских национальных союзов будет лежать: всемерная защита крестьянских интересов, представительство их во всех случаях взаимоотношения крестьянства с другими группами населения. Крестьянские национальные союзы будут стремиться к заключению лучших условий сбыта сельскохозяйственных продуктов, через национальные союзы крестьяне смогут совместно приобретать необходимый сельскохозяйственный инвентарь, в частности дорогостоящие сельскохозяйственные машины, что отдельным крестьянам будет не под силу.

Национально-трудовое государство будет вести решительную борьбу с малоземельем путем организации систематической колонизации крестьян на свободные земли и помощи им при устройстве на новые места.

Российское национально-трудовое государство несет государственное страхование крестьян на случай стихийных бедствий, неурожая и т. д.

Будут приняты меры к обеспечению крестьянства надлежащей медицинской, ветеринарной помощью и т. д.

80. Что несет русский фашизм интеллигенции?

— Трудовую интеллигенцию — специалистов различной квалификации, представителей свободных профессий: учителей, врачей, журналистов, духовенство и др. фашисты считают частью рабочего класса и все, сказанное о рабочих, распространяется и на них.

Интеллигенции российский фашизм несет возможности огромной созидательной работы на благо народа на всех фронтах промышленной, сельскохозяйственной, культурной и духовной жизни российской нации.

Интеллигенции российский фашизм несет полную религиозную и научную свободу, свободу культурного творчества и т. д.

Российский фашизм стремится, чтобы из среды остальной массы рабочих и крестьян выявились наиболее энергичные, способные и талантливые русские люди и отбор из них составил бы новую интеллигенцию — элиту третьей России.

Представители интеллигентных профессий образуют свои собственные национальные союзы.

ВОПРОСЫ ДЛЯ ПОВТОРЕНИЯ

1. На каких основаниях должна покоиться хозяйственная система будущей России? 2. На развитие какой отрасли промышленности обратят российские фашисты особое внимание после падения коммунистической власти? 3. Как относятся российские фашисты к здоровому обогащению российских граждан? 4. Как относятся фашисты к частной собственности? 5. Почему необходима частная собственность? 6. Почему она должна быть ограниченной? 7. Какова роль государства по отношению хозяйства в фашистской России? 8. Через какие органы будет осуществляться контроль над производством? 9. Отношение российских фашистов к предпринимателям? 10. Из каких слоев выйдет предпринимательский класс фашистской России? 11. Что должна представлять из себя финансовая система будущей России? 12. Почему российские фашисты стоят за полную свободу внутренней торговли? 13. Почему российские фашисты будут стремиться сохранить большую часть внешней торговли в руках государства? 14. Какова роль отдельных классов в национальном хозяйстве? 15. Почему все классы взаимно заинтересованы друг в друге? 16. Положение рабочих в фашистской России. 18. Как осуществится участие рабочих в прибылях предприятий и управлении их? 19. Что даст русским рабочим рабочий национальный союз? 20. Положение российского крестьянства при коммунистической власти. 21. Что несет российскому крестьянству российский фашизм? 22. Почему фашисты стоят за расколлективизацию сельского хозяйства? 23. Как фашисты относятся к восстановлению помещичьего класса? 24. О чем будет заботиться крестьянский национальный союз? 25. Что несет российский фашизм русской интеллигенции?

Глава IV

ТАКТИКА ВСЕРОССИЙСКОЙ ФАШИСТСКОЙ ПАРТИИ

81. Этапы работы В.Ф.П.

— Этих этапов три: *этап собирания сил—подготовки, этап наступления—активной борьбы,* которая должна завершиться *национальной революцией,* и, наконец, последний этап, после свержения коммунистической власти,—*национальное строительство.*

Первый этап собирания сил можно на Дальнем Востоке считать пройденным, здесь в рядах В.Ф.П. уже собраны силы, способные для активной борьбы с коммунистической властью; сейчас мы вступаем во второй этап нашей работы — развертывания сил, наступления, активной борьбы с коммунизмом. В других организациях В.Ф.П.—за пределами Дальнего Востока — первый этап также подходит к концу. Путь революционной работы—пропаганда наших идей и на основе их организация внутрироссийского актива для нанесения последнего всесокрушающего удара коммунизму—для национальной революции.

После свержения коммунистической власти начнется третий этап нашей работы—национальное строительство, воплощение наших идей и программы в жизнь.

82. В чем заключается наша генеральная линия и наш генеральный план?

— Генеральная линия определяет поведение всей партии в целом и каждого российского фашиста в отдельности. Генеральная линия партии вытекает из поставленных партией конкретных задач—национальной революции и последующего за ней национального строительства и из окружающей обстановки и возможностей.

Генеральный план — наша тактика — есть способ воплощения нашей идеологии и нашей программы в жизнь.

Генеральный план В.Ф.П. разработан и обоснован главой В.Ф.П. К. В. Родзаевским в виде *фашистской трехлетки — трехлетнего плана борьбы с коммунистической властью.*

Сущность фашистской трехлетки заключается в *провозглашении конечного срока противокоммунистической борьбы,* к которому должны быть подготовлены все национальные силы для нанесения окончательного удара коммунизму, для осуществления национальной революции.

Фашистская трехлетка началась 1 мая 1935 г. и ее проведение должно закончиться 1 мая 1938 г. В.Ф.П. ставит себе генеральную задачу: не позже как через три года коммунистическая власть должна быть свергнута. Российские фашисты обязаны выполнить эту задачу или погибнуть!

83. Пути осуществления трехлетки.

— *Фашистская трехлетка должна быть осуществлена посредством максимального развертывания нашей внутрироссийской работы.* В продолжение трех лет вся Россия должна быть покрыта сетями не связанных друг с другом ячеек, которые по данному сигналу в 1938 году поднимут единовременное повсеместное восстание. Это восстание решит судьбу коммунистической власти, осуществит национальную революцию.

Повсеместная самоорганизация русских подъяремных активистов для борьбы с коммунистической властью последует и в результате широкой пропаганды идеи, программы и тактики российского фашизма.

Каждой вновь возникшей революционной ячейке в России будет поставлена ударная задача — создать несколько аналогичных революционных ячеек путем распространения наших революционных листовок, устной пропаганды, террора, повстанчества и т. д.

Идея российского фашизма, ныне объединяющая наиболее активную часть русского зарубежья, должна объединить все лучшие элементы русского подъяремного народа—стать ведущей идеей возрождающейся российской нации.

84. Каковы основные принципы нашей революционной работы?

— Наша внутрироссийская революционная работа, по самому своему существу являясь работой конспиративной, покоится, во-первых, на принципе *полного отделения ее от работы в эмиграции*, работы открытой, и, во-вторых, на принципе дестрализации.

О нашей конспиративной работе знают только те, кто в ней непосредственно участвует. Только проведение этого принципа в жизнь может обеспечить успех нашей революционной работы, гарантировать ее от провокации и раскрытия агентами коммунистов.

Принцип децентрализации заключается в том, что наши революционные ячейки работают совершенно самостоятельно друг от друга, не находятся между собой ни в какой организационной связи.

При таких условиях невозможно совершенно раскрытие всей сети наших революционных ячеек, можно раскрыть только часть этой сети, нанести частичный удар нашим внутрироссийским силам. Объединяет все революционные ячейки единая идея, единая программа и единый революционный план.

85. Задачи партии на время осуществления фашистской трехлетки.

— С момента начала проведения фашистской трехлетки Всероссийская фашистская партия становится партией национал-революционной, главнейшей своей целью ставящая работу на революционную борьбу с коммунизмом. Вся деятельность партии протекает под лозунгом—*«Все России»* и *«Все силы—национальной революции».*

Главная работа партии во время фашистской трехлетки проходит на территории России и только дополнительная—за рубежом.

Работа на территории России заключается в подготовке почвы для национальной революции идей российского фашизма и переключении пассивной ненависти русских подъяремных масс к коммунизму на рельсы активной борьбы с ним.

Для работы на территории России мы, в настоящее время, привлекаем лучшую часть наших сил—наш актив — наиболее стойких, наиболее волевых, идейных и опытных соратников. Остальные члены нашей партии должны срочно готовить себя к революционной работе, выковывать из себя национал-революционеров для немедленного перехода в эту лучшую часть.

Работа в эмиграции поэтому должна свестись, главным образом, к подготовке национал-революционных кадров. Наши внутрироссийские силы будут все время требовать пополнения, это пополнение мы должны производить не только за счет сочувствующих нам в России, но и за счет наших зарубежных кадров. Кроме того, для последнего удара по коммунистической власти в 1938 г. потребуется соединение усилий всей партийной организации, к моменту начала национальной революции все наши фашистские батальоны должны быть втянуты в бой.

Работа по подготовке кадров заключается: в поднятии дисциплины партийной массы, ее идейности, сознательности и обучения ее технике революционной борьбы, ковке революционных бойцов, создания крепкой революционной организации — резерва внутрироссийскому активу.

86. Каково значение и роль наших ежегодных тактических лозунгов?

— Провозглашение фашистской трехлетки возлагает на нас осуществление целого ряда отдельных конкретных задач. Их содержание и последовательность их выполнения определяют наши тактические лозунги на каждый год нашей работы.

На 1936 г. партией выброшены лозунги: «Представительство России подъяремной», «Из отбора — отбор» и генеральный лозунг — «В Россию».

Первый лозунг — *«Представительство России подъяремной»* — означает, что В.Ф.П. должна стать как бы представительницей российского подъяремного населения, выражая его волю, которую само русское население в условиях советской действительности выявить не может.

Лозунг *«Из отбора — отбор»* ставит перед нами задачу создать в рядах партии революционный актив, произвести отбор, исходя из революционной подготовленности каждого отдельного члена.

Лозунг *«В Россию»* обозначает общее устремление нашей деятельности.

87. Отношение фашистов к интервенции.

— В.Ф.П. будет приветствовать всякое вторжение в СССР иностранных войск, коль скоро это вторжение будет иметь действительно целью ниспровержение коммунистической власти и не преследует никаких захватнических целей.

Внешняя война может ускорить ниспровержение коммунистической власти, заставить события пойти более быстрым темпом, приблизить нас к национальной революции — сократит нашу фашистскую трехлетку.

88. Отношение фашистов к Ниппон.

— Российские фашисты считают, что империя Ниппон заинтересована в свержении Коминтерна, а не в расчленении или ослаблении русского государства — Ниппон заинтересован в возрождении дружественной национальной России; Ниппон имеет свою собственную национальную политику, независимую от масонских и еврейских влияний. Ниппон, следовательно, заинтересован в недопущении закабаления России международным финансовым капиталом, т. к. создание из Сибири базы С.А.С.Ш. на материке Азии создает для Ниппон источники постоянного беспокойства и тревоги.

Налицо совпадение национальных русских и ниппонских интересов — почва для взаимопонимания, сближения и дружбы.

Ниппон в процессе своего исторического роста вступает сейчас на материк Азии и начинает новую эпоху — Эпоху Возрождения Азии, что опять-таки противопоставляет Ниппон Коминтерну и Фининтерну.

Коммунисты и иудо-масонство — общий враг русских и ниппонских националистов: необходимые предпосылки для союза — налицо.

Союз будущего российского фашистского государства с Ниппонской империей разрешит тихоокеанскую проблему в интересах обоих соседей, навсегда пресечет англо-американские притязания, создаст силу, могущую диктовать свою волю всему остальному миру...

Находясь в значительной части своей вблизи ниппонцев, русские фашисты должны использовать свое благоприятное положение для максимального сближения с ними.

89. Отношение В.Ф.П. к другим организациям.

— В.Ф.П., ставя себе целью объединить в своих рядах актив эмиграции, наиболее ее боеспособную часть, стремится к установлению полного взаимопонимания со всеми другими эмигрантскими организациями.

Бюро по делам российских эмигрантов российские фашисты рассматривают как один эмигрантский центр — деловое объединение эмиграции на базисе защиты правовых и экономических интересов и активно ему содействуют.

90. Задачи каждого отдельного фашиста.

— *Задачи каждого отдельного члена партии заключаются в активном участии в работе партии и в самовоспитании и самообразовании, в подготовке себя к национал-революционной деятельности и непосредственного участия в таковой.*

Каждый фашист должен принимать участие в работе той или иной организации партии, в той области, которую он найдет наиболее для себя подходящей.

Каждый фашист должен аккуратно выполнять возложенные на него партийным уставом и специальными положениями обязанности и проявлять фашистскую инициативу.

Каждому члену партии должно стремиться поднять средства партии, необходимые для антикоммунистической работы, продавать нашу партийную литературу, собирать пожертвования в фонд противокоммунистической борьбы.

На каждого фашиста возлагается также ведение посильной агитационной и контрразведывательной работы. Знакомя с сущностью российского фашистского движения всех знакомых, защищай нашу партию от нападков и нареканий, выявляй агентов ГПУ в эмигрантской среде.

Разоблачай работу коммунистов и иудо-масонов, сообщай обо всем замеченном в соответствующие органы партии.

Так как основная работа партии должна протекать на территории России, готовься к этой работе, подготовляй из себя национал-революционера.

Каждый фашист обязан пополнять свои знания

в области идеологии, программы и тактики российского фашизма, стремиться повысить уровень своей политической грамотности, а также изучать положение в СССР, помня, что знание врага есть первый залог победы.

Если у тебя есть организационные или агитационные способности — совершенствуй их!

Стремись поднять дисциплину у себя в организации, подавая пример собственной дисциплинированности и исполнительности.

ВОПРОСЫ ДЛЯ ПОВТОРЕНИЯ

1. Этапы работы всероссийской фашистской партии? 2. Что определяет генеральная линия партии? 3. Что такое генеральный план В.Ф.П.? 4. Что такое фашистская трехлетка и кем она обоснована? 5. Когда началась фашистская трехлетка, когда она должна закончиться? 6. Как мы мыслим осуществление фашистской трехлетки? 7. Что должна делать каждая революционная ячейка на территории России? 8. Почему мы стоим за полное отделение работы открытой — эмигрантской от работы конспиративной — внутрироссийской? 9. Почему мы стоим за полную организационную самостоятельность всех революционных ячеек? 10. Что объединит все революционные ячейки на территории России? 11. Задачи партии на время осуществления фашистской трехлетки. 12. Кого мы сейчас привлекаем для внутрироссийской работы? 13. В чем должна заключаться наша работа в эмиграции? 14. Во что конкретно выливается наша работа в эмиграции? 15. Значение наших ежегодных тактических лозунгов. 16. Назовите лозунги на 1935 год и объясните их смысл. 17. Как российские фашисты относятся к интервенции? 18. Наше отношение к империи Ниппон? 19. Почему мы должны стремиться к союзу российских националистов с ниппонскими националистами? 20. Как относится В.Ф.П. к другим эмигрантским организациям? 21. Перечислите задачи каждого отдельного российского фашиста.

Глава V

ОРГАНИЗАЦИЯ РОССИЙСКОГО ФАШИЗМА

91. Что такое организация российского фашизма?

— Для достижения великих целей российского фашизма: свержения иудо-коммунистической диктатуры, создания новой национально-трудовой России необходимо появление людей, готовых и способных воплотить идеологию и программу российского фашизма в жизнь, готовых и способных применить способы воплощения идеологии и программы в жизнь — фашистскую тактику. Такие люди, т. е. русские люди, разделяющие идеологию, программу и тактику российского фашизма, называются российскими фашистами. Для успешной борьбы и победы необходима их совместная работа друг с другом. Необходимо, чтобы эта работа была организованной. Иными словами, необходима организация российского фашизма. Такой *организацией российского фашизма, то есть союзом русских людей, посвятивших себя воплощению в жизнь фашистской идеологии и программы — фашистской тактики, является всероссийская фашистская партия.*

Всероссийскую фашистскую партию, следовательно, можно определить как организацию российского фашизма. Наименование партии указывает, что этот союз прежде всего должен явиться *национальным отбором* — союзом наиболее волевых, наиболее смелых, наиболее самоотверженных сынов нации — из всех классов и всех народов России, входящих в состав российской нации, что этот союз, во-вторых, является *отбором носителей определенной идеологии, программы, тактики, именно фашистской идеологии, программы и тактики,* что этот отбор, в-третьих, построен в *виде партии,* то есть основан на сознательной дисциплине и самодеятельности всех входящих в него единиц, что этот отбор, наконец, представляет собой не обычную политическую партию, а *фашистскую партию*, претендующую быть единой и единственной—национальной элитой, сочетающей инициативу каждого отдельного члена с принципами жертвенного служения Родине, начала партийпого самоуправления, лежащие в основе всякой партии, с началами вождизма, необходимого для придания партии максимальной революционной боеспособности.

Организация российского фашизма подробно излагается в Уставе В.Ф.П. *Устав В.Ф.П. есть закон, регулирующий жизнь организации российского фашизма—жизнь В.Ф.П.* Устав В.Ф.П. регламентирует *цели и задачи, состав, структуру (строение), съезды, центральное и местное руководство, обязанности и права и символику российского фашизма.* Детальное знакомство с Уставом безусловно обязательно для каждого фашиста.

92. Территориальное распространение В.Ф.П.

— В.Ф.П. должна существовать по всей России. Но ввиду оккупации России международным еврейством в лице Коминтерна в настоящее время В.Ф.П. разбросана по всему миру: во всех более или менее крупных центрах русского рассеяния имеются открытые или тайные отделы и очаги партии.

Центр организации В.Ф.П.—*в Маньчжу-Ди-Го*, где проживает главная масса членов В.Ф.П.

В Маньчжу-Ди-Го В.Ф.П. имеет отделы: в *Харбине, Яблони, Ханьдоахцзы, Имяньпо, Хайларе, Синьцзине, Дайрене* и районы и очаги на всех станциях ж. д.

Отделы партии имеются в *Ниппон—Токио и Иокагаме, в Шанхае, Тяньцзине.* Имеются очаги в ряде других пунктов *Ниппон и Китая*, а также в *Персии, на о-ве Ява, в Сирии.*

В Америке В.Ф.П. располагает отделами в *Сан-Франциско, Сеаттле, Нью-Йорке*, ряд очагов в *Канаде и Южной Америке—Парагвае и Бразилии.*

В Европе представительства, отделы и очаги существуют в *Германии, Болгарии, Юго-Славии, Италии, Швейцарии, Эстонии, Англии, Франции, Польше, Литве, Румынии, Финляндии.*

Имеются также очаги в *Африке* и в *Австралии.*

Всего в рядах В.Ф.П. в настоящее время числится около 20 000 членов.

93. Из кого состоит В.Ф.П.?

— Прием в В.Ф.П., распределение членов по категориям и продвижение их из одной категории в другую осуществляется исходя из генеральной задачи, стоящей перед всероссийской фашистской партией — национал-революционной борьбы за освобождение России от коммунизма. Основной внутрипартийной задачей партии является — *создание крепкого революционного актива, ядра стойких национал-революционеров, из отбора — отбор.*

Членом В.Ф.П. может быть каждый член российской нации, независимо от социального положения, происхождения и своего прошлого, признающий устав и программу В.Ф.П. и готовый подчиняться требованиям партийной дисциплины.

Каждое лицо, желающее вступить в ряды партии, должно предварительно, после подачи соответствующего заявления, пробыть не менее чем шесть месяцев в категории *сочувствующих*, только после этого и после выяснения политической благонадежности желающего, искренности его намерений принять участие в работе партии, служить идее российского фашизма, он может быть принят в *кандидаты и действительные члены партии.*

Основное ядро партии составляют *действительные члены* партии, каковые только и считаются полноправными членами партии, только действительные члены имеют право принимать участие в выборах делегатов на съезды и быть выбираемыми на таковые. Зачисление в действительные члены может последовать не ранее как через год после подачи заявления о желании состоять в партии, после сдачи установленного политического экзамена, выясняющего идеологическую подготовленность, после выполнения определенного минимума работы в партии.

Действительный член должен быть беспредельно предан партии, вполне разделяя ее идеологию, искренне желающим бороться за цели, поставленные партией.

Из рядов действительных членов выделяется еще одна высшая категория членов партии — *партийный актив*, зачисление в который требует полной психологической и технической подготовленности к выполнению любого задания. На актив партии ложится самая трудная работа — национал-революционная. *Член актива партии — это вполне подготовленный национал-революционер.*

Состояние того или иного соратника в категории партийного актива находится в полной конспирации.

Женщины и девушки составляют особую секцию всероссийской фашистской партии — *российское женское фашистское движение.*

Для национального воспитания молодежи при В.Ф.П. существуют специальные юношеские организации: *«Союз Авангард»* (для мальчиков от 10 до 16 лет), *«Союз юных фашисток»* (для девиц того же возраста) и *«Союз фашистских крошек»* (детей от 5 до 10 лет).

94. Как управляется и строится В.Ф.П.?

— Всероссийская фашистская партия построена на сочетании принципа *внутрипартийной демократии, в определении основного курса политики партии* (через съезды) и *централизованного руководства сверху в текущей работе.*

Внутрипартийная демократия осуществляется через съезды российских фашистов, собираемые раз в два года. Делегаты на съезды В.Ф.П. выбираются всеми действительными членами партии, по отдельным партийным организациям из расчета 1 делегат на 50 действительных членов. Быть выбранными на съезд могут быть только действительные члены.

В период между съездами вся полнота власти принадлежит *Главе партии,* провозглашаемому Съездом, и *центральным органам партии:* Верховному Совету, Центральной Контрольной Комиссии и Центральной Ревизионной Комиссии, выбираемым на Съезде.

Глава партии и центральные органы ее составляют *центральное руководство партии,* которое через *местное руководство* (начальников отдельных организаций В.Ф.П.) и непосредственно руководят жизнью и работой В.Ф.П. во всем мире.

Местные организации — очаг, район, отдел — суть те составные единицы, из которых строится организация партии российского фашизма — Всероссийская фашистская партия.

95. Расскажите вкратце историю возникновения и развития Всероссийской фашистской партии.

— Первая *русская фашистская организация* возникла в 1925 году по инициативе группы студентов харбинских высших учебных заведений и с первых же дней своего существования стала втягивать в свои ряды все наиболее активные элементы харбинской эмиграции и беглецов из СССР, вскоре же сделавшись главным центром всей активной антикоммунистической работы на Дальнем Востоке.

В начале 1927 г. для расширения фашистской работы по инициативе *К. В. Родзаевского* этой фашистской организацией был создан *Союз Национальных Синдикатов российских рабочих фашистов Дальнего Востока*, развивший еще более энергичную деятельность. Так, был открыт ряд отделений на линии КВЖД. Волны фашистской пропаганды полились в СССР. Все последующие годы прошли под знаком самой широкой агитационной работы.

В 1931 году созван в Харбине первый Съезд фашистских организаций, союзов, синдикатов и групп. Этот съезд открыл новую страницу в истории русского фашизма. На нем было постановлено слить все русские фашистские ручьи Дальнего Востока в мощный единый фашистский поток в виде русской фашистской партии, куда вошли все до сих пор работавшие самостоятельно фашистские организации. Генеральным Секретарем Р.Ф.П. был избран ее инициатор — В. К. Родзаевский. Был избран также Центральный Комитет партии, переименованный затем в Верховный Совет. В том же году была определена и генеральная линия внешней политики В.Ф.П. (еще до выступления Ниппон на материке) в сторону сближения с Ниппон как единственной реальной силой, могущей выступить на активную борьбу с большевиками.

В 1932 году партия стала издавать *ежемесячный журнал «Нация»*, а в 1932 году — *ежедневную газету «Наш путь»*.

С этого момента, совпавшего с уходом из Р.Ф.П. ген. В. Д. Космина, начинается *расцвет русской фашистской партии*, быстро занимающей доминирующее положение в эмиграции. Актив эмиграции объединяется в ее рядах.

В 1933 г., в результате встречи представителей Р.Ф.П. с представителями *Всероссийской фашистской организации в Америке — второго съезда всероссийских фашистов*, Р.Ф.П. объединяется с В.Ф.О. в единую *Всероссийскую фашистскую партию*. Председатель В.Ф.О. А. А. Вонсяцкий избирается председателем Центрального Исполнительного Комитета В.Ф.П., К. В. Родзаевский — заместителем Председателя и Генеральным Секретарем В.Ф.П.

Однако вскоре А. А. Вонсяцкий показывает полную непригодность как председатель ЦИКа и искривлением тактической линии пытается поссорить В.Ф.П. с ее дальневосточными друзьями, в результате чего следует чрезвычайный акт ЦИКа, смещающий его с должности председателя ЦИКа с исключением его из рядов партии.

После исключения А. Вонсяцкий пытается привлечь на свою сторону некоторую часть членов В.Ф.П. и создать параллельную В.Ф.П. организацию под аналогичным названием, но из этой попытки ничего не получается: огромное большинство российских фашистов остаются верными центру партии в Харбине.

Партия развертывает самую широкую агитационную работу, отправляя в СССР потоки антикоммунистической литературы.

Развертывается и издательская деятельность, ведется широкая агитационная работа и в эмиграции.

В июле 1935 года в Харбине состоялся *3-й (Всемирный) Съезд российских фашистов*, на котором присутствовали председатели всех организаций В.Ф.П. Более отдаленные организации (Америки, Европы и Африки) прислали полномочия соратникам Харбина.

3-й Съезд по единодушному желанию всех делегатов провозгласил создателя В.Ф.П. К. В. Родзаевского Главой партии, утвердил программу и Устав В.Ф.П., санкционировал смещение и исключение А. Вонсяцкого.

3-й Съезд утвердил также разработанный К. В. Родзаевским генеральный план — фашистскую трехлетку и постановил все силы направить на ее реализацию.

3-й Съезд обозначил новый этап развития работы партии, этап максимального сокращения работы в эмиграции и максимального развертывания работы внутрироссийской, превращения партии в национал-революционную партию, в партию национальной революции.

Работа партии после съезда идет под флагом осуществления великих решений съезда.

96. Что означает партийная символика?

— Необходимым элементом организации В.Ф.П. является *партийная символика, в различных знаках выражающая сущность российского фашизма.*

Партийная символика — это *форма, партийный значок, религиозный знак, фашистское приветствие, боевой гимн и флаг В.Ф.П.*

97. В чем состоит форма В.Ф.П.?

— Фашистская форма черными цветами выражает фашистское самоотречение и готовность к служению Родине. Форма отмечается знаками фашистской иерархии.

На территории Маньчжу-Ди-Го партийная форма состоит из черной рубашки с золотыми пуговицами со свастикой, пояса с опоясанным через плечо ремнем, брюк-галифе с оранжевым кантом и сапог; на левом рукаве носится оранжевый круг, окруженный белой полоской, с черной свастикой посредине.

98. Из чего состоит партийный значок и религиозный знак В.Ф.П. и какова их символика?

Политический знак В.Ф.П. состоит из *двухглавого орла, увенчанного крестом, и знака свастики.*

Крест выражает религиозную сущность российского фашизма, его стремление к примату духа над материей.

Двухглавый орел выражает нашу национальную сущность, является эмблемой российской нации, показывающей, что основная цель российского фашизма — жертвенное служение российской нации.

Свастика говорит о нашей общности с фашистскими движениями других стран, наш единый фронт в деле борьбы с интернациональными силами — коммунизмом, масонством и еврейством.

Политический знак В.Ф.П. является графическим изображением нашего основного лозунга — «Бог, Нация, Труд».

Религиозный знак В.Ф.П. представляет собой изображение Св. Равноапостольного князя Владимира с поднятым крестом. Знак этот носится вместе с политическим знаком и свидетельствует о преданности православных членов партии религии своих предков —

православию. Инославные (например, мусульмане) носят свой религиозный знак, утвержденный Верховным Советом В.Ф.П.

99. Что означает фашистское партийное приветствие и партийный флаг?

— Партийное приветствие — поднятие правой руки вверх — к небу свидетельствует о примате духа над материей, а возглас «Слава России», которым обмениваются фашисты при встрече, отражает безмерную любовь фашистов к Родине, стремление сделать ее великой, славной.

Фашистский партийный флаг, представляющий собою белое поле с оранжевым квадратом, в котором изображена черная свастика, выражает готовность русских фашистов к борьбе с мировым злом — иудомасонством.

Партийный флаг фашисты развертывают вместе с национальным трехцветным русским флагом, выражая этим связь В.Ф.П. с русской нацией.

100. К чему призывает фашистский боевой гимн?

— Фашистский боевой гимн «Поднимайтесь, братья, с нами» выражает призыв В.Ф.П. к объединению и пробуждению русской нации.

ФАШИСТСКИЙ ГИМН
(мотив Преображенского марша)

Поднимайтесь, братья, с нами,
Знамя русское шумит,
Над горами, над долами
Правда русская летит.

    С нами все, кто верит в Бога,
    С нами Русская Земля,
    Мы пробьем себе дорогу
    К стенам древнего Кремля.

Крепче бей, наш русский молот,
И рази, как Божий гром...
Пусть падет, во прах расколот,
Сатанинский совнарком.

    Поднимайтесь, братья, с нами.
    Знамя русское шумит,
    Над горами, над долами
    Правда русская летит.

ВОПРОСЫ ДЛЯ ПОВТОРЕНИЯ

1. Что необходимо для свержения коммунистической власти и создания российского национально-трудового фашистского государства? 2. Что такое организация российского фашизма? 3. Что должна представлять из себя Всероссийская партия? 4. Что такое Устав В.Ф.П.? 5. Где существуют в настоящее время отделы и очаги В.Ф.П.? 6. Назовите отделы в Маньчжу-Ди-Го. 7. Перечислите отделы и очаги партии в Ниппон и Китае. 8. Укажите, в каких странах существуют отделы и очаги партии в Америке и Европе. 9. Сколько приблизительно членов в В.Ф.П.? 10. На каком принципе покоится прием в В.Ф.П., распределение членов по категориям и продвижение их из одной категории в другую? 11. Основная внутрипартийная задача партии. 12. В какую категорию вначале попадает лицо, желающее вступить в партию? 13. Перечислите категории членов партии. 14. В какую организацию объединяются женщины и девушки? 15. Какие организации существуют для национального воспитания молодежи? 16. Какие принципы положены в основу организации партии? 17. Как воплощается принцип внутрипартийной демократии? 18. Кому принадлежит вся полнота власти между съездами В.Ф.П.? 19. Укажите местные организации В.Ф.П. 20. Расскажите вкратце историю возникновения и развития партии. 21. Что означает партийная символика? 22. Из чего состоит форма В.Ф.П.? 23. Из чего состоит партийный значок и религиозный знак В.Ф.П. и какова их символика? 24.Что означает фашистское партийное приветствие и партийный флаг? 25. К чему призывает фашистский гимн?

С. В. Кулешов

ПОСЛЕСЛОВИЕ

В годы «застоя» ходил такой простенький анекдот. «Захватила часть Василия Ивановича в плен белогвардейских офицеров. Несколько дней их жестоко мучают, пытают для получения данных о противнике. Безуспешно. И тогда говорит Василий Иванович Петьке: давай, напоим их как следует, а утром опохмелиться не дадим — все расскажут. Да что, мы фашисты, что ли, отвечает Петька».

В таком ироничном обращении со страшным явлением был некий общественный симптом. Настолько ужасными являлись последствия фашистской чумы для нашей страны, что у большинства людей не появлялась даже и мысль о возможности возрождения этого смертоносного вируса на отечественной почве. Можно было даже и пошутить...

Распад тоталитарной системы идет чрезвычайно болезненно, и, может быть, одним из самых мрачных симптомов этого стало появление на стенах подъездов домов зловещей свастики, а на улицах — молодцеватых парней в фашистской униформе. Нельзя сказать, что общество не отреагировало на этот факт. Слова «фашист», «фашистский» не сходят с газетных страниц, экранов телевизоров. «Красно-коричневые», «национал-фашисты», «демофашисты» — уже нечто вроде расхожих политических клише. И нередко за формой теряется сущность явления. Притупляется острота общественной реакции, происходит как бы привыкание к тому, к чему привыкнуть нельзя.

Настало время, когда необходимо разобраться с самим понятием «фашизм» и его политическими производными. Такие попытки уже имеют место, однако единства в системе критериев классификационных схем нет.

Весьма любопытна типологическая шкала, предложенная известным немецким историком и социологом Армином Мелером в его брошюре «Фашизм как стиль». Стремясь преодолеть как чересчур расширильную трактовку фашизма в плане синонима всего отрицательного, так и стремление свести данный феномен до локально-исторического уровня, автор дает следующую разграничительную классификацию: 1) фашизму, в отличие от тоталитаризма, не свойственна бюрократическая диктатура, ему присущ, скорее, индивидуализм и персонализм, 2) в отличие от национал-социализма, выводящего на передний план национальную и расовую идею, фашизм тяготеет к авангардным и стремительным решениям, индивидуальному героизму, 3) фашизм отличается от классического консерватизма своей революционной направленностью, 4) реальность фашизма ничего общего с социализмом советского образца не имеет, поскольку для него не характерна ни национализация средств производства, ни индустрия массового подавления, перемещение народов и т. п., 5) для фашизма не характерен расизм в любых его формах, среди интегрирующих народ факторов он выделяет государство, профсоюз, артель и т. д., 6) фашизм резко отрицательно относится к любым проявлениям буржуазной идеологии и вообще «духу капитализма»[1]. Конечно, право автора обосновывать собственное видение проблемы, но явно бросается в глаза искусственность и некорректность ряда водоразделов, которые он проводит между несомненно сходными явлениями. И уж совсем, что называется, ни в какие ворота не лезет стремление «развести» фашизм с тоталитаризмом.

Попытку преодолеть подход к фашизму как к бранному ярлыку и только предпринял А. Гливаковский. Он считает, что прежде всего этот ярлык навешивают на политические движения, партии и даже группы, «выступающие с программой русского возрождения или хотя бы пытающиеся хоть как-то защитить русский народ»[2]. Рассматривая явление фашизма в нескольких измерениях, автор, в частности, говорит о том, что идеологии марксизма и нацизма в своих сущностных характеристиках «полностью противоположны»[3].

Весьма сумбурны и невразумительны рассуждения автора книги, явно претендовавшей на то, чтобы стать исследованием системного типа по проблеме фашизма и его конкретно-исторических разновидностей. Споря с выводами Ж. Желева о том, что фашизм и коммунизм представляют собой две ветви тоталитаризма, он восклицает: эта точка зрения «является одним из величайших заблуждений нашего времени, отражая в себе величайший обман, который когда-то столь полно, почти всеобъемлюще удался Сталину и действие которого с чудовищной силой проявляется до сих пор. Ж. Желев уровень тоталитарности общества совершенно справедливо выводит из уровня централизации власти в руках правящего слоя... Этот более высокий уровень был достигнут за счет практически полного подчинения экономики политической властью, чего в таких масштабах не наблюдалось даже в нацистской Германии... Получается, что «коммунистический» режим Сталина был более фашистский, чем режим Гитлера, и от этой несуразицы не спасает даже использование в данном контексте понятия «тоталитаризм» как родового. Но, вообще говоря, легко понять психологическую сложность восприятия сталинского режима как фашистского»[4]. Честно говоря, сложность восприятия того, что хотел сказать автор, тоже велика, но все же заметим, что речь, наверное, должна идти о разных видах тоталитарных государств.

На наш взгляд, малоплодотворен (в том числе и в попытках анализа пестрой политической мозаики современной России) подход, предполагающий жесткое соотнесение типа партии или движения по такому критерию, как схожесть идеологических и программных постулатов. Скажем, большевики и меньшевики, имея общую идеологию — марксизм и связанные одной программатикой, на деле по ряду сущностных признаков являлись во многом разными партиями. Разными, прежде всего, по политическому инструментарию, способам и методам достижения поставленных целей, ментальности лидеров, организационным принципам. Именно последние моменты, особо ярко проявляющиеся в практике политической организации, могут и должны стать основой рациональной типологии. Поэтому черты сходства, причем принципиального, можно обнаружить в разных на первый взгляд идеологических конструкциях, как и различие такого же порядка найти во внешне похожих. В целом же важен более широкий контекст, связанный с той или иной цивилизационной парадигмой.

Представляется, что серьезная попытка продвинуться именно в этом направлении при классификации разновидностей фашизма проделана В. Лепехиным. Он отталкивается от факта наличия в современной России трех видов «фашизма» (данный термин предусмотрительно употребляется автором в кавычках) — «коммунофашизма», представленного левым экстремизмом коммунистического толка типа «Трудовой России», ВКП(б) и т. п. организаций; нацизма, выразителем идей которого является «Русское национальное единство» и, отчасти, Национально-республиканская партия Н. Лысенко; а также «демофашизма», к представителям которого В. Лепехин относит радикально настроенную часть демократического лагеря. В данном случае не так важен вопрос, насколько полно и точно автор охарактеризовал конкретных носителей анализируемого им явления. Более существенна система признаков, объединяющая, по его мнению, вроде бы различные общественно-политические движения. К ним он относит: абсолютизацию власти («автократический централизм»); ненависть или неприязнь к иным нациям (или какой-нибудь нации, например к евреям или русским (мигрантам); опору не на гражданское общество, а на авторитет вождя, его волю, иерархию бюрократии, силовые структуры — с одной стороны и на неорганизованную, маргинальную массу, толпу (откуда — демагогия и популизм) — с другой; борьбу как способ существования, поиск врага, насилие как средство разрешения конфликтов [5].

Попытаемся конкретизировать и далее расширить данные положения, исходя из того материала, который составляет содержательную и концептуальную основу настоящей книги.

* * *

Сто лет назад, в заключении своей статьи «Что такое «друзья народа» и как они воюют против социал-демократов», Владимир Ульянов «пророчески» писал о том, что русский рабочий «свалит абсолютизм» и двинется «прямой дорогой открытой политической борьбы к победоносной коммунистической революции». Абсолютизм был не только свален. Но и уничтожен физически в лице его представителей. В апреле 1918 года царская семья переводится из Тобольска в Екатеринбург. Царица в особняке купца Ипатьева рисует на косяке двери свастику — древний орнамент, который интерпретировался как солнечный символ. В нем Александра Федоровна видит свет надежды. Залпы палаческой команды были ответом на ее мистические чаяния...

Надеждой на лучшее была вздыблена и Россия. Измученная войной, разрухой, политической и житейской нестабильностью. Поэтому огромные массы людей и пошли за теми, кто обещал дать возможность человеческого существования. Однако доктринальная установка на коммунистическую революцию, причем в мировом масштабе, диктует вождю большевиков необходимость усиливать политическую борьбу внутри страны. Действуя от имени пролетариата, он и его соратники устанавливают жесткую партийную диктатуру. Создаются концлагеря для представителей «эксплуататорских классов». Осуществляется «пролетарский поход» в деревню, вылившийся в бесчинства продотрядов. Проводится широкомасштабный террор, вплоть до массовых расстрелов, в отношении бастующих рабочих. Лозунги о социальной справедливости, умело использованные для захвата власти, трансформируются в реалии военного коммунизма. Теоретическим обоснованием такого курса становится написанная по заданию ЦК партии Н. Бухариным и Е. Преображенским «Азбука коммунизма». В ней были сформулированы исходные принципы той системы, демонтаж которой до конца пока не осуществлен и сегодня. Еще в начале марта 1921 года высшие инстанции строго выговаривают партийной организации Кронштадта за недостаточно интенсивное изучение «Азбуки»[6]. Через месяц следует ответ восставшего Кронштадта. «Мятежники» в своих листовках и воззваниях определяют политику большевиков как «красное самодержавие», «кровавую партийную диктатуру» и выдвигают лозунг «Советы без коммунистов».

Залпы кронштадтских орудий заставляют Ленина корректировать изначальный курс, не изменяя его сущности. Не была отброшена и идея мировой революции. На ее осуществление выкачивалась значительная доля национального богатства разоренной страны. На заседании Политбюро ЦК РКП от 4 октября 1923 года было принято решение о подготовке восстания в Германии. Был назначен и конкретный срок — 9 ноября[7]. Однако восстание провалилось. Помешал прошедший в ночь с 8 на 9 ноября «пивной путч» германских национал-социалистов, рассматриваемый ими как первая попытка «национал-социалистической революции». Путч не удался, и две революции как бы захлестнули друг друга. Мало кому известный тогда Адольф Гитлер пишет в крепости Ландсберг программную книгу германского фашизма «Майн кампф». Но время для реализации национал-социалистских идей в Германии еще не пришло.

Пока же реальной политической силой фашизм становится на Апеннинском полуострове. Его «отец-основатель» — бывший социалист, редактор печатного органа соцпартии «Аванте» Бенито Муссолини, человек, имевший ярко выраженную харизму, темпераментный оратор, чрезвычайно умело сыграл на патриотических чувствах разочарованных поражением Италии в войне, обиженных и обездоленных, а также готовых сделать все, чтобы преодолеть «национальный позор», что в первую очередь относилось к молодежи.

Соединив националистический лозунг «Великой Италии» с идеей «социального компромисса» и «завязав» все это на принципе диктатуры партии и ее вождя, Муссолини сумел в короткое время добиться ощутимых успехов в социально-экономической сфере. Он павел в стране «порядок».

Следует обязательно учитывать, что послевоенная Европа стояла на распутье исторических альтернатив. Старая капиталистическая система отношений многим казалась утратившей свою перспективность. Шел активный поиск новых путей развития общества, организации политических и духовных форм жизни. Лидер итальянского футуризма Маринетти, как его называли, поэт задора, борьбы, отваги и силы, шел рука об руку с Муссолини строить обновленную Италию. Футурист Маяковский, вместе с большевиками, хотел строить обновленную Россию. Отнюдь не случаен сочувственный интерес к российской революции таких мыслителей-гуманистов, как Б. Шоу, Г. Уэллс, А. Эйнштейн. Тогда на открытом поле цивилизационных инноваций еще неясна была судьба и практический результат многих теорий. В полном объеме свое подлинное лицо фашизм и коммунизм покажут в тридцатые годы.

В среде российской эмиграции возникает новое политическое движение, названное позже «сменовеховством». Один из его лидеров, известный историк Н. Устрялов выпускает в 1920 году в Харбине сборник своих статей «В борьбе за Россию». В нем констатируется крах попыток вооруженного свержения большевизма и утверждается, что в России, пусть под чуждыми ей лозунгами, происходит великая национальная революция, призванная «восстановить русское великодержавие», идет возрождение. Зимний дворец, патетически восклицал Устрялов, «вновь обрел гордый облик подлинно великодержавного величия, правда не под «национальным флагом», а под красным знаменем». Логикой вещей, подытоживает профессор, через «экономический Брест», большевизм от якобинства будет эволюционировать к наполеонизму, то есть к государственным устремлениям, и сама история вынудит большевиков решить национальные задачи страны [8].

Формально коммунистический режим в России и фашистский в Италии враждебны друг другу. Но они внимательно следят за обоюдным опытом. Муссолини особенно интересует механизм функционирования партийной диктатуры, принципы организационного строения и внутренней иерархии большевизма. В муссолиниевском окружении появляются сентенции, персонифицирующие большевизм «в азиатском полубоге Владимире Ленине», а фашизм — «в римлянине Бенито Муссолини».

Когда в конце двадцатых годов, в апогей нэпа, часть людей почувствовала себя собственниками и начинает несколько снижаться «руководящая» роль партийных органов, среди членов ВКП(б) исподволь проговаривается возможность усиления партийного единодержавия методами фашизма [9]. Вскоре Сталин решает эту проблему, становясь еще более всесильным вождем, чем другие.

В это время в одном из центров дальневосточной российской эмиграции — Харбине начинает формироваться новая политическая сила — русский фашизм. Выйдя из студенческой среды и сменив несколько названий (Русская фашистская организация, Русская фашистская партия, Всероссийская фашистская партия, Российский фашистский союз), она попыталась предложить собственный вариант выхода из того тупика, в который, по ее мнению, завела Россию диктатура большевиков. Руководителем организации становится К. В. Родзаевский. Эмигрировав молодым человеком из Благовещенска, в том числе и по причине того, что не смог поступить в советский вуз из-за непролетарского происхождения, он начинает учиться в Харбинском юридическом институте, обстановка в котором во многом способствовала формированию его мировоззрения. Сначала — студенческие разговоры о судьбах России, путях ее избавления от «антинационального» ига. И уже в 1928 году Владимир Родзаевский срывает флаг с серпом и молотом со здания института. Представ перед институтским Советом, он открыто объявляет себя вождем российских фашистов.

Значительную роль в программном оформлении русского фашизма сыграла вышедшая в 1929 году в Харбине книга упоминавшегося Н. Устрялова «Итальянский фашизм». Об этом впоследствии говорил и сам Родзаевский. Определенное влияние оказали и события 1933 года в Германии, когда Гитлер и его партия приходят к власти. Так, откровенно симпатизировавший русским фашистам казачий атаман Г. Семенов спешит направить Гитлеру восторженное послание, в котором, в частности, были следующие строки: «Миллионы русских националистов томятся еще сегодня в изгнании, в то время как несчастный русский народ вынужден влачить недостойное человека существование под игом московского правительства — правительства, образованного из предателей, гнусных преступников и известных убийц... Мы, русские националисты, вынуждены перебиваться, разбросанные по всем государствам земли, видим и знаем: прежде чем главное зло — III Интернационал не будет уничтожен, прежде чем не будет развеваться над Россией национальный флаг русских фашистов, мир не может прийти к спокойствию... Господин канцлер! Оценка исторического положения такова, что германское и русское государства были неотделимыми, цветущи и свободны до тех пор, плечо к плечу против всех наших врагов, вели ясную и умную политику, которой следовал ее великий предшественник, национальный герой немецкого народа и образователь германского государства, седой князь Бисмарк, памятны также дела и мысли первого русского фашиста, нашего национального героя, П. А. Столыпина...» [10].

В 1934 году, опять-таки в Харбине, под редакцией Родзаевского выходит написанная помощником заведующего высшей партийной школой Всероссийской фашистской партии Г. Тарадановым и В. Кибардиным «Азбука фашизма». В предисловии к ней прямо говорилось, что данный фашистский учебник подготовлен как противопоставление «Азбуке коммунизма».

В этой «Азбуке» абсолютно четко отмечался вдохновляющий пример фашистских Италии и Германии, сумевших обеспечить возрождение государства, принести благосостояние народу, в первую очередь трудящимся массам. Однако в специальном разделе оговаривалась «некорректность» заявлений, будто русский фашизм лишь копирует фашизм итальянский и германский. Называемая «чисто формальной» общность сводилась к следующему: создание государства, имеющего в своей основе духовно-религиозное мировоззрение, принцип служения нации и социальную систему, покоящуюся на классовой солидарности. «Принципиальная же» разница виделась в том, что «итальянский и германский фашизм шел от либерализма к фашизму, мы же идем от коммунизма к фашизму». Конечно же авторы фашистского катехизиса здорово лукавили, не упомянув еще целый ряд существенных признаков сходства, в том числе и со своим заклятым врагом — большевизмом.

«Альфой и омегой» всех фашистских программных заявлений явился тезис об идейном и фактическом банкротстве либерализма и социализма. Особое неприятие вызывала парламентская демократия. Демократофобия красной нитью проходит на страницах «Майн кампф». Имея в виду «парламентскую говорильню», автор прямо утверждал: каждому честному деятелю этот институт может быть только ненавистен. Парламенту Гитлер противопоставлял «истинно германскую демократию, заключающуюся в свободном выборе вождя с обязательностью для последнего — взять на себя всю личную ответственность за свои действия»[11]. Послевоенный опыт знаменует поражение либерализма, заявлял Муссолини. «В России и Италии доказано, что можно править помимо и против всякой либеральной идеологии... Следует ли вечно терпеть парламент, дабы он являл собой недостойный спектакль, возбуждающий всеобщее отвращение?.. Люди устали от свободы... есть другие слова, вызывающие обаяние, гораздо более величественно: порядок, иерархия, дисциплина»[12].

Из всего этого вытекал соответственный подход

к личности и ее правам. Либерализм, провозглашая личность высшей ценностью, говорилось в «Азбуке фашизма», ведет к тому, что люди забывают свой долг перед нацией и государством, заботятся только о личном благе, что в конечном итоге ведет к разложению национально-государственных устоев через демократию и экономический строй капитализма. В одной из брошюр русского фашизма, так и названной «Личность, нация и государство в фашистском понимании», содержалась резкая критика идеи индивидуализма, того, что личность является высшей ценностью. Сама человеческая личность рассматривалась всего лишь как производная от понятия социальной солидарности[13].

Все фашистские (да и коммунистическую, пожалуй) доктрины отличает гиперэтатизм. Государство и его могущество является главной целью человеческого бытия. Служение и поклонение ему — смыслом жизни. Мы возвращаем миру, вещал Муссолини, государство «резко выраженной авторитарной демократии». И у российских фашистов в основе их воззрений лежало создание надклассового национального государства. «Фашистское государство требует от каждого гражданина выполнения своих обязанностей, возлагаемых на него пребыванием в составе нации, — только выполняя эти обязательства, можно претендовать на получение тех или иных прав. Вначале обязанности, потом права!» Именно таковой идеал государства сулил каждому российскому гражданину «сытую и привольную жизнь». Из права «быть полноправным членом российской нации» вытекала, правда «в известных пределах», свобода слова, собраний и т. п.

В первых выступлениях Гитлера не ставился акцент на особую роль государства. Государство является не целью, а средством к цели, подчеркивал он[14]. Однако, придя к власти, он заговорил по-иному. «Решающий момент то, что государство через партию распоряжается ими (землей и фабриками. — С. К.) независимо от того, собственники они или рабочие... Наш социализм затрагивает гораздо более глубокий уровень. Он изменяет не внешний порядок вещей, а регулирует только отношение человека к государству... Мы социализируем людей»[15].

Именно по линии апологии государства как демиурга общественной организации шло смыкание взглядов и позиций представителей российской политической мысли с различными, а порой прямо противоположными концептуальными ориентирами. И «близость» в конечном итоге оказывалась гораздо сильней доктринальных различий.

В этом плане особо показателен феномен евразийства — идейно-политического течения, которое сегодня стремятся гальванизировать некоторые интеллектуальные группировки современной России[16]. В историческом плане евразийцы во многом приняли политическую эстафету от сменовеховцев, платформа которых в то время определялась как «национал-большевизм». Ее суть в сжатом виде излагалась в ранее упоминавшейся работе Н. Устрялова, писания которого вдохновляли не только евразийцев, но и русских фашистов. Так, на допросе в органах госбезопасности В. Родзаевский указал, что его привлекли именно те положения книги Устрялова об итальянском фашизме, в которых давалась положительная оценка «социального творчества» итальянского фашизма как «смелой попытки разрешить социальный вопрос» через «примирение труда и капитала» и «подчинения частных — личных, классовых и иных интересов — общенациональным интересам, нации, государству». Мы, замечал Родзаевский, хотя и считали его врагом (за агитацию по переходу в советское подданство в надежде на эволюцию советской власти), но внимательно прислушивались к его речам[17].

Влиял своим научным и личностным авторитетом Н. Устрялов и на другие эмигрантские образования, в том числе и на евразийцев. Как отмечалось в аналитическом материале, подготовленном иностранным отделом ОГПУ (а российская эмиграция находилась под пристальным наблюдением этого ведомства, его агентура была внедрена в ее организационные структуры), с Устряловым вели постоянную переписку такие видные евразийцы, как Н. Трубецкой, П. Сувчинский, Л. Карсавин и П. Савицкий. Ему регулярно посылались все евразийские сборники, книги и брошюры, в переписке с ним обсуждались как теоретические вопросы, так и политические формулировки. Некоторые из писем Устрялова зачитывались на закрытых евразийских собраниях[18].

Поставив многие животрепещущие вопросы, остающиеся актуальными и по сегодняшний день, евразийцы не нашли рациональных ответов на них, продемонстрировав (как это случилось и с большевизмом) тупик социально-утопических прожектов, не опирающихся на реальные жизненные процессы. Пропагандируя идею «Государства Правды», они обозначали такие его компоненты, как: «авторское государство», «идеократическое государство», «первенство коллектива над индивидуумом». Основой государственного строя рассматривалась диктатура партии, укрепление ее идеологии для активизации роли волевого меньшинства в жизни общества. Сохраняя и укрепляя органы партии и советов, евразийцы надеялись на эволюцию системы, в частности на отказ от марксизма-ленинизма [19].

Таким образом, евразийский подход к государству базировался на идеализированном опыте государственного и партийного строительства в СССР, в лице большевистской партии ими был «открыт» прообраз идеократической партии нового типа, а в Советах — представительный орган власти, способный канализировать стихийные устремления масс в заданное правящим классом русло [20].

Потенциальную опасность построений евразийцев для дальнейших судеб России увидели многие современники. Так, критикуя этатизм евразийцев, Н. Бердяев замечал, что опыт русского коммунизма учит тому, что стремление к совершенному государству, организующему всю жизнь, есть нечестивое и безбожное стремление. Совершенное государство, объемлющее все стороны жизни, есть ложная утопия, указывал он [21].

Критическое внимание ряда российских мыслителей привлекла опубликованная в 1926 году в Париже брошюра «Евразийство. Опыт систематического изложения». Там, в частности, имелись следующие пассажи: «Демократия выродилась в свою противоположность. Попытка истолковать государственность индивидуалистически, а вернее механически, кончилась олигархией парламентариев, и эта олигархия, оторвавшись от народа, в конце концов обнаружила свое бессилие... Правда, в Европе наблюдается уже борьба со старыми формами демократии и намечается целый ряд поправок и выходов. Уже говорят о первостепенной важности и основоположности «солидарности» (ср. Дюргейм, Дюги). Но, во-первых, все это пока только мечты и опыты (наибольшее обещает итальянский фашизм)...»[22].

Известный русский историк и философ культуры П. Бицилли, внимательно изучив основные идеи «Опыта», не преминул заметить, что евразийцы, призывая к замене большевистского режима режимом, по их представлениям являющимся полной антитезой, на деле предлагают то, что является прямым продолжением тезы. Бицилли убедительно доказывал, что сохранение советского строя при наличии единственной правящей партии, монополии «истинной идеологии» с правом на «принуждение», враждебность к парламентской демократии и обоснование «положительной программы, привлекая одновременно в качестве авторитетов и Дюги и Муссолини» приведет евразийцев в тот лагерь, от которого они формально дистанцируются[23].

Если в «Опыте» тема фашизма поднималась как бы вскользь, то в «Меморандуме относительно евразийского движения» вопрос стоял более определенно. Евразизм не разделяет все позиции фашизма, но «он восхищается его грандиозным делом возрождения итальянской нации, дело это особенно интересно, ибо фашизм на практике строит идеологию»,— отмечалось там. В отношении германского нацизма хотя и высказывались осуждения расовой теории, но в то же время авторы «Меморандума» усматривали в «национал-социализме здоровые корни, часто подсознательные, отвращение к нынешнему режиму и тенденцию к суверенитету духа. Евразизм желает, чтобы национал-социализм был глубоко проникнут христианской идеей»[24].

Не случайно, что все в конечном итоге свелось к принятию и восхвалению партократической модели государства, результатов модернизации по-сталински. П. Савицкий, который был преподавателем русской гимназии в Праге, писал патриотические стихи, в которых восхвалял не только победы Советской армии (что само по себе весьма похвально), но интерпретировал их не только как победы народа, проявившего невиданный героизм и заплатившего чудовищную цену, вопреки системе, приведшей к гигантским жертвам, но как свидетельство правоты его евразийских воззрений. Вот некоторые выдержки из поэтического творчества видного евразийского идеолога: «И дали вдруг заговорили, и сразу тронулась река, и в новой славе, новой силе явился Вождь материка», «Единый путь крутого восхожденья, от Калиты к Петру и от Петра вперед, туда, куда жезлом побед и достижений нас Ленин вел и Сталин нас ведет», «В шестнадцатичленном Союзе и дух, и дыханье — одно, и сердце пророка и мужа нам в сталинском сердце дано» и т. д.

Правда, действительность оказалась для него более мрачной. 21 мая 1945 года Савицкий был задержан органами «Смерш» в Праге и постановлением Особого Совещания был приговорен на десять лет к заключению в лагере. В 1947 году он пишет письмо на имя Сталина, в котором раскаивается в «ложности» своих «контрреволюционных установок», подчеркивает, что всегда глубоко сочувствовал «задачам индустриализации Советского Союза, поставленной в Сталинских пятилетках». Относя к числу основных ценностей русской культуры самодостаточность структуры, Савицкий утверждал, что «в современную эпоху эти черты воплощены в существовании Советского Союза и Советской власти, построившей социализм в условиях капиталистического окружения». Автор письма предлагал свои знания и способности, жаждал «быть полезным Родине, славянству» и «Великому Вождю», но его просьба осталась без удовлетворения[25].

Не обошла стороной власть, которую он так или иначе идеализировал, и Н. Устрялова. Вернувшись в СССР, он работал в МИИТЕ, преподавал там экономическую географию. Его руководитель кафедры, от которого потребовали объяснений об Устрялове, передавал разговор с ним, в частности, что тот хотел работать на благо отечественной науки, признавал в доверительных беседах, что «вынужден признаться в том, что фактически защищал интересы непролетарских трудовых классов, выступал против интересов русского народа», не поняв в свое время, «до чего партия была права, взяв решительный курс на коллективизацию, как и вся политика партии на различных этапах истории революции». Однако система жила по своим законам. 15 сентября 1937 года на закрытом заседании Военной коллегии Верховного суда СССР Устрялов был приговорен к расстрелу и в тот же день приговор был приведен в исполнение[26].

Опосредованно к поддержке сталинизма, конечно, через призму своего понимания политических процессов, а также оказавшись в роли банкротов на территории, оккупированной советскими войсками, пришли и русские фашисты. Ясно — они сдавались на милость победителю, отсюда заискивающий тон, раскаяние (подлинное или мнимое?), но, несомненно, что элемент искренности в их словах был.

Так, в письме на имя генерального консула СССР, Родзаевский и его сподвижники сообщали, что давно видели примирение национализма и коммунизма в России и общую дружную работу народов Советского Союза во имя российской нации. «Только теперь видно, что октябрьская революция и пятилетки, гениальное руководство И. В. Сталина вознесли Россию—СССР на недосягаемую высоту. Да здравствует Сталин, спасительным сочетанием национализма и коммунизма указавший выход из тупиков всем народам земли,— величайший полководец, непревзойденный организатор-Вождь! Слава русскому народу, одареннейшему из народов, и его ведущей партии» [27]. Мы понимаем, писали русские фашисты начальнику главного управления контрразведки «Смерш» Аббакумову, что национальные стремления России выразились в действии компартии и ее руководителей. И мы считаем, уверяли они, что сталинизм теперь отражает те идеи, за которые мы фанатично боролись [28].

Одной из «дочерних организаций», примыкавшей к указанной группе, являлась монархическая группировка младороссов. Как отмечалось в информационной сводке ИНО ОГПУ, эта небольшая, но энергичная партия, возглавлявшаяся сотрудником банка в Монте-Карло Казем-беком, пыталась соединить идею восстановления самодержавной монархии с такими революционными институтами, как советы, плановое хозяйство и т. п. В действиях этой партии сказывалось влияние идей итальянского фашизма и германского национал-социализма. Казем-бек в своих письмах к соратникам и выступлениях призывал поддерживать Сталина в борьбе с оппозицией, считая, что речь идет о националистическом перерождении революции и коммунистический Вождь сможет выполнить стоящие перед Россией общенациональные задачи [29].

Таким образом, явственно видно, как под крышей идеи «великого государства» могли сходиться столь разные политические силы.

Экономическая модель российского фашизма была откровенно позаимствована у Муссолини. Последний, укрепляя позиции среднего класса, соединял в своей политике усиление партийной диктатуры и определенное допущение экономической свободы: развития частного предпринимательства, чувства уважения к собственности, поощрения отечественной промышленности. В 1926 году он осуществил синдикалистскую реформу, результатом которой стало структурирование производственного сектора по корпоративно-сословному признаку, с неизменным вектором подчинения частных интересов интересам государства, занимавшего командные позиции.

В российском фашизме осуществление этой линии замышлялось через создание корпоративной системы. Ее основу должны были составлять национальные союзы, образованные по профсоюзному признаку «путем реформы существующих коммунистических профсоюзов через изгнание коммунистов и евреев». Эти союзы, в свою очередь, предполагалось объединить в национальные корпорации, призванные примирить интересы занятых в той или другой отрасли.

Хозяйственная политика мыслилась как полностью независимая от иностранного капитала. Формально постулаты российских фашистов в социально-экономической сфере разительно отличались от большевистских. Здесь — и признание частной собственности, и опора на предпринимателей, и участие рабочих в прибылях, вплоть до возможности стать совладельцем предприятия. В аграрной области выдвигался лозунг «расколлективизации», передачи земли российскому крестьянству в полное наследственное пользование и владение. Но вновь и вновь над всеми этими конструкциями нависал Левиафан «национального государства», которое, в отличие от критикуемой либеральной модели «ночного сторожа», должно было распределять и контролировать всю жизнь общества в «нужном» направлении.

Один из важнейших компонентов фашистской идеологии (а ее адепты откровенно называли российское фашистское государство идеократическим) — постоянная нацеленность на образ врага, с которым следует вести борьбу не на жизнь, а на смерть. В «Азбуке» присутствует раздел — «Враги фашизма», к которым причислялись либералы, коммунисты и евреи.

В более широком аспекте речь шла о доктрине политического радикализма в ее различных ипостасях: революционной, предполагающей использование насилия как формы достижения поставленных задач; националистической или просто исповедующей философию политического манихейства. Тут уж перекличка двух «Азбук» просто очевидна. Идея революционного насилия составляет плоть и кровь большевизма. В этом вопросе у него и солидное теоретическое обоснование, и богатая практика.

Еще в работе Ф. Энгельса «Анти-Дюринг» один из основоположников марксистского учения «в пух и прах» раскритиковал своего оппонента за отрицательное отношение к насилию как инструменту революционного изменения общества. «И это говорится,— восклицал Энгельс,— в Германии, где насильственное столкновение, которое ведь может быть навязано народу, имело бы по меньшей мере то преимущество, что вытравило бы дух холопства, проникший в национальное сознание из унижения Тридцатилетней войны» [30]. Мы знаем, как, по существу, пользовался подобными советами Гитлер, выводя страну из унижения Версальской системы. Да и сейчас эти рецепты по «взбадриванию» национального духа через насильственные столкновения с явными или мнимыми виновниками его «упадка» находят, к сожалению, применение.

Фактически в этом вопросе противники (коммунисты и фашисты) зеркально копировали друг друга. В листовке «Фашист», распространявшейся в Москве в начале 1935 года, в качестве противодействия «кровавому коммунизму» русскому народу предлагался только один выход — «фашистская революция». Весьма характерен язык и тональность одного из номеров газеты русских фашистов «К освобождению»: «Национальная (русская) революция уничтожит сталинско-жидовскую банду. Не будет пощады жидам за ставший системой шпионаж, концлагерь, провокации, за голод, нищету, за убийство миллионов русских людей... И гады знают это. Гады трепещут. Гады прилагают все усилия к тому, чтобы уйти от народного суда. Но не уйдут. Сроки приближаются» [31]. 1937-й, таким образом, обслуживали как бы с двух сторон.

По этой позиции к ранее называвшимся организациям примыкает действовавшее за границей «Братство Русской правды», связанное одновременно и с монархическими группировками, и с евразийцами. «Братство» ставило своей задачей осуществить в СССР «Всероссийскую национальную революцию, свергнуть чуждую России по духу и по составу красную коммунистическую власть и заменить ее подлинным национальным русским правительством»[32]. Несмотря на заверения авторов «Русской правды» о приверженности идеям национального равноправия, ксенофобия выпирала с ее страниц. Говорилось «о грузинском жулике Сталине, горбоносом Лейбе Троцком», сумасшедшем Ильиче, который «сгнил от сифилиса, заведя Россию в тупик и предав ее в руки инородцев». Словом, черносотенный душок от издания шел явственный. К этому примешивалась своеобразная «демонология» враждебной стороны: «Оглянись на Родину, мой Брат, слуги Сатаны еще зарят. Русские во власти темных сил и за них никто не отомстил?»[33].

Формально российский фашизм, в отличие от германского, не исповедовал расовой теории. Российская нация трактовалась как «духовное единение всех русских людей на основе создания общности исторической судьбы, культуры, традиций». По этому определению в российскую нацию могли входить другие национальности, хотя русские рассматривались как ее ядро. Одновременно признавалось право народов на культурную, административную и даже политическую автономию, допускалась возможность федеративного устройства России. Однако очевидно, что в государстве несвободы вообще не могло быть свободы собственно национальной. Кроме того, и это в данном случае главное, российский фашизм отличался открытым антисемитизмом, евреи рассматривались как «главные разрушители российской нации». Тем самым имевшее место в германском фашизме разделение народов на «избранные» и «проклятые» транслировалось их восточными последователями на российскую почву.

Позже, попав в «объятья» «Смерш», Родзаевский и его окружение пытались откреститься от своего антисемитизма. Евреи, которых мы считали врагами России, на самом деле являются обыкновенными гражданами, покаянно писали они. Но, очевидно, признание было неискренне и есть достаточно веские основания полагать, что эти заявления были лишь вынужденным притворством. В хранящемся в бывшем Центральном архиве Министерства безопасности РФ деле К. В. Родзаевского имеется его рукопись «Современная иудаизация мира, или Еврейский вопрос в XX столетии», датированная 1943 годом. В ней, в контексте утверждения о «тотальной иудейской интервенции», обвинений евреев во всех смертных грехах, все так же возвеличивался «опыт» итальянского и германского фашизма [34]. Это было особо цинично еще и потому, что к этому времени гитлеровцы оставили свой кровавый след на российской земле. Не могли не знать Родзаевский и К°, что их «герои» вообще планировали превратить русских в рабов, уничтожив как нацию.

Являясь идеократическими системами, и фашизм и коммунизм много внимания уделяли вопросу борьбы за умы людей. В атеистическом большевизме функциональная роль отводилась хорошо отлаженным механизмам духовного оболванивания. У фашизма также имелся пропагандистский аппарат. В литературе подчас видят чуть ли не принципиальную разницу между русским фашизмом, базирующимся на православии, и «безбожным» национал-социализмом. Сами же русские фашисты относились к этому вопросу более прагматично. Фашизм всегда религиозен и иначе немыслим, писал один из теоретиков русского фашизма. Будучи религиозным, по существу, протестом против оскотнения человека марксистами, фашизм может быть и христианским и языческим, разъяснял он [35].

В духовном воздействии на человека и фашизм и коммунизм широко использовали историю, интерпретируя ее в рамках собственной мифологии, призванной освятить правящий режим. Большевики стремились переписать историю России в духе панреволюционаризма. Итальянские фашисты воспевали Древний Рим с его атрибутами, проецируя их на режим Муссолини. Германские национал-социалисты обращались к героике древних германцев.

В русском фашизме особое место занимал поиск прототипов в политической и религиозной истории России. К лику фашистских основоположников поочередно зачислялись: Иван Калита и Алексей Михайлович, Аркадий Столыпин и Сергей Зубатов.

Манипулируя человеком, названные политические системы опирались на крайне упрощенное, лишенное рефлексии и примитизированное сознание, сознание «человека толпы», ориентированное на удовлетворение первичных потребностей, способное в определенных условиях принять ложь и демагогические обещания. На это одним из первых обратил внимание в работе «Восстание масс», написанной в 1930 году, известный испанский философ Хосе Ортега-и-Гасет. Большевизм и фашизм он рассматривал в едином смысловом и историческом контексте — как пример существенного регресса, движений, типичных для человека массы, как своеобразный возврат к варварству[36].

Главное, что объединяет все называвшиеся политические доктрины и режимы,— это то, что они тоталитарны. Личность в них лишь пристегнута к Молоху государства. Культивируются методы насилия, перманентной борьбы с внешним и внутренним врагом. Царит атмосфера подозрительности и недоверия, слово «ненависть» оттесняет слово «любовь». И еще — независимо от того, поощряют или запрещают частную собственность,— во главе как фашистских, так и коммунистических режимов стоит одна, «первая и последняя», политическая сила — Партия с ее функционерами, Вождем и вождями. «Массы» рассматриваются лишь как объект идеологических и политических манипуляций, или, что то же самое,— «партийного руководства».

В этом аспекте ученичество российского фашизма у большевиков несомненно. Здесь есть все то же самое: фашистские пятилетки и трехлетки, партшколы, «уголки фашизма», система наглядной агитации. «Железной организации коммунистов» противопоставляется «стальная организация фашистов»[36а]. Коллективное и индивидуальное изучение устава, «Азбука фашизма». Был и собственный партийный теоретический журнал «Нация». И своя поэтика. Вслушаемся в слова и ритм: «Наш барабан, беженцам всех стран, всех россиян сбор, нации на врага упор! Лет прогремело пять, день золотой высок, и молодая рать выросла как лесок. Партии поросль. Строй тех, кто спешит к битве, битва не за горой, Родина, жизнь — Тебе. Верности отдаю, сердце у нас одно, воля у нас одна, партии отдана. Наши ряды идут, наши ряды поют: Бог, Нация, Труд! Светлое завтра несет нам победу, партии верь и за партией следуй. Наши знамена победу несут: Бог, Нация, Труд». Что-то очень знакомое, не правда ли?

Наиболее адекватно оценили фашизм, большевизм, то, что их роднило и разъединяло, современники, жившие в России во «внутренней эмиграции» и за ее пределами — во внешней. Ощутили плотью, духом, судьбой. Кстати, россияне, жившие в то время, дали характеристику и советского тоталитаризма. Это следует учесть тем российским историкам, которые и сейчас отрицают корректность термина «тоталитаризм» применительно к советскому обществу, ссылаясь на разработки западной «ревизионистской» школы, из «объятий» которой они не могут высвободиться до сих пор.

В начале 1935 года выдающийся русский физиолог И. Павлов направляет в Совнарком СССР следующее послание: «Вы сеете по культурному миру не революцию, а с огромным успехом фашизм. До вашей революции фашизма не было». Павлов писал о терроре, насилии и страшной цене большевистского эксперимента [37]. Много размышлял о сути происходящего в своей стране его коллега — академик В. И. Вернадский. 16 ноября 1941 года он записал в своем дневнике: «Двойное на словах правительство — ЦКП и Совнарком. Настоящая власть — ЦК и даже диктатура Сталина. Это то, что связывало нашу организацию с Гитлером и Муссолини» [38].

О том, что сталинизм перерождается в своеобразный русский фашизм с такими его чертами, как тоталитарное государство, национализм, вождизм, писал Н. Бердяев [39].

Особо, на наш взгляд, интересны для рассматриваемой темы мысли, высказанные в ходе переписки между жившим в Париже русским писателем М. Осоргиным и проживавшим в Москве его другом, врачом А. Буткевичем. Воспроизведем фрагменты их эпистолярного диалога, датированного 1936 годом.

Осоргин. «Ты под гуманизмом понимаешь какую-то слащавость... В основе гуманизма настоящего не жалость, а гордость, уважение к человеку, и к себе и к другому, вообще к человеческому достоинству. Человек должен быть целью, но средством быть не должен... Свободный человеческий дух не мирится ни с постоянными, ни с временными узами, ни с вредным, ни с «полезным насилием». Вот ты пишешь о фашизме. Сейчас фашизм во всех его формах — величайшее зло и огромнейшая сила. Зло — потому что отрицание человеческого достоинства, личной и общественной свободы, давление на совесть, возвеличивание кулака и оружия. Сила в том, что он увлек народные массы, главным образом молодежь. И Гитлер и Муссолини опираются на подавляющее большинство населения, и паразитического, и трудового, фашизм воспитал в людях скотское, тупое подчинение, свободу от мысли (думает вождь) и от решений (решает вождь)... Так вот, я и говорю, Андрей Степанович, что против фашизма, положительно захватывающего прямо или косвенно всю Европу, бороться можно только проповедью настоящего гуманизма (если вообще какая-нибудь борьба возможна): чистого, без всяких ограничений и изъятий! Когда к ясному принципу начинают делать поправки и поправочки — идеи больше нет! В идее святости, т. е. независимости, достоинства, неприкосновенности человеческой личности, никаких оговорок быть не должно... Ты пишешь: «Гуманизм в наше время неизбежно должен выродиться в слезливую слащавость, сентиментальность или в лицемерное ханжество. Время сейчас боевое, а на войне как на войне надо занимать место по ту или иную сторону баррикады». Я отвечу, что пусть он лучше выродится в сентиментализм, чем в свою противоположность — в отрицание человеческой личности (как это случалось везде). «Время сейчас боевое» — да! Правда, оно всегда боевое, потому что гуманизм всегда под угрозой. Мое место неизменно — по ту сторону баррикады, где личность и свободная общественность борются против насилия над ними, чем бы это насилие ни прикрывалось, какими бы хорошими словами ни оправдывало себя».

Буткевич. «Все, что ты пишешь о фашизме, — святая истина, но ведь это вода на мою мельницу. Ведь недаром же всю свою гнусность фашизм прикрывает фиговым листком принципов гуманизма... Конечно, гуманизм не виноват, что его превращают в маску. Гуманистические принципы необходимы, как компас, как маяки, определяющие направление, чтоб человечество не сбивалось с пути. Но требовать, чтобы эти идеалы без «уступочек», без «оговорочек» воплотились в действительность, все равно, что требовать от усталого путника одним прыжком перескочить через житейское болото, да еще не запачкавшись в его грязи, с соблюдением полной чистоты и невинности... бросили Россию в море коллективизации, бросили грубо, не считаясь с человеческим достоинством не только кулака или нэпмана, но и интеллигента, словом, с перегибом палки вовсю для убыстрения темпов. Сам Сталин вынужден был одернуть зарвавшихся коллективизаторов. И что же? Россия не потонула, поплыла и вот сейчас доплыла до Конституции. Что она на деле, покажет будущее, но перспектива многообещающая. А все дело в том, что есть диктатура и диктатура, как есть вожди и вожди. Одна диктатура стремится к самоутверждению, другая к самоупразднению, одна отупляет стадо, другая его развивает, подготавливает к самодеятельности. И Сталин не чета Гитлеру, один ведет вперед, другой тянет назад, один сеет мир, другой войну, один объединяет национальности, другой их изолирует и стравливает. И есть только две силы, сейчас противостоящие друг другу: фашизм и коммунизм».

Осоргин. «Ты, действительно, по сегодняшним высказываниям,— типичнейший фашист, прости меня! Попробуй перевести на русский язык даваемые тобой определения: «диктатура, стремящаяся к самоутверждению» и «диктатура, стремящаяся к самоупразднению», по-русски это значит: «насилие, стремящееся к тому-то и тому-то». Разница в стремлениях огромная! Правда, истории второй случай неизвестен и не будет известен. Но все равно: насилие в обоих случаях, и насилие самое обычное, рядовое, знакомое: государственное... Я и не смешиваю СССР с фашистскими странами (хотя имел бы право смешивать, так как к моим взглядам обе диктатуры относятся одинаково)» [40].

Агрессивное начало, политическая и идеологическая непримиримость, ставка на репрессивно-силовые методы и авторитарно-вождистские принципы руководства давали полное основание проводить аналогии между фашизмом и большевизмом представителям различных политических лагерей.

Русский политический деятель, бывший эсер Бунаков-Фундаминский вспоминал, как в июне 1941 года в его парижскую квартиру забрел «некий тип» и показал ему значок гестапо. Пришел он, как оказалось, «поговорить». Гестаповец отчаянно ругал Керенского и восторгался Лениным. Керенского называл «масоном» и защитником «устарелых принципов», а Ленина — гением, типом настоящего фюрера новой эпохи. Сочинения Ленина гестаповец знал превосходно, и особенно нравилось ему, что тот презрительно относился к парламентским ценностям [41].

Еще в годы «оттепели», когда атака на сталинщину не сопровождалась попытками связать ее результаты с существом общественного строя, видный советский физик, академик Л. Ландау позволял себе в приватных разговорах с сослуживцами и знакомыми высказывания типа: большевики исповедовали идею фашистского государства, созданная ими система была и осталась фашистская, а Ленин был первым фашистом [42].

Действительно, большевистские и гитлеровские институты во многом похожи друг на друга. На этом построены многочисленные сопоставления двух тоталитарных режимов. И все же, все же... Представляется, что широко тиражируемые сегодня утверждения типа «КПСС хуже СС» некорректны. Поскольку и сейчас «нет в Отечестве своих пророков», то обратимся к размышлениям известного французского социолога Р. Арона, которого в чем-чем, а в симпатии к коммунизму заподозрить просто невозможно. Черты сходства, отмечает он, слишком заметны, чтобы усматривать в них чистую случайность. С другой стороны, различия в идеях и целях слишком очевидны, чтобы принять мысль о коренном родстве режимов. Цель коммунистического режима заключалась в создании самого гуманного общества, но система предпринимала попытки достичь ее самыми безжалостными способами. Это обусловило разнообразие этапов развития советского общества [43].

* * *

Есть еще один вопрос, который в разговоре о русском фашизме обойти просто невозможно. Это — проблема русских в СССР и Российской Федерации. Она составляет тот содержательный фон, на котором разворачивались процессы, определившие во многом те явления, о которых идет речь.

Вряд ли стоит, как это сейчас нередко делается, идеализировать дооктябрьскую Россию, хотя в начале XX века страна имела реальный исторический шанс движения вперед, прерванный революцией. Не следует некритически относиться к национальной политике самодержавия с ее колониалистскими амбициями, «чертой оседлости», непродуманной переселенческой политикой, создававшей этническую напряженность на окраинах, чиновничьим произволом. Вместе с тем царизм, несмотря на определенно дискриминационные действия в отношении некоторых народов империи, все же использовал достаточно гибкие регулятивные механизмы, позволявшие существовать традиционным институтам. Просветительная политика, хотя нередко носившая великорусскую окраску, оставляла простор для национальной духовной жизни.

Следует разделять шовинистические акции самодержавия, действительно имевшие место, с национальным менталитетом русского народа. Он не нес в себе черт национального высокомерия. Видный татарский просветитель Исмаил Гаспринский писал по этому поводу: «Наблюдения и путешествия убедили меня, что ни один народ так гуманно и чистосердечно не относится к покоренному, вообще чуждому племени, как наши старшие братья, русские. Русский человек и простого, и интеллигентного класса смотрит на всех, живущих с ним под одним законом, как на своих, не высказывая, не имея узкого племенного себялюбия» [44].

После Октябрьского переворота русские попадают в сложную ситуацию. Продекламированный в качестве политического императива большевиками лозунг о «праве наций на самоопределение вплоть до отделения» превратился на определенном этапе в мощный инструмент укрепления их власти. Его активное использование в годы гражданской войны сыграло роль одного из важных факторов победы над белым движением, хотя программы такового в национальном вопросе все более демократизировались (особенно это относится к правительствам Врангеля и формировавшегося на территории Польши Б. Савинкова).

«Завязав» национальный фактор на идее революционной целесообразности, большевистский режим своими руками соорудил «интернационалистский» ящик Пандоры, весь потенциальный «боезаряд» которого выстрелил, когда упали обручи партийного руководства и репрессивных институтов.

На смену территориально-губернскому принципу был введен национально-территориальный. Причем — как дар за политическую лояльность (вспомним ленинское — «Мы дали всем народам национальные республики»). Однако на практике он демонстрировал большую уязвимость. С одной стороны, фактическая централизация политической власти, характерная для тоталитарного государства. С другой — все более увеличивающееся число национально-государственных образований, расположенных на различных ступенях искусственной иерархической лестницы. И, может быть, самое главное — национально-территориальный принцип по существу и не был реализован, поскольку не распространялся на значительную часть населения, не получившего своих национальных образований, и в первую очередь русских [45].

Справедливости ради следует сказать, что большевистское руководство осознавало политическую важность данной проблемы. Так, крупный партийный работник Советского Востока Т. Рыскулов еще в 1920 году в доверительном письме к Ленину, возражая против деления Туркестана по этническому признаку, в качестве достаточно убедительного аргумента указывал на необходимость выделения в таком случае и русской республики [46]. Понимал значимость данной проблемы и руководитель Наркомнаца И. Сталин. В феврале 1923 года им была представлена записка в Политбюро ЦК РКП(б), где высказывалась в целом разумная идея о необходимости при конституировании Союзного собрания как органа представительства национальностей обеспечить там участие, наряду с национально-территориальными образованиями, и русских губерний, как бы представляющих государственность русского народа [47]. Однако перевесили политические соображения, и эта идея воплощена в жизнь не была.

В своем политическом завещании по национальному вопросу-работе «К вопросу о национальностях или об «автономизации» вождь большевиков писал, что «сильно виноват перед рабочими России (хотя при чем здесь рабочие? — *С. К.*) за то, что не вмешался достаточно энергично и достаточно резко в пресловутый вопрос об автономизации». Но на деле историческая вина Ленина значительно больше. И не перед рабочими, а перед русским народом. Именно в этой работе он фактически отождествил «истинно русского человека» с образом «великоросса-шовиниста», «подлеца и насильника», «истинно русского держиморды» [48]. Учитывая авторитет Ленина и значимость его высказываний, приобретавших для партии характер руководящих указаний, этим была проложена целенаправленная политика по отношению к русским. Особенно ярко она проявилась в борьбе с «колонизаторством» на национальных окраинах. Проблемы, связанные прежде всего с земельными взаимоотношениями, действительно имели место. Но им был придан этнополитический характер, тем более что X и XII съезды партии, на которых специально рассматривался национальный вопрос, прошли под лозунгами борьбы с великорусским шовинизмом.

Один из большевистских деятелей, занимавшийся национальным вопросом, Г. Сафаров, будучи в Туркестане, устроил из кампании по искоренению колонизаторства настоящую «охоту на ведьм». Дело доходило до заключения подозреваемых в концентрационные лагеря, шла травля по поводу и без повода «истинно русских прохвостов»[49]. Весьма показательна тональность доклада председателя Семиреченского Чека (а проблемы взаимоотношений русских и казаков с местным населением действительно имелись): «Генеральная задача: немедленно и решительно положить конец великороссийскому семиреченскому колонизаторству — вот первая основная задача социальной революции на Востоке... В настоящее время подавление кулацко-колонизаторского элемента проводится семиреченской областной чрезвычайной комиссией путем применения самых беспощадных репрессий»[50].

И репрессии не замедлили последовать. Иногда дело доходило до анекдотичных ситуаций, хотя самим их участникам было не до смеха. В том же 1921 году на имя Председателя ВЦИК М. Калинина пришла жалоба от русских крестьян одного из сел Казахстана. Суть дела состояла в следующем. В селе возникли трения между русскими и казахами. Приехала по инициативе последних комиссия, в состав которой входил секретарь Политбюро (представитель уездного звена органов ЧК). Стали требовать признания вины от русских мужиков. Те ни в какую. Но установка-то была на выявление «колонизаторского элемента». Тогда чекист недолго думая бросился на представителя от русских крестьян и стал в пароксизме дознания... грызть ему спину. Немудрено, что тот признал «вину»[51].

В этом же регионе возникали ситуации и посерьезнее. В 1927 году на имя Сталина поступила обширная петиция жителей русских сел и поселений Семиречья, в которой они жаловались на явную дискриминацию по национальному признаку: несмотря на то что в ряде мест проживало большинство русских, на руководящих постах в органах местной власти преобладали казахи, под видом раскулачивания проходил открытый грабеж русских, фактически «лишенных гражданских прав советского человека», отбирался скот, осуществлялась политика вытеснения их даже из мест компактного проживания. Центральная власть вынуждена была образовать в январе 1927 года специальную комиссию по этому вопросу [52].

Симптоматично, что перед этим только закончилось совещание националов—членов ВЦИК, ЦИК и других представителей национальных окраин», созванное по инициативе отдела национальностей при Президиуме ВЦИК РСФСР. На нем вполне резонно ставился вопрос о повышении представительского статуса автономных республик в центральных органах РСФСР. В то же время своеобразным рефреном совещания явилась фраза, произнесенная одним из его участников,— «Ванька прет» и выдвинута задача «бороться с русским Ванькой». Выдвижение вопроса о русской республике было признано нецелесообразным в связи с тем, что это могло быть «чревато последствиями, от которых мелким национальностям лучше не будет» [53]. О том, нужно ли это самому русскому народу, речь и не шла.

Таким образом, самостоятельным субъектом национальной политики русские не выступали, являясь преимущественно объектом большевистских экспериментов.

Одной из инноваций ленинско-сталинской национальной политики явилась так называемая политика коренизации, также нередко оборачивавшаяся ущемлением прав русских. Вот что вспоминал по этому поводу бывший замнаркомфина Бурят-Монгольской АССР И. Лавров: русские, составляющие 51 процент населения республики, фактически становились париями в ней. Приказы правительства о замене русских служащих бурятами привели к тому, что 90—95 процентов бывших русских работников на протяжении довольно короткого срока были выкинуты из учреждений и остались без куска хлеба. С мест по национальному признаку выбрасывались не только работники средней квалификации, но и самой высокой [54].

Не было в партократическом государстве никакой целенаправленной политики русификации и триумфа «русского национализма». Это точно уловил английский историк Дж. Хоскинг. «Сталин выражал отнюдь не русские чаяния,—пишет он.—Это была не «русификация», а, скорее, «советизация» или «коммунизация». Ее объектом явились все национальности, включая русских, а содержанием — централизованный партийный контроль и экономическое всесилье центрального планового аппарата»[55].

В связи с тезисом о «русификации» много говорилось о «великорусском государеве оке» — институте вторых секретарей ЦК в национальных республиках. Не стоит преувеличивать подлинную значимость этих постов. На самом деле власть принадлежала местным этноэлитам, формировавшимся в традиционной атмосфере родовых, клановых, групповых и семейных субординационных приоритетов. Ведь не случайно, наверное, бывшие члены Политбюро коммунистической партии Рашидов и Кунаев возведены в новых независимых государствах в ранг национальных героев. Уж наверное не за то, что «плясали под русскую дудку».

Вытекавшие из экономической, социальной и национальной политики неутешительные для русского (как, впрочем, и для других) народа результаты побуждали к появлению оппозиционных политических организаций. Так, в начале тридцатых годов была раскрыта и ликвидирована «фашистская организация, именовавшаяся «Всероссийской народной трудовой партией». Стремясь решить проблему прекращения «порабощения и обнищания коренного русского населения» и предлагая осуществление ряда мер по утверждению частнокапиталистических отношений, установления принципов буржуазной демократии, ее участники в то же время ориентировались и на германский фашизм как образец борьбы за возрождение германского народа и исповедовали открытый антисемитизм[56].

Примерно в это же время в ряде городов России были арестованы «члены широко разветвленной фашистской организации, именующейся «Российской национальной партией». Хотя в обвинительном деле говорилось о стремлении ее членов «установить в стране фашистскую диктатуру», единственным свидетельством этого являлось указание на организующую роль «закордонного русского фашистского центра, объединяющего эмигрантские группы и возглавляемого князем Н. С. Трубецким»[57]. Речь конечно же шла об евразийцах. Во время обыска у одного из обвиняемых на квартире было обнаружено изданное за границей собрание статей Н. Трубецкого «К проблеме русского самопознания», которое было расценено как «платформа русского фашизма». Тем самым видно, что всё относившееся собственно к русскому вопросу спешили отмаркировать как фашизм.

Пути и методы «социалистического строительства» вызывали особый протест в тех национальных республиках, где они грубо вторгались в традиционный социокультурный уклад жизни общества. Насильственная коллективизация, осуществляемая варварскими способами, уничтожение национальной интеллигенции, борьба с религией не могли не вызвать сопротивления населения, принимавшего подчас массовый характер. При этом бывало, что политика большевиков отождествлялась с русской политикой как таковой. Например, в уставе действовавшей на Северном Кавказе в годы Великой Отечественной войны организации «Особой партии кавказских братьев» давалось следующее объяснение ее гербу, изображавшему орла, в когтях правой лапы которого была нарисована ядовитая змея, а левой — свинья: змея означает большевика, потерпевшего поражение, а свинья — русского варвара. В числе главных целей ОПКБ назывались: ускорение гибели большевизма на Кавказе во имя поражения России в войне с Германией; создание по мандату германской империи на Кавказе свободной федеративной республики; выселение из региона русских и евреев и т. п.[58] Ряд членов этой организации, занимавших в том числе и посты в государственных структурах Чечено-Ингушской АССР, были связаны с гитлеровской резидентурой.

Здесь возникает одна достаточно деликатная проблема, но сказать о ней необходимо. Сталинская политика «наказания» целых народов подлежит безусловному и категорическому осуждению. Однако может ли общество, перенесшее столь страшную трагедию в борьбе с фашизмом, реабилитировать тех людей, кто, не принимая большевистский режим, шел на сотрудничество с гитлеризмом? Нет и еще раз нет. Это относится ко всем подобным случаям, невзирая на национальную принадлежность и побудительные причины. В том числе и к власовцам, из которых кое-кто не прочь сделать героев «русского сопротивления сталинизму». Сотрудничество с палачами сводит на нет любые доводы и аргументы. В противном случае можно говорить и о «пересмотре» личности Гитлера как непримиримого «борца с большевизмом».

Процессы, происходившие в послевоенном обществе, также коснулись русских. Когда началась кампания по борьбе с космополитизмом, то ее оборотной стороной явились идеологические акции, направленные против «великорусского шовинизма».

В период хрущевской «оттепели» в сфере межнациональных отношений наблюдались противоречивые тенденции. С одной стороны, каток централистско-бюрократического единообразия нивелировал жизнь в республиках, с другой — в ряде моментов политика коренизации получала как бы второе дыхание. Была через систему льгот выпестована национальная элита. За обременительную и фактически навязанную ему роль «старшего брата» русский народ платил большие дивиденды. Быть русским в национальной республике становилось все дискомфортней. Административно-управленческие должности и престижные социальные ниши все активнее бронировала для себя местная этноэлита.

Тревожные симптомы в сфере межнациональных отношений были известны власть предержащим, но должной реакции, кроме пропагандистского бубнежа, не следовало. В 1972 году ответственный работник аппарата ЦК КПСС Л. Оников пишет служебную записку на имя Брежнева, в которой делает вывод о повсеместном усилении антирусских настроений в республиках и предупреждает руководство, что нельзя «исключить возможность сплочения националистов нерусской национальности на антирусской основе и ответной реакции среди русского населения» [59]. Однако эйфория празднования пятидесятилетнего юбилея образования СССР захлестнула все и автор записки подвергся суровому разносу.

Демонтаж Советского Союза (представлявшего собой, на наш взгляд, нежизнеспособное образование, включавшее в себя разные культурно-цивилизационные миры, ряд которых не мог быть подвергнут модернизации) был осуществлен революционными методами, без использования международно-правовых норм, что привело к целому ряду болезненных, в первую очередь для русского народа, последствий.

По-новому зазвучала русская проблема и в самой России. В определенной мере на это повлияла ситуация, связанная с разработкой и подписанием Федеративного Договора. Гуманистическая интенция, лежавшая в основе действий его разработчиков, несомненна. И тем не менее в чем-то на деле это могло обернуться вторым изданием большевистской политики, опирающейся на принцип национальной государственности, на сей раз уже всерьез. Зазвучало многозвучье голосов о праве той или иной нации на определенную территорию, о коренных (титульных) этносах. Все чаще и на самых различных уровнях произносилось слово «суверенитет». И вновь русские оказались чужими на этом «национальном пиру». Государственности они не получили, а населенные преимущественно русским населением российские области имели заниженный, по сравнению с республиками, статус. Наверно, не случайно видевший потенциальные рифы на пути реализации Федеративного Договора Председатель Совета Национальностей бывшего Верховного Совета Российской Федерации Р. Абдулатипов в своих выступлениях все время акцентировал внимание на том, что основное содержание национального вопроса в России определяет именно русский вопрос, а самочувствие и благополучие русской нации — первичное условие благополучия всех.

Действительно, посмотрим внимательно на этническую карту России. Всего русские составляют более 80 процентов ее населения. В Республике Адыгея их 68 процентов, в Бурятии — 69, Карелии — 73, Мордовии — 60, Удмуртии — 59, Татарстане — 43, Ненецком автономном округе — 75, Ханты-Мансийском автономном округе — 66 и т. д. Что будет, если, по примеру других народов, они начнут требовать для себя в России собственное русское государственное образование? Можно ответить однозначно — будет распад государства и, может быть, сопровождаемый этническими разборками, обоснованием исторического «первородства» на ту или иную территорию, «собиранием» титульного этноса в пределах его «государственных» границ и соответствующего вытеснения за их пределы «пришлых и чужаков».

Тем более что вопрос о русской республике все более активно муссируется представителями самых различных партий и движений. Например, в обращении «Русского освободительного движения», опубликованном в газете «Род» за декабрь 1992 года, Россия характеризуется как «федерация без русских» и в этой связи ставится задача борьбы за «создание единого унитарного русского государства на территории России».

Вряд ли правомерно так категорично, как это делают некоторые, утверждать, что «призывы образовать русскую республику у нас подхватывают лишь фашисты»[60]. Все гораздо сложней. И пример этому— последняя книга Р. Абдулатипова и Л. Болтенковой. Изложенные в ней подходы о возможности появления русской республики в рамках федерации стоят того, чтобы остановиться на них подробней.

Авторы исходят из того, что ради будущего единства Российская Федерация должна пройти коренную ломку. Она должна состоять в создании на базе административно-территориальных субъектов Федерации новой республики (новых республик) как формы самоопределения русского народа и других народов, проживающих на этой территории. Условно речь идет о русской республике, подчеркивают они, в том смысле, как, например, о Республике Татарстан—форме самоопределения татарской нации. Авторы считают, что имеющиеся сегодня республики—суверенные государства представляют собой форму самоопределения титульной нации, давшей ей название. Однако без «русской государственности» не получится общего российского государства. «...Чтобы сохранить Россию-Российскую Федерацию, нужно отпочковать русский элемент от российского. В нынешних условиях жизненно важно для России—СНГ самоопределение русского народа именно с этой точки зрения. Такое решение будет исторично, и оно не противоречит разумным пределам суверенитета»[61].

Ясно, что здесь чувствуется попытка как бы через области, а может, более крупные образования типа «земель» компенсировать русским отсутствие их национальной государственности. Такие идеи, собственно, не новы и особо останавливаться на них нет резона.

Однако есть возражения более существенного характера в связи с тезисами о «коренной ломке» государства, «самоопределение русского народа», «отпочковании русского элемента от российского». Думается, что продолжение курса, пусть в различных модификациях, на этнизацию государственности в России бесперспективно.

В России более половины территории объявлено государственностью лишь для семи процентов граждан. В условиях, когда границы многих республик устанавливались волюнтаристски, вряд ли даже в нравственном аспекте правомерно говорить о том, что субъектом самоопределения является лишь титульная нация. А разве исключена возможность возникновения в таком случае русской и карельской Карелий, русской и удмуртской Удмуртий и т. п.? Как не исключен потенциально вариант вытеснения русских из республики, являющейся государственностью одного этноса и собирания его представителей на этнической родине. Последствия развития событий в таком направлении даже трудно представить. Очевидно, что только принципиальная переориентация с территориального на культурно-национальный аспект может действительно обеспечить задачу национально-духовного возрождения всех народов России.

Другое дело, что здесь нужна постепенность и большой такт. Идея национальной государственности уже овладела умами многих россиян, живущих в республиках. Поэтому сейчас вопрос может стоять об интерпретации этого понятия. Если вкладывать в него идею этатизации этнического фактора, то это — политический тупик для России. Если же развести понятия этноса и нации и трактовать государственность как форму общежития всех проживающих на данной территории национальностей, используя при этом гибкий модуль национального протекционизма (включающего символику, систему мер по сохранению национального идентета, предполагающего квоты в представительных органах, особые и строящиеся на учете национальных и местных традиций формы самоуправления, социальной защиты населения), то именно здесь путь реализации искомой формулы «единство в многообразии».

Необходимо отдавать полный отчет в том, что любая попытка в той или иной форме «отлучить» русских от России, тем более сделать их чем-то вроде «национальных меньшинств» в любой ее точке, может привести в действие действительно опасные для единства государства силы и сыграть на руку агрессивно-националистическим и неофашистским группировкам. В свое время русский историк и философ Н. Ульянов справедливо заметил: «Один лозунг расчленения России способен сделать их (русских.— *С. К.*) непримиримыми не в силу якобы врожденных империалистических качеств, не для удержания давно не существующего национального господства над малыми народами, а из простого чувства самоохранения»[62].

Одним из существенных факторов, способствующих усилению радикалистских тенденций в русской проблеме, является положение этнических россиян в бывших союзных республиках. Проблема русского населения, состоящая в том, что практически в одночасье почти 25 миллионов наших соотечественников оказались за границей, причем нередко в положении нежелательных иностранцев, приобретает все более мощное звучание в Российской Федерации. Тот морально-психологический дискомфорт, который испытал в этой связи ее крупнейший народ, вряд ли следует однозначно оценивать как синдром имперского мышления. С этим событием значительная часть русских связывала гибель огромного государства, складывавшегося веками поколениями их предков, усилиями российской армии и дипломатии. В ряде новых государств осуществлялись откровенно дискриминационные акции в отношении этнических россиян, устанавливались языковые барьеры, законы о гражданстве, делавшие их людьми «второго сорта». Даже западные политологи называют новые режимы этнократическими.

Этнократизм, органично вытекающий из идеи «национального государства», представляет собой целенаправленную политику по обеспечению режима наибольшего благоприятствования только одной нации. Через систему образования, культуры, средств массовой коммуникации всячески подчеркивается путем апелляций к истории (часто фальсифицированным) идея «особости» государственного этноса и создания своеобразного «комплекса неполноценности» у других проживающих в государстве народов. Это путь фактического нарушения не только национальных, но и гражданских прав человека.

Например, не может не вызвать тревоги тот факт, что на Украине, особенно в западной ее части, реанимированы воззрения печально известного Д. Донцова. Сотрудничая до войны с «Украинской военной организацией» (УВО), Донцов получает от ее руководства задание разработать программу воинствующего национализма, целью которой было, по свидетельству самого

307

Донцова, «вырвать нашу национальную идею из хаоса». Анализируя взгляды Донцова того периода, его биограф М. Сосновский называл следующие компоненты: распространение фашистской идеологии, акцент на волевое начало, проповедь насилия, антидемократизм [63].

В 1926 году Донцов публикует работу «Национализм», где данное понятие сводилось к шести постулатам: укрепление воли нации к власти, к экспансии, стремление к борьбе; романтизм, догматизм, иллюзионизм; фанатизм и аморальность; синтез рационализма и интернационализма (в установлении власти над другими); творческое насилие. Фактически вся книга была пронизана положениями итальянского фашизма и германского нацизма. На страницах «Литературно-научного вестника» и в приложениях к нему Донцов популяризирует их лидеров, переводит и издает часть «Майн кампф», «Доктрину фашизма Муссолини». О Гитлере он, в частности, писал как о человеке с душой, соизмеримой с той трагической эпохой, которую переживает Германия [64].

Еще в 1936 году известный украинский национал-социалист В. Левинский в своей книге «Идеолог фашизма» называл Донцова «барабанщиком фашизма» [65].

Сегодня на Украине на позициях неодонцовщины стоят ряд организаций национал-экстремистского толка, среди них такие, как «Украинская национальная ассамблея» и ее военизированная организация «Украинская национальная самооборона», ОУН-Б (бандеровцы), «Конгресс украинских националистов» и др. В июне 1990 года на состоявшемся во Львове «вече» из уст представителя одной из этих организаций звучали следующие речи: «Нас не устраивает Украина, которую неволят другие народы. Мы мечтаем о сверхгосударстве, о сверхнации, которая сама может диктовать условия. Мы мечтаем о такой нации, которая будет стоять на три — пять голов выше над всеми другими нациями... Завтра станут новые полки и батальоны членов ОУН, которые поведут нацию к победе. Если даже эта победа будет куплена кровью...» [66].

В статье «Диктатура или национальное спасение» один из руководителей «Союза независимой украинской молодежи» А. Карпинский писал, что возникает необходимость создания националистической диктату-

ры, образцом для установления которой являются диктатуры Наполеона, Муссолини и Гитлера[67]. А в брошюре одного из современных последователей Донцова
В. Яворского, кстати являющейся пособием по полит-
грамоте для воинов Прикарпатского военного округа,
можно прочитать следующее: «Когда речь идет о ны-
нешнем историческом периоде, то главным врагом
Украины была, есть и, без сомнения, еще долго останется Россия»[68].

Парадокс, но нынешние националисты занимают
еще более «крутые» позиции, чем те, кто явился их
историческим прототипом. Если внимательно прочитать опубликованную в 1943 году программу Украинской повстанческой армии, то там можно найти пункты
об обеспечении прав всех народов, равноправие всех
граждан Украины на упрочение своей национальной
культуры[69]. Если же включить радиоприемник и по-
слушать информацию, скажем, о заседаниях экстре-
мистской части РУХа, призывы, вызывающие шквал
аплодисментов присутствующих, о необходимости
«выдворения за пределы Украины всех русских, евреев
и поляков», то становится ясна подлинная цена посулов
националистов.

* * *

Время великих переломов — всегда время испыта-
ний и для политиков и для народа. Россия вновь, как
сказочный витязь, на историческом распутье. И в естественном многоголосье зазвучали очень тревожащие
голоса.

В начале этого года, года, когда все мы будем отме-
чать 49-летие победы над гитлеровской Германией,
в интервью «Открытому радио» молодой человек,
торговец фашистской символикой, спокойно и даже
как-то буднично сказал: наше поколение уже забыло
о фашистских злодеяниях.

А может, действительно российскому обществу
грозит анемия памяти? Может, кто-то уже не помнит
о миллионах жертв фашизма? И ничему не научил
отечественный опыт, когда вначале лишь «ограничи-
вали» демократию, а затем откуда-то вдруг появился
тоталитарный монстр.

Давайте подойдем ко всему так, как оно есть на деле, без новой мифологии. Мы не фашисты, утверждает

лидер партии, само название которой вызывало идио-
синкразию у тех, с кем он не хочет, чтобы его путали.
Мы — всего-навсего национал-социалисты. И мы осу-
ждаем преступления Гитлера, заявляет лидер Германского народного союза Г. Фрай. А Жириновского под-
держиваем в его стремлении иметь русскую Россию.
Ибо наш союз тоже за немецкую Германию. И мы
стоим за лозунг «Украина для украинцев», вторят
этнократы из «Украинской национальной ассамблеи».
Они тоже «не желают» быть заподозренными в при-
страстии к фашистской идеологии.

Не очень хочет прямого отождествления с теми, кто
планировал и пытался физически уничтожить русский
народ, руководитель «Русского национального единства» А. Баркашов. Мы — русские фашисты, подчеркивает он, как будто от этого «легче». Но и он идет дальше своих предшественников, предлагая считать русским только по признаку кровного родства. В распространявшейся баркашовцами листовке со свастикой,
приуроченной (и это особо кощунственно) к 22 июня
1993 года, говорилось о необходимости «селек-
ции» общества, улучшения его чистоты за счет очище-
ния от панков, пьяниц, других антиобщественных элементов. Вспомним — то же самое Гитлер делал с цыга-
нами и душевнобольными. Верное традициям, «Русское национальное единство» очень не любит демокра-
тов. Один из его руководителей недавно заявил: десять лет назад главным врагом для нас являлись коммунисты, теперь — они враг № 2, а враг № 1 — демо-
краты.

Но линия «смыкания» не ограничивается этой груп-
пой. Есть идол, на основе поклонения которому
объединяются, прямо или косвенно, политические
силы с разной идеологической начинкой. Это — Государство. У одних — просто Великое. У других —
Великое национальное. И никто почему-то не говорит,
демократическим или нет оно мыслится и как себя будет ощущать в нем человек. И что есть величие страны — масштабы, военная мощь, либо — качество жизни, соблюдение гражданских прав.

И еще одно, о чем нельзя не сказать. Вновь, как ро-
ковой национальный символ, царит в России апология
насилия. Она часто фактически объединяет «левых»
и «правых», традиционалистов и модернизаторов. Ме-
чется в «обществе прокаженных», в стране, где, по ее

словам, «народа лишь одна десятая часть, а все остальные — тупая и бессмысленная чернь», вечная нонкон-
формистка и антикоммунистка В. Новодворская.
«Пойдем против всех», кто против свободы,
кликушествует она. На месте России может остаться
пепелище, тайга, братская могила. Но нового архипе-
лага ГУЛАГ на месте России пусть не будет никогда.

Конечно же пусть не будет никогда. Но не кажется
ли Новодворской и ей подобным, что прославляют они
новый, уже антикоммунистический, ГУЛАГ. Когда
зовут приобретать и применять оружие против своих
сограждан, когда «работают» в режиме политической семантики типа «уничтожить, раздавить гади-
ну», то видятся новые концлагеря. Особо — об их на-
деждах на «просвещенный авторитаризм». Откроем
политологический словарь и прочитаем: «Авторитаризм — политический режим, установленный или на-
вязанный такой формой власти, которая сконцентри-
рована в руках одного человека или в одном ее орга-
не и снижает роль других, прежде всего представительных ее институтов... Фашизм довел теорию и практику
авторитаризма до крайних тоталитарных форм [70]. Вот
так-то. Тем более, когда речь идет о нашей стране,
где идеи диктатуры всегда могут найти активных
поклонников.

Конечно же у того, что с нами происходит сейчас,
есть свои серьезные первопричины. Общество находится в состоянии социально-психологического надлома,
фрустрации. Имеются «отягощающие» факторы. Инф-
ляция, которую Е. Гайдар справедливо назвал экономической матерью фашизма. Невиданная социальная
поляризация. Сохранение государственной монополии,
переплетающейся с мафиозным беспределом. Отсутствие реального конкурентного рынка. Житейская не-
устроенность, открытое невнимание властей к нуждам
конкретного человека. «Чистота и порядок на улицах,
разве это не программа?» — вопрошал в свое время один
из фашистских идеологов. Программа. Неубранные
тротуары, неработающий общественный транспорт и
криминогенная обстановка могут в огромной степени
способствовать накоплению «горючего вещества» в обществе.

Все, что явно противоречит демократическим
нормам, зафиксированным в Конституции, должно

являться не столько объектом анализа, сколько предметом судебного разбирательства. А вот различные ипостаси протофашизма, которые при определенных обстоятельствах могут превратиться в реальную опасность для свободы, с которой многие еще не знают, «что делать будут», должны стать объектом пристального внимания всех нас.

ИСТОЧНИКИ

[1] Милер А. Фашизм как стиль//Элементы: евразийское обозрение. 1993. 4. С. 55.

[2] Гливаковский А. Фашизм как ярлык//Россия. 1992. 1. С. 73.

[3] Там же. С. 79.

[4] Самойлов Э. В. Общая теория фашизма. Обнинск, 1992. кн. 1. С. 7.

[5] Лепехин В. Три разновидности фашизма в России (против какого фашизма мы боремся? Если, конечно, боремся...)//Новая ежедневная газета. 1993. 24 декабря.

[6] Архив Президента Российской Федерации, ф. 3, оп. 5, лл. 1—3.

[7] Российский центр хранения и использования документов новейшей истории, ф. 17.

[8] Устрялов Н. В борьбе за Россию. Харбин, 1921.

[9] См.: Дни. 1929. 14 апреля.

[10] Центральный архив службы контрразведки РФ.

[11] Гитлер А. Майн кампф. М., 1992. С. 74—76.

[12] Цит. по: Устрялов Н. Итальянский фашизм. Харбин, 1929.

[13] Личность, нация и государство в фашистском понимании. Харбин, 1936. С. 31, 37.

[14] См.: Гитлер А. Указ. соч. С. 327.

[15] Цит. по: Ферст И. Адольф Гитлер. Пермь, 1993. Т. 2. С. 342.

[16] В данной публикации не ставилась задача специального рассмотрения евразийства. Это — особая тема, уже начавшая изучаться российскими авторами (из современных обращают на себя внимание работы профессора И. А. Исаева).

[17] Центральный архив службы контрразведки РФ.

[18] Архив службы внешней разведки.

[19] Там же.

[20] См.: Россия между Европой и Азией: Евразийский соблазн. М., 1993. С. 20—21.

[21] Там же: С. 303.

[22] Пути Евразии. М., 1992 С. 398.

[23] См.: Россия между Европой и Азией. С. 286.

[24] Архив службы внешней разведки.

[25] Центральный архив службы контрразведки

[26] Там же.

[27] Там же.

[28] Там же.

[29] Архив службы внешней разведки.

[30] Энгельс Ф. Анти-Дюринг. М., 1948. с. 172.

[31] «К освобождению». 1937. 1.

[32] Архив службы внешней разведки.

[33] Русская правда. 1930. Март — апрель.

[34] Центральный архив службы контрразведки РФ.

[35] См.: Большаков С. Фашизм и христианство//Фашизм и религия. Харбин, 1936. С. 5.

[36] Вопросы философии. 1989. 3. С. 152. В этой связи нельзя не обратить внимание на место из упоминавшейся статьи В. Лепехина, где он замечает, что Жириновского можно причислить к нацистам лишь с очень большой натяжкой. Он говорит, что правильнее политическое направление, разыгрываемое ЛДПР, было бы называть Примитивизмом, берущим на вооружение любые лозунги, в зависимости от аудитории. Действительно, все популистские движения отличаются эклектизмом и демагогией. И вместе с тем по ряду моментов взгляды Жириновского, пусть иногда не прямо, а косвенно, вписываются в круг проблем, о которых идет речь в настоящей публикации.

[36a] Против ВКП(б) — В. П. Ф. Харбин, 1936. С. 12.

[37] См.: Есть у Отечества пророки. Петрозаводск, 1989. С. 80—81.

[38] Владимир Вернадский. Жизнеописание. Избранные труды. М., 1993. С. 243.

[39] Бердяев Н. Истоки и смысл русского коммунизма. М., 1990. С. 120.

[40] Цит. по: Звенья. М.; Спб., 1992. Вып. 2. С. 499—500, 506—507, 515.

[41] Архив Гуверовского института войны, революции и мира. Колл. М. Вишняка, ящик 2.

[42] См.: Исторический архив. 1993. 3. С. 158.

[43] См.: Арон Р. Демократия и тоталитаризм. М., 1993. С. 236.

[44] Исмаил Бей Гаспринский. Русское мусульманство. Оксфорд, 1985. С. 31.

[45] См. об этом: Барсенков А. С., Вдовин А. И., Корецкий В. А. Русский вопрос в национальной политике. XX век. М., 1993. С. 32.

[46] Центральный архив службы контрразведки РФ.

[47] РЦХИДНИ, ф. 5, оп. 2, д. 38, л. 16.

[48] Ленин В. И. Полн. собр. соч. Т. 45. С. 356—357.

[49] Центральный архив службы контрразведки РФ.

[50] Там же.

[51] РЦХИДНИ, ф. 76.

[52] Архив Президента, ф. 45.

[53] Там же, ф. 3, оп. 51, д. 38, лл. 86—89.

[54] См.: Лавров И. А. В стране экспериментов. Харбин, 1934. С. 190—191.

[55] Hosking D. History of the Soviet Union. London, 1992. P. 259.

[56] Архив Президента, ф. 3, оп. 58, д. 201.

[57] Там же, д. 202.

[58] «Шпион». 1993. 1. С. 23, 26.

[59] Центр хранения современной документации, ф. 5, оп. 68, д. 453, л. 48.

[60] Беляев В. А., Хайруллина Ю. Р. Трансформация российского федерализма и право сецессии//Федерализм: глобальные и российские измерения. Казань, 1993. С. 249.

[61] Абдулатипов Р. Г., Болтенкова Л. Ф. Россия: в чем суть твоего бытия? М., 1994. С. 301—302.

[62] Ульянов Н. Большевизм и национальный вопрос//Скрипы, Эрмитаж, 1981. С. 157.

[63] См.: Сосновский М. Дмитро Донцов: Політичний портрет. Нью-Йорк; Торонто, 1974. С. 185—191.

[64] Вісник. 1936. Квітень. С. 296—297.
[65] См.: Левинський В. Ідеолог фашизму. Львів, 1947. С. 35, 36—37.
[66] Вільна Украина. 3 липня. 1990.
[67] См.: Напрям. 1991. 6. С. 14.
[68] Яворский В. Відлуння великоі Украины. Львів, 1992. С. 28.
[69] См.: Галичина. 1990. 7 грудня.
[70] Политология: Энциклопедический словарь. М., 1993. С. 15—16.

СОДЕРЖАНИЕ

Н. Бухарин. Е. Преображенский
АЗБУКА КОММУНИЗМА

Предисловие 5

Введение
Наша программа 7

Введение
Условия строительства коммунизма в России 13

Глава VI
Советская власть 20

Глава VII
Национальный вопрос и коммунизм 42

Глава VIII
Программа коммунистов в военном вопросе 53

Глава IX
Пролетарский суд 66

Глава X
Школа и коммунизм 73

Глава XI
Религия и коммунизм 91

Глава XII
Организация промышленности 101

Глава XIII
Организация сельского хозяйства 123

Глава XIV
Организация распределения 147

Глава XV
Организация банков и денежное обращение 155

Глава XVI
Финансы в пролетарском государстве 160

Глава XVII
Программа коммунистов в жилищном вопросе 166

Глава XVIII
Охрана труда и социальное обеспечение 170

Глава XIX
Охрана народного здоровья 185

Г. Тараданов, В. Кибардин
АЗБУКА ФАШИЗМА

Предисловие к первому изданию 191
Предисловие ко второму изданию 193

ЧАСТЬ I

Глава I
Общее представление о фашизме 195

Глава II
Враги фашизма 204

Глава III
Положение в России 215

ЧАСТЬ II

Глава I
Причины возникновения и основные цели российского фашизма 222

Глава II
Какой государственный строй несут русскому народу российские фашисты 234

Глава III
Народное хозяйство и положение отдельных классов в российском национально-трудовом государстве 244

Глава IV
Тактика Всероссийской фашистской партии 255

Глава V
Организация российского фашизма 262

С. В. Кулешов. Послесловие 271

ЗВЕЗДА И СВАСТИКА

Большевизм и русский фашизм

Редактор
С. Кондратов

Художественный редактор
И. Сайко

Технический редактор
Н. Привезенцева

Корректоры
Н. Кузнецова, И. Сахарук, Л. Чуланова

ЛР № 030129 от 02.10.91 г. Подписано в печать 19.05.94. Формат 84 × 108^1/$_{32}$. Бумага офсетная. Печать офсетная. Усл. печ. л. 16,8. Уч.-изд. л. 17,55. Тираж 10 000 экз. Заказ 291.

Издательский центр «ТЕРРА». 109280, Москва, Автозаводская, 10, а/я 73.

Отпечатано на Можайском полиграфкомбинате Комитета Российской Федерации по печати. 143200, Можайск, ул. Мира, 93.

Звезда и свастика: Большевизм и русский
З-43 фашизм: Н. Бухарин, Е. Преображенский. Азбука
коммунизма; Г. Тараданов, В. Кибардин. Азбука
фашизма/Под ред. и с доп. К. Родзаевского/Общ.
ред., сост. и послесл. С. Кулешова.— М.: ТЕРРА,
1994.— 320 с.

ISBN 5-85255-589-4

Работа «Азбука коммунизма», вошедшая в издание, дана в сокращении.

3 $\dfrac{0803010200-189}{А30(03)-94}$ Без объявл.   ББК 66.3(2)6